国家清史编纂委员会
文化和旅游部清史纂修与研究中心 编

清史镜鉴

部级领导干部清史读本

第十一辑

国家圖書館出版社
National Library of China Publishing House

图书在版编目（CIP）数据

清史镜鉴：部级领导干部清史读本·第十一辑／国家清史编纂委员会，文化和旅游部清史纂修与研究中心编.--北京：国家图书馆出版社，2018.10

ISBN 978－7－5013－6575－3

Ⅰ.①清…　Ⅱ.①国…　②文…　Ⅲ.①中国历史－研究－清代－干部教育－学习参考资料　Ⅳ.①K249.07

中国版本图书馆 CIP 数据核字（2018）第 217515 号

书　　名	清史镜鉴——部级领导干部清史读本·第十一辑	
著　　者	国 家 清 史 编 纂 委 员 会 文化和旅游部清史纂修与研究中心	编
责任编辑	景　晶	
出　　版	国家图书馆出版社（100034　北京市西城区文津街 7 号） （原书目文献出版社　北京图书馆出版社）	
发　　行	010－66114536　66126153　66151313　66175620 66121706（传真）　66126156（门市部）	
E-mail	nlcpress@ nlc. cn（邮购）	
Website	www. nlcpress. com→投稿中心	
经　　销	新华书店	
印　　装	河北三河弘翰印务有限公司	
版　　次	2018 年 10 月第 1 版　2018 年 10 月第 1 次印刷	
开　　本	850×1168（毫米）　1/16	
印　　张	20.5	
字　　数	270 千字	
书　　号	ISBN 978－7－5013－6575－3	
定　　价	65.00 元	

序

　　清朝是我国历史上最后一个封建王朝，统治中国长达 268 年之久，其前期在发展经济文化、巩固国家统一、加强民族团结等方面甚有功绩。中叶以后，内外矛盾尖锐，外敌入侵，国内动荡，政治日益败坏，其失误和教训，实足发人深省。清亡距今不足百年，离我们时间最近，对我们的现实生活影响较大。"今天的中国是历史的中国的一个发展"，要根据中国国情，建设中国特色社会主义，就要学习和研究历史，特别是离我们今天很近的清史。

　　新中国成立后，为了弘扬文化、传承国脉，党和国家领导人十分重视清史纂修，曾成立相关机构进行筹备，但由于种种原因，修史之事，几起几落，一直未能启动。2002 年 8 月，中央领导作出纂修清史的重大决定，相继成立了清史纂修领导小组、清史编纂委员会，清史纂修工程，于焉肇始。

　　清史纂修不仅具有重大的学术价值，还和现实生活有着密切的关系，它不是网罗奇闻逸事，不是观赏陈迹古董，不是"发思古之幽情"，而是和时代脉搏的跳动息息相关。中国封建社会发展缓慢，延续了两千多年，到了清代，它具有什么特点？它的经济、政治、文化发展到了怎样的高度？清代众多的历史人物应该怎样评价？清代很多扑朔迷离的事件真相如何？为什么古代中国一直处于世界的先进行列，而到了清代却愈来愈落后？在统一多民族国家和整个中华民族发展史上，清朝统治的268年究竟处于什么地位？应该对其如何评价？如果没有外国的侵略，中国将会沿着什么方向发展，发展的前途可能会是怎么样？这些都是此次清史纂修所要研究和揭示的重大问题。

清史编纂工作自2002年启动以来，在党中央、国务院的关心下，经过海内外专家们的鼎力合作和辛勤努力，目前已有大批阶段性研究成果相继产生。在有计划、按步骤推进清史纂修的同时，为了更加全面、广泛、客观地反映纂修中取得的重要成果，及时将其应用于我国新时期新阶段社会主义现代化建设，充分发挥清史纂修在资政、存史、育人等方面的重要作用，经清史纂修领导小组副组长、文化部副部长周和平同志提议，在清史纂修领导小组办公室诸同志的努力下，于2006年7月开始编发《清史参考》。刊物集学史和资政于一体，兼顾资料性和时政性，择要刊登在清史纂修中形成的部分科研成果。内容大致涉及典章制度、名人史事、轶闻掌故、档案文献、学术争鸣、资料考证等，力求如实反映三百年清朝历史的真实面貌，给读者以较丰富、较切实之清史知识。

历史是已经逝去了的人和事的记录，是各个国家和民族的文化创造。人有反思往事的感情，有寻根问先的愿望，有从自身的经验教训中学习的天赋。人类在不断前进，但每一代人都是在前人的基础上进行创新，不断前进的。这就形成了文化的传承和历史的延续，形成了历史、现实、未来之间相通的无穷无尽的长链。现实深深植根于历史之中并通向遥远的未来。历史研究可以帮助人们在过去的远景中认识自己，并为未来的创新指点方向。历史学虽然不能像应用科学那样快速而直接地取得实用效益，但它的功能是长期的、巨大的。人类如果忘记了自己的历史，将会在现实和未来中迷失方向。历史学是传承文明、陶冶心灵、提高素质、建设社会主义精神文明所必需，也是了解社会、掌握国情、管理和建设国家、进行战略决策所必需。

《清史参考》创刊后赢得了较好的社会反响。办刊两年来，共有50余位专家在《清史参考》刊发文章。《清史参考》的作者，大多为清史纂修工作的项目承担者，也有一些是清史编纂委员会的骨干专家，都学有所长，是各自研究领域的佼佼者。所载文章不仅有很强的学术性，还多富深刻的现实意义，具有一定的参考价值，且篇幅短小、风格朴实、文字流畅、可读性强。应该说，对于现阶段社会上流行的种种"戏说"清史的文艺作品，能够起到一定的校正作用，用真实的历史史实来教育青年，教育大众。这本身也是历史学家们理应担负的一种社会责任。

近日，欣闻国家清史纂修领导小组办公室计划将《清史参考》结集出版，以扩大清史纂修的社会影响，使刊物资政、存史、育人之价值泽及社会、服务学界、繁荣文化，心喜之余，略缀数语，以为序言。

戴 逸

2008 年 7 月 28 日

目　录

序 …………………………………………………………… 戴　逸（1）

《清史》书稿选登

努尔哈齐起兵 ……………………………………………… 刘小萌（1）

明末的统治危机 …………………………………………… 刘小萌（8）

清初重开科举与笼络士绅 ………………………………… 赵世瑜（13）

围棋名家范世勋 …………………………… 马明达　潘振平（19）

象棋名家传记两篇 ………………………………………… 潘振平（24）

政治

大挑：以貌取人的清代选官制度 ………………………… 孔祥文（29）

康熙帝对佛教的冷静态度与理智举措 …………………… 李国荣（36）

雍正朝官员考核"展限"弊端及应对 …………………… 孟姝芳（42）

从自陈疏御批看雍正帝的用人之道 ……………………… 郑小悠（48）

"如意"的历史碎片 ……………………………………… 卜　键（57）

咸丰朝官场乱象与太平天国战局 ………………………… 夏春涛（73）

"同治中兴"背后的危机 ………………………………… 夏春涛（81）

顾道台的十万雪花银 ……………………………………… 艾俊川（88）

1890 年的《中英会议藏印条约》 …………………… 杨东梁（99）

清末新政时期西方预算知识引介与制度嫁接 …………… 陈旭东（105）

清末民初革命党人与政治暗杀 ……………………… 左玉河（115）

社会

"妖术剪辫"谣言的泛滥与应对 ……………………… 董丛林（121）

嘉道时期的环境恶化及其影响 ………… 朱　浒　黄兴涛（127）

晚清官僚士人的人际交往 …………………………… 赵晓华（135）

晚清西餐的传入与中餐的发展 ……………………… 刘志琴（142）

"中国红十字会"称谓的由来及其演变 ……………… 池子华（155）

清末彪蒙书室与"实在易"白话文教科书 ………… 王　星（162）

清末女子修身教科书：燃起腐朽帝制下女性

　解放火种 …………………………………… 王世光（169）

《清代北京竹枝词》史料新识 ……………………… 李　乔（175）

清末民初的讼师与律师 ……………………………… 刘　芳（186）

晚清民国香港的护士培训 …………………………… 罗婉娴（191）

宫廷

清代宗室起名的违规与处罚 ………………………… 孙　昉（196）

清代内务府的房产经营 ……………………………… 滕德永（201）

畅春园与康熙帝的"居园理政" …………………… 颜　军（209）

乾隆帝兴建圆明园银库 ……………………………… 阚红柳（215）

颐和园与海军衙门 …………………………………… 王道成（221）

边疆

清朝以法治边的经验得失 …………………………… 林　乾（226）

清代治疆经验谈 ………………………………… 周卫平（234）

从乌什事变、张格尔之乱谈清代治疆的教训………… 周卫平（238）

从《大清会典》看清朝对西藏的施政 ……………… 赵云田（243）

十三世达赖在北京黄寺的活动与清末西藏的

　　边疆危机 ………………………………… 郑永华　史文锐（249）

人物

李永芳谍事考 ………………………………… 杨益茂（256）

于成龙的平常与不平常 ………………………… 习　骅（263）

清朝"盛世"的两位"强项"官员 ……………… 杨东梁（268）

"通儒"焦循及《焦循全集》之整理 …………… 王俊义（273）

嘉庆年间"和尚太守"王树勋的宦海浮沉 …… 廖吉广　周勇军（282）

康梁交恶溯源 ………………………………… 齐春风（290）

梁启超的书艺与彩笺 …………………………… 夏晓虹（299）

从进士到博士：陈焕章与《孔门理财学》 ………… 韩　华（310）

后记 ………………………………………………（317）

努尔哈齐起兵

刘小萌

建州女真酋长努尔哈齐在一个动荡年代里勃然奋起。万历十一年（1583），他以祖、父遗甲十三副起兵，称号"淑勒贝勒"，其实还不过是一个噶栅（村寨）的首领。尔后"恩威并行，顺者以德服，逆者以兵临"，迅速削平周邻诸部。努尔哈齐用自己的智慧和勇气，最终完成女真诸部的统一大业。

一

努尔哈齐，先世居松花江下游斡朵里，元末明初由酋长猛哥帖木儿率领迁至朝鲜东北境之镜城一带，即斡木河所在地。后几经辗转，正统年间定居苏子河畔。

努尔哈齐祖辈兄弟六人，长德世库、次刘阐、次索长阿、次觉昌安、次包朗阿、次宝实。觉昌安（明人称"叫场"）即努尔哈齐祖父，居赫图阿拉城，其余五祖各筑城寨分居，近者五里，远者二十里，称"宁古塔贝勒"，地属苏克苏浒河部。觉昌安同族人硕色纳，九子俱犷悍；又一人名加虎，生子七人，俱矫健多力，传闻披甲能搏九牛。二族恃其强，侵凌诸路。觉昌安素多才智，长子礼敦英勇，率同家族兄弟往征，破硕色纳九子，灭加虎七子，尽收五岭迤东苏克苏浒河迤西二百里内诸部。

明初控制东北全境，在女真地区广置羁縻卫所，任命女真酋长为都督、都指挥使、都指挥佥事、千户、百户、镇抚等官。努尔哈齐祖觉昌安任建州左卫都指挥，父塔克世（明人称"他失"）为建州左卫指挥，对明朝忠心耿耿，奉事惟谨。

努尔哈齐母喜塔腊氏名厄墨乞，建州右卫都督王杲孙女，生三子一女，长子即努尔哈齐，次子舒尔哈齐，幼子雅尔哈齐。努尔哈齐年十岁时，母病逝，继母纳喇氏名恳哲（又称捎姐）为人奸妒，抚育寡德，屡加虐待。19岁，娶本部塔本巴晏女佟佳氏名哈哈纳札青为妻，分家自立，所得家产微薄。翌年，生长女东果格格，生计艰窘，经常采集松子、人参等山货土产，赴抚顺、清河、宽甸、瑷阳诸关，与汉人互市交易，熟悉辽东山川形胜与道里远近。他自幼骑射娴熟，成年后英勇果敢、多智习兵。明人黄道周《博物汇典》卷二十载："奴酋（指努尔哈齐）稍长，读书识字，好看《三国》《水浒》二传，自谓有谋略。"此说得自传闻，未必可信。但从《满文老档》所记努尔哈齐言辞来考察，说他对中国历史常识有着某种程度的了解，尤详于宋辽金元史事，应是没有疑问的。（陈捷先《努尔哈齐与〈三国演义〉》）

二

万历十一年二月，有本部图伦城主尼堪外兰引明兵攻古埒（liè）城主阿台。阿台妻是觉昌安长子礼敦之女，觉昌安闻古埒城兵警，恐孙女遭遇不测，与塔克世往救。古埒城据山依险，守御甚坚。明兵久攻不克，觉昌安留塔克世于城外，独身入城，想携孙女归，阿台不允。城陷之日，阿台部下尽遭屠戮。尼堪外兰唆使明兵杀害觉昌安、塔克世父子。努尔哈齐闻讯悲痛忿怒，责问明边官："祖、父无罪，何故杀之？"明官辩称系误杀，"遂以尸还，仍与敕书三十道、马三十匹"（《满洲实录》），命袭祖职。

尼堪外兰依靠明朝，势力坐大，毗邻诸部，纷纷投归。他胁迫努尔哈齐往附。努尔哈齐答称：你乃我父部属，怂恿明兵害我祖、父，恨不能手刃你身，岂能反从你偷生？双方仇怨益深。适有本部萨尔浒城主卦喇与弟诺米纳、嘉穆瑚寨主噶哈善、沾河寨主常书及弟杨书，都忿恨尼堪外兰骄横，努尔哈齐与他们对天盟誓，谋攻尼堪外兰，其时只有祖、父遗甲十三副。

五月，诺米纳背盟不赴。尼堪外兰预知消息，携妻子逃往嘉班。努尔哈齐乃起兵攻之，克图伦城而归。时年25岁，为征服女真诸部之始。

尼堪外兰居嘉班城两月余，努尔哈齐率兵往攻。诺米纳先遣人通报。尼堪外兰弃嘉班城奔明抚顺所边台，努尔哈齐追赶不及，恨诺米纳泄露师期，决意首先拔除之。遂佯装同他约盟，合兵攻打浑河部巴尔达城。攻城之际，努尔哈齐请诺米纳率兵先战，诺米纳不从。努尔哈齐说：你既不攻，可将盔甲、器械与我兵进攻。诺米纳不识其计，将盔甲、器械尽数交出。努尔哈齐得兵器，先斩诺米纳数人，兵众多逃散；对投归者，仍安置于萨尔浒城。

努尔哈齐祖、父被害时，同族诸祖子孙慑于尼堪外兰淫威，曾至堂子立誓，相约谋害努尔哈齐后往归。待努尔哈齐起兵，族内争斗加剧。努尔哈齐约诺米纳合攻尼堪外兰，索长阿之子龙敦嫉妒其才能，劝诺米纳背盟罢兵。努尔哈齐往取诺米纳所居萨尔浒城，宝实之子康嘉等又同谋纠合哈达部兵，以浑河部兆佳城主李岱为向导，劫取努尔哈齐所属珸济寨。努尔哈齐派古出费扬古、巴逊率 12 人往追，杀 40 人，获所掠而还。

三

努尔哈齐起兵创业，作为亲信的古出集团起了重要作用。古出是明末女真社会中的一种特殊力量。当时，努尔哈齐部属不过数十，兄弟、古出、家人是基本成分。古出不是家族成员，一般来说，也不是本氏族成员。他们投依主人，平日与主人同居，随主出行，当显贵家族内部因利害关系而产生裂痕时，古出与主人之间更显示出较族人尤为亲密的关系。海西乌拉部长布占泰、叶赫部长金台什、努尔哈齐弟舒尔哈齐以及努尔哈齐子褚英、代善等贵族，都拥有数量不等的古出。

女真语（满语）古出的本义是朋友，指彼此同心而交好者。在黑龙江流域一些通古斯语民族中，古出还带有受人"尊敬"的含义。此处"古出"，则指与部落显贵结为特殊依附关系的成员。古出对首领一般不同于奴主关系，而是一种特殊的隶属关系。后来，努尔哈齐攻叶赫城，叶赫贝勒金台什负隅顽抗，他的古出一同战死；努尔哈齐长子褚英遭父严斥后，曾要求四名古出与己同死。古出称他"贝勒父"，口称"贝勒若死，则我等亦随尔死"（《满文老档》）。这些记载表明，古出平日侍从首领，战时跟随出兵，为主效力以至献出生命。

古出是氏族社会成员分化的产物。社会成员的分化，一方面赋予部落贵族经济实力和政治、军事上的特殊权力，使其拥有了在自己周围聚集一群古出并令其效力的物质条件；另一方面，又驱使一些人为了觅得衣食、获取荫庇、分享掳获而主动归附。正是在这种利害关系的基础上实现了彼此的结合。

努尔哈齐的古出来源复杂。万历十一年，有刺客行刺他未中，却刺死窗前扈卫的包衣帕海。次年，复有刺客行刺，被擒后，家人洛翰力主"杀之，以戒后人"（《满洲实录》）。洛汉，昭梿《啸亭续录》有传，说他本姓刘，中原人，以佣工至辽东，入于建州，因有勇力，受到努尔哈齐赏识，倚如左右手，因早死，故未致显位。《八旗满洲氏族通谱》除类似记载，还提到努尔哈齐器重他，故赐姓觉罗。洛汉（翰）事迹表明：在随同努尔哈齐创业的古出中，不仅有女真人，还有因贫困流入建州沦为家人的汉人。家人在战斗中立功，也可能享有古出的身份。《满文老档》中提到的拉哈、吉木巴逊，都是早年"在汗近身使唤的人，曾（为汗）出了大力"的古出。

努尔哈齐开国五大臣中的费扬古、额亦都，都是出身贫寒的古出。额亦都，钮祜禄氏（郎姓），先世居长白山，为一地雄长。幼时，父母为仇家所害，额亦都匿居邻家侥幸得脱，家境从此没落。年十三，手刃仇人，避走于苏克苏浒河部嘉穆瑚村，依姑母度日。不久，努尔哈齐途经嘉穆瑚。额亦都与努尔哈齐倾心深谈，相见恨晚，决意追随创业。姑母以其年轻未准。额亦都发誓道：大丈夫生世间，岂能碌碌而终?! 此后无论至何方，决不使姑母蒙羞! 终与努尔哈齐同行，时年十九（鄂尔泰等纂《八旗通志》）。努尔哈齐起兵初，内患外敌，处境凶险，倚额亦都如臂膀。初讨尼堪外兰图伦城，额亦都率众先登。努尔哈齐为族人所恨，数被侵辱，时有冷箭射家门，因有额亦都等人保护，得以无恙。以后诸役，努尔哈齐正是依赖这些古出，一次次摆脱危局并迅速崛起。

费扬古与努尔哈齐同龄，又称"谙班偏格"，即"昂邦费扬古"的同音译写，觉尔察氏，世居瑚济寨。父完布禄，早年为努尔哈齐麾下。有章嘉尼麻喇人诱其背叛，不从；又劫其孙要挟，终无贰志。费扬古年少即随努尔哈齐出征，历次战斗担任前锋，屡受重伤，多树勋伐，因获"巴图鲁"（蒙古语，勇士）美号。后人称："开国功臣，惟安费扬武（昂邦费扬古之讹）与额亦都二人效力最在先。"（钱仪吉《碑传集》）充分肯定了他们的创业之功。

对古出而言，与首领同甘共苦，赴汤蹈火，夺取胜利，是应尽的职责，首领则以赏赉作为回报。万历十五年，额亦都以身负五十余创，拔取巴尔达城，努尔哈齐将该城全部人口赏给他；击败九部联军后，赐亲乘名马，前后赏赉衣裘、弓矢、人户、牲畜无数。先妻以族妹，复将女儿嫁给他，使额亦都从一个寄人篱下的诸申成为地位显赫的军功贵族。额亦都如此，其他古出如费英东、费扬古、扈尔汉、何和理也莫不由此发迹。随之产生的后果是，在牺牲一般部落民利益的同时，造就了一批异姓军功贵族，加强了汗的权威。

古代蒙古人的"那可儿"又译伴当，是蒙古汗国时期贵族阶级的扈从。元太祖成吉思汗创业初的木华黎、博尔术、博尔忽、赤老温，都是最出色的那可儿，因忠勇立功被誉为"掇里班曲律"，即"四杰"（钱仪吉《碑传集》）。在明末女真社会中，古出起到的也是这种历史作用。所以，努尔哈齐在建国后把早期的古出比作"无有之时得铁贵于金"，认为其价值比金子还宝贵（《满文老档》）。

当女真社会中尚未出现由特权阶级一手掌控的脱离社会生产的武装时，古出集团促进了汗权的强化。古出与临时召集的部落壮丁不同，后者平日生产，遇有战事临时聚集。古出则与首领朝夕共处，战时成为精锐的武装或者指挥官。作为一支新型的强力集团，他们对女真（满族）国家的形成起了重要作用。

作者简介

刘小萌，1952 年生，北京人。中国社会科学院近代史研究所研究员、博士生导师。著有《满族从部落到国家的发展》《清代北京旗人社会》《清代八旗子弟》等。本文选自作者承担的《清史·通纪》第一卷书稿部分章节内容。

明末的统治危机

刘小萌

在中国历史上，地方政权建立后，往往把取代中央政权作为自己的政治、军事目标。努尔哈齐建国不久，同样把进攻矛头指向明政权。当时的明朝统治区域虽物产丰饶、人口众多、经济发达，但政治、军事上却日愈衰朽，成为满洲贵族觊觎和扩张的理想对象。当时明朝统治的衰朽主要表现在：

第一，主昏臣庸。明万历帝即位初年，用张居正辅政，整饬吏治，摧抑豪强，清丈土地，推行"一条鞭法"，朝政尚有起色。万历十年（1582），张居正去世，国事日衰。万历帝长期不临朝听政，由内监传达旨意。内监与内廷后妃相互结纳，成为左右皇帝的政治势力，进而勾结一些朝臣和言官，干预朝政，与内阁臣僚对立。围绕皇位继承，形成对立的朋党。万历帝大兴土木，耗资巨万；又遣宦官充矿监税使，赴各地搜刮民脂民膏，以致多次激起民变。

万历四十八年七月，万历帝卒，长子朱常洛即皇帝位。万历帝生前宠爱郑贵妃所生第三子常洵，迟迟不立常洛为太子，大臣担心废长立幼，纷纷进言，要求早建东宫，即所谓"争国本"事件。争论自万历十四年起，至二十九年万历帝迫于众议，始立常洛为皇太子，常洵为福王。万历帝死，常洛即位，为泰昌帝，在位仅一月，以体弱多病，服鸿胪寺丞李可灼所进红丸药后身亡，庙号光宗。皇长子朱由校即位，改元天启。

第二，内乱外患。明朝国势衰颓，北方九边警报频传，蒙古入边，女真扰攘，都牵扯了很大精力。万历帝在位48年，先后发动三次大规模军事行动，史称"万历三大征"。一为宁夏之役，万历二十年，宁夏致仕副总兵哱拜发动叛乱，联络鞑靼，全陕震动。明军久攻镇城不下，后来明将李如松率各路援军破镇城，哱拜自杀。二为朝鲜之役，又称"援朝战争"，首尾共八年。万历二十年，日本关白丰臣秀吉发动侵朝战争，占领王京。朝鲜国王向明廷求救。次年正月，总兵官李如松奉命出兵援朝。此后战事时紧时松，交战双方互有胜负，至二十六年，日军终被逐出朝鲜。三为播州之役。万历二十四年，播州土司宣慰使杨应龙起兵反明，四出攻掠州县，兵锋甚锐。二十七年陷綦江，明廷大震。次年，总督李化龙遣总兵刘綎等分兵八路，大举进攻播州，杨应龙兵败自杀。明廷用兵四年，动用七省三十万军队，才得以平定。

天启初年，乱象四起。四川南部永宁土司彝族首领奢崇明起事于西南，据重庆，围成都百余日，以内变起，解围走泸州。水西土同知安邦彦起兵响应奢崇明，号罗甸大王，诸部蜂起为助，陷毕节，围贵阳。明廷敕湖广、云南、广西军援贵州。不久，明军败奢崇明，收复重庆、泸州。奢崇明再陷遵义。天启二年十二月，明军解贵阳围，安邦彦遁走。贵阳被围十余月，"城中户十余万，至是仅存二百人"（《明通鉴》）。奢崇明、安邦彦的声势远超播州之乱，明廷历时七年才平定。

同一时期，山东白莲教首领徐鸿儒起事。山东一带长期流行白莲教，天启二年五月，徐鸿儒在钜野起事，称中兴福烈帝，年号大成（乘）兴胜，教徒用红巾为帜，纷纷献出家产，参加起事，连破郓城、邹县、滕县，一度阻断南北漕运。明廷震动，调集各路军队镇压。十月，明军收复邹县，徐鸿儒被擒，缚送京处死，其余部仍在各地坚持战斗。

国家危机四伏，明朝皇帝却沉溺于声色犬马。天启帝尤其昏庸，他即位时年仅十六，在内廷中无所依恃，封乳母客氏为奉圣夫人。客氏，保定定兴人，民人侯二妻，入宫为熹宗乳母，以姿色受帝宠。客氏又与太监魏忠贤狼狈为奸，干扰朝政，国事益不可为。魏忠贤，河间肃宁人，年少无赖，万历时入宫为宦官。天启即位，升其为司礼监秉笔太监。魏氏密结大臣为援，以声色犬马谄媚皇帝；勾结客氏，排斥异己，专权擅政；迫害东林党，屡兴大狱；于朝野遍置死党，广建生祠，"祠宇遍天下"（谷应泰《明史纪事本末》）。客、魏勾结，扰乱朝政，明朝政治日益昏暗。

第三，财政危机。"万历三大征"，耗尽国家资财。宁夏之役，费银二百余万两；朝鲜之役，费银七百余万两；播州之役，费银二三百万两。三大征军费总计达一千一百万两，而当时岁入仅四百万两左右（李洵《明史食货志校注》）。这成为明后期国库空虚、财政拮据的重要原因。

历次战争均有加派，不断增加百姓负担。万历三大征屡有加派，但战事毕，加派随即撤去。以后内乱外患频繁，加派成为国家税赋常额。万历四十四年，增九边饷。万历末年，明廷以辽东形势趋紧，前后三次加派"辽饷"，每亩共增九厘，全国共增五百二十万两（《明史·食货志》）。天启二年，明廷为平内乱，设州、县兵，按亩摊派兵饷。

当时内廷存银尚多，万历帝贪吝不肯发。廷臣无计可施，只有剜肉补疮，苛敛百姓。明廷征兵，远及边疆。此后用师连年，"复议益兵增赋"（《明史·李汝华传》），又割四川、云南、广西、湖广、广东所加之赋输送军前，而辽饷仍不足，天下已不堪重负。

第四，遣太监充矿税使，往各地聚敛。矿使四出，纵横骚扰，横征暴敛，以供进奉。天下萧然，生灵涂炭。派往辽东的太监高淮尤其贪暴。高淮任尚膳监监丞，深得万历帝宠幸，二十七年，遣往辽东任矿税使，居辽东八九载，苛剥军民，敲骨吸髓，年甚一年，屡为官员弹劾，万历帝皆置之不问。

第五，辽东总兵官李成梁年老昏聩。李成梁始祖本朝鲜人，入明出仕做官，世代以军功袭职。万历初，李成梁晋辽东总兵官，加太子太保、宁远伯，食禄一千六百石。他长期主持辽东军政，对边外蒙古、女真等部落，出战屡屡获胜，威名大震，但年月既久，位高权重，子弟均列高官崇阶，仆隶无不显荣。贵极而骄，奢侈无度。军资、马价、盐课、市赏，每年侵没无数，全辽商民之利尽入于己囊。万历十九年，李受言官弹劾"血气既衰，罪恶贯盈"（《明神宗实录》），罢职而去，以宁远伯赋闲家居。

万历二十九年，明廷再次起用年衰昏庸的李成梁。大学士沈一贯奏言："成梁老手展布，必当不负任使。"（《明神宗实录》）仍命李成梁以原官挂印再镇辽东，时年七十有六。

李成梁复出后的一大失策，是放弃经营已久的宽甸等六堡。明辽东东界叆阳河、清河、抚顺一带，与建州女真为邻。群山沃野，原为女真所据。万历二年，巡抚张学颜会同李成梁等决议驱逐女真，修筑宽甸等六堡，开拓"新疆"八百余里。六堡筑城初，明朝人寄予厚望，称其南捍卫所，东控朝鲜，西屏辽沈，北拒强胡。三十年间，集聚辽民十万口之多。万历三十三年，李成梁以六堡地孤悬难守，与辽东督、抚建议放弃，凡种地之家一概视为逃民，户给免帖，逼还故土。当地居民有留恋家室不愿迁回者，大批投附边外建州女真。

放弃六堡导致明辽东藩篱尽撤，给当地居民的生计造成破坏。而最大的受益者则是建州努尔哈齐：一是得到了大批逃亡汉民，成为生产的生力军；二是得到大片膏腴农田，有益于农业发展；三是获得军事要地，据有进出辽东的通道。

李成梁与努尔哈齐一家的关系，曾是明人的一个话题。万历年间李成梁袭杀阿台之役中，努尔哈齐祖觉昌安、父塔克世一同遇害。当时努尔哈齐十五六岁，抱李成梁马足请死，成梁怜之不杀，"留帐下卵翼如养子"。李出入京师，带他同行（姚希孟《建夷授官始末》）。熊廷弼也有类似说法，谓其祖、父遇害，努尔哈齐请死，李成梁考虑各家敕书无人保存，免其一死，把各家遗留敕书交给他，后来又向朝廷奏请，授予他龙虎将军。努尔哈齐得以号召东方，尽收各家故地遗民，建州始合为一。正是李成梁的失策，使后来努尔哈齐得以崛起辽东。

万历三十六年，李成梁在 83 岁高龄上解任回京。他的权势和影响并未消退。其弟成材任参将，子如松、如柏、如桢、如樟、如梅皆任总兵官，如梓、如梧、如桂、如楠亦皆至参将。辽东镇仍旧掌控在李氏子弟手中。

第六，辽东军备荒疏，军队不堪一击。明初辽东实行军屯制，后来，边外屡遭兵燹，加之官贪吏黩，税监盘剥，屯军大批逃亡。各处驻军，多为老弱病残。辽东一镇马步官军虽号称十万，实际只八万有余，散处二千里。各营马步兵最多不过千余，"其逃亡者十之二，老稚者十之五，稍稍强壮者不过十之三四耳"（董承诏《辽事尚多可忧微臣妄持末议仅据见闻直陈情状以备采择事》）。辽东巡抚熊廷弼上疏反映的问题更加严重：辽兵孱弱已极，精壮无几；射而多不能开弓，或开弓而矢不及十步。

明朝渐入膏肓之境，北方蒙古、女真诸部相继竞起。内忧外患纷至沓来，明朝统治陷入严重的危机中。

清初重开科举与笼络士绅

赵世瑜

科举制是清承明制的一项重要举措，也是清初恢复正常秩序的首要手段之一。这不仅有助于统治者笼络汉人士绅，而且有助于清初各项制度在各个领域的实施。

一

尽管在皇太极时期就已开始在满、蒙、汉士人中考选举人和生员，但没有形成稳定的制度。入关之后不久，提督顺天等处学政曹溶上书建议，在已占据的地区选拔贡生，"赴阙廷试"，供朝廷任官。多尔衮"立赐批答"，同意他的意见，除府、州、县贡生外，特别的人才也可报顺天府学一体考试。礼部左侍郎李明睿等认为战乱期间路途艰难，赴京考试不易，应就当地参加考试，多尔衮也同意："寇燹（xiǎn，多指兵乱中纵火焚烧）甫息，士子跋涉赴京，艰苦可念，听学臣所至之地便宜考试，事平之后，他省不得援以为例。"[《礼部启本（顺治元年七月初四日）》] 这样的举措既迅速又灵活可行。

顺治元年（1644）十月，清廷在顺治帝登极诏书中宣布重开科举，规定第二年即乙酉年重开乡试。

此诏一下，国子监祭酒李若琳就诏书中未涉及的监生选拔提出建议，请求按照明朝制度，使大臣子弟在学者可荫入国子监，民间廪、增、附生员中的优秀者也可考选入监，满洲勋臣子弟愿意读书的也可送监，"满洲官员子弟有愿读清书或愿读汉书，及汉官子孙有愿读清、汉书者，俱送入国子监，仍设满洲司业一员、助教二员，教习清书"（《清世祖实录》）。此举引起的反应颇为积极，"满洲司业、助教等官已率官员子弟百余人到监肄业"［《礼部揭帖（顺治二年二月初十日）》］。数日后，多尔衮廷试前朝贡生，分四等分别授以地方官职。顺治二年三月，礼部认为廷试贡生应在四月举行，上年由于急需用人，就随时举行了，今年也请提前举行，得到同意。

顺治二年为各省乡试之年，礼科都给事中龚鼎孳上疏，希望在往昔科额之外酌量增加名额，"满洲子弟俊秀能文者，亦需一体入试"［《礼科都给事中龚鼎孳残揭帖（顺治二年二月初十日到）》］。礼部议复该疏，制订举人考取的具体事宜，沿用明初之制："考试仍照旧例行，贡院著即修葺。"五月底，多铎攻克南京的捷报刚刚传到北京，龚鼎孳又建议立即派遣学臣前往江南料理科场事务，以便赶上本年乡试，为朝廷选拔人才。六月，朝廷接受龚鼎孳的建议，决定在本年十月举行南京乡试，并在随后颁示的平定江南诏书中申明，"各该地方乡试、会试，儒学廪、增、附生员，及每学恩贡一名、正贡一名，俱照登极恩诏例行"。在此之后，朝臣纷纷上书建议全面恢复科举考试，如浙江总督张存仁认为"不劳兵之法，莫如速遣提学，开科取士，则读书者有出仕之望，而从逆之念自息"；云贵招抚兵部右侍郎丁之龙在条陈滇黔事宜时，也把开科取士当作一项重要内容（《清世祖实录》）。

二

面对新朝招徕，士子反应比较积极，并没有普遍出现拒斥的态度。顺天府乡试时，进场秀才达到三千之多，多尔衮不禁惊叹："可谓多人！"大学士们解释说："进场秀才向来有四千五百余人，皆由提学官选择起送，其中试者不过一百四五十名而已。"（《多尔衮摄政日记》）清初战乱鼎革，入试人数也达到承平时的三分之二，十五省中试举人则达到一千四五百名。战乱之下，道路梗塞，许多士子没能按期赶到省城参加乡试，次年二月也就无法参加会试，范文程就在顺治二年十月向多尔衮建议，"广其途以搜之"，请于顺治三年会试后的当年八月再补乡试一次，顺治四年补增会试一次（按正常情况需到顺治五年才有第二次乡试，六年第二次会试），得到多尔衮的批准。明代会试，一般取中300人左右，顺治三年正月，首次会试的前夕，礼部认为"龙飞首科，正士类弹冠之日"，建议"二月会试天下举人，其中式名额及内帘房考官，均宜增广其数，以收人才而襄盛治"。得旨："开科之始，人文宜广，中式额数准广至四百名。"（《清世祖实录》）

后因道路难行，各省举人名册没有全部送到京城，会试只得从例行的二月初九日推迟到二月十九日，会试总裁官为大学士范文程、刚林、冯铨和宁完我。会试中式者四百人提前于三月十五日进行殿试，多尔衮到重华殿出题。其制策题长达五百字，主要针对清入主中原后应遵什么原则才能长治久安，在明末吏治腐败的情况下如何整顿吏治使民风返朴，如何使满汉同心同德，怎样才能网罗贤才等四个问题提出要求。一日后评卷，再一日传胪，分出三甲进士。这次考试后被称作"得人之科"，顺、康时期名臣傅以渐、魏裔介、魏象枢、李霨、冯溥等人都是本科进士。这一科的进士里，出了4位大学士、8位尚书、15位侍郎、3位督抚，此外还有都察院副都御史、通政司使、大理寺卿、内院学士等6位高官。

按范文程等人的建议，一年后再举会试，多尔衮命取中三百名，总裁仍以范文程为首，刚林、祁充格、冯铨、宁完我和宋权参与其事。当年三月殿试，多尔衮又以怎样才能知人得真才，怎样才能避免官员子弟及地方绅衿迫害百姓使"贵者日富，贫者日苦"，怎样才能在战争频仍的情况下既足兵饷，又不给百姓增加负担等三个内容为题，令贡士们回答。此次殿试有两处不同于上年：一是多尔衮强调答题方式"勿用四六，不限长短，毋得预诵套词，拘泥旧式"（《清世祖实录》）；二是这次取士三百人中，江南士子占到124人，占40%以上，鼎甲也都是江南人。对比丙戌会试，当时中试四百人中，有四分之一来自山东一省。这说明随着江南的平定，明代开始的文魁中南方人占绝对优势的趋势又卷土重来，而这也成为清初官场中南北党争的重要因素。

按正常顺序，顺治六年又举行了会试，再次取中四百人。这次会试是在江西、广东等地叛乱刚平以及大同等地叛乱又起的暴风骤雨中进行的。由于两广初定，二甲进士分授参议，三甲进士全授知府，分派到两广等省补用。进士释褐之后即官四品，也是前所未有的。

三

顺治帝亲政之后，科举考试已渐入正轨，一些战乱刚刚平息的省份，也逐步恢复乡试，但不免遇到许多困难。如广西在顺治八年时就由巡抚王荃可题请改期，但到顺治九年时，"贡院因经兵火，一片瓦砾丘墟，欲骤为修复，钱粮难凑"，因此建议找一些没有损坏的衙署或者寺院，稍加修葺，充作临时考场。此外，"广西旧例，进场士子约有一千五百余人，今户口凋零，弦诵失业，且尚有未定郡县，将来入闱诸生，恐不及半。合照湖广例，中式举人暂取一半"[《广西巡抚王荃可揭帖（顺治九年三月二十三日到）》]。顺治十一年时，湖广巡抚林天擎也上疏说，"贡院上年被满洲兵马驻扎，厅堂、号房四壁全无，仅存顶柱"（《湖广巡抚林天擎残题本》）。顺治十三年，福建"各府生童当兹兵火流离之后，使鹑衣鸠面之书生，跋涉豺虎之径"，"必至有误宾兴"[《户科右给事中王命岳题本（顺治十三年二月二十六日）》]。这样的情况在顺治朝延续了相当长时间，但无论朝廷还是地方，对此都非常重视，尽力采取权宜过渡之策，使科举考试迅速恢复起来。

科举考试制度的恢复，在清承明制的过程中占有重要地位。这不仅是因为科举考试制度本身与明朝制度基本上没有变化，即使将满洲士子纳入其中，也没有导致制度本身的变化，参与科考的士子也绝大多数是汉人；而且选拔出来的汉人士子被任命到各处为官，他们所熟悉的治理之道都是中国历来的儒家之道。科举制度是清朝继承下来的最重要的制度之一，它给清王朝提供了急需的大批治国人才，年深月久，也使勇武的满族沉浸于儒家的礼制文化之中。科举在清代延续举行，直至光绪三十一年（1905）废除为止。在260年中共开112科，其中正科84次，加科2次，恩科26次，所拔进士共两万六千余人，举人、秀才不计其数。通过科举考试，朝廷和全国的绅衿知识界联结成长远而亲密的联盟，使清朝的统治增添了活力和能量。

作者简介

　　赵世瑜，1959 年生，四川成都人，北京大学历史学系教授。著有《清皇父摄政王多尔衮全传》《腐朽与神奇：清代城市生活长卷》《狂欢与日常——明清时期的庙会与民间文化》等。本文选自作者承担的《清史·通纪》第二卷书稿部分章节内容。

围棋名家范世勋

马明达　　潘振平

范世勋，字西屏，亦作西坪，以字行世，浙江海宁人。生于清康熙四十八年（1709）。居郭溪之南范家埭，先世业儒，父端揆，天性淳朴，一生嗜弈，寒暑无间，废寝忘食，后竟以此破家。

一

世勋早慧，幼年见父亲下棋，时常哑哑指划，若有所解。端揆惊奇，遂教之。世勋爱习前贤之谱，不久即能胜其父，乃投同里郭店张良臣门下。不一年，又胜良臣。经良臣引荐，师从山阴俞永嘉。永嘉字长侯，弈名甚高。康熙五十九年，同里少年棋手施绍闇（àn）慕名从学永嘉，成为世勋师弟。两位髫龄高材经名师倾心指教，长进神速。雍正元年（1723），世勋与永嘉受先（对弈双方中，下手每局均执黑）对弈，累局皆能胜出，自此师徒不复对局。永嘉携弟子外出游弈，与各地名手对局，世勋所向披靡，年方十六，已成一流高手。

二年，与绍闇跟随师傅游松江，造访松江钱长泽。钱氏字东汇，名家出身，赋性恬静，不乐仕进，酷嗜弈道，客常满座，一枰相对，百事俱忘。世勋与钱氏共研弈学，成为忘年交，数年后曾在钱宅晨夕盘桓，参订钱氏编著《残局类选》一书。

二

世勋成名后，各地棋家频频邀请，江南名手对弈殆遍，然真正能为对手者，唯师弟施绍闇一人。绍闇康熙末年始能与世勋争先，雍正晚期，两人曾受邀在知县衙署决胜。相传乾隆元年（1736）两人游历京师，当时天下升平，京中士大夫好事者争具重彩，招引高手对弈。世勋连战连捷，名动京城。与绍闇也有十局之对，各有胜负，惜无遗谱存世。

乾隆四年，两人应浙江平湖世家张永年之邀，赴其家任教。永年字九丹，诗书传家，然五世嗜弈，永年与其子世昌（敩 xiào 坡）、世仁（香谷）均工弈，人称"拓湖三张"（张氏父子后选录范、施等人授子谱二十八局，辑为《三张弈谱》）。应主人之请，世勋与绍闇在张宅对弈十三局（今存十一局），后世称为"当湖十局"。张氏后裔有诗回忆：

> 瞬息万变斗机巧，疾逾鹰眼健鹰爪。
>
> 以征解征洵奇观，借劫酿劫谁分晓。
>
> 三江两浙数十州，大开旗鼓东南陬。
>
> 当湖客舍十三局，旁观当作传灯录。
>
> （张金圻《坐隐局谈弈理诗》）

二人正当而立之年，精力旺盛，棋艺处于巅峰状态，而又风格迥异。值此风云际会，各自呕心沥血，尽施绝技，棋局出神入化，关键处杀法紧凑精妙，算路准确，惊心动魄，最后胜负相当。这是旧式对子局的高峰，充分展示了清代围棋技艺的创新才能和丰富内涵。

世勋棋风遒劲灵动，思路敏捷，全局在胸，棋评家誉之为"奇妙高远，如神龙变化，莫测首尾"（邓元镙《〈范施十局〉序》）。与其下过让子棋的李松青曾对江宁棋手任丙（渭南）称："君等于弈只一面，余尚有两面，若西屏先生则四面受敌者也。"（黄俊《弈人传》）小说家李汝珍（松石）则认为世勋"能以弃为取，以屈为伸，失西隅补以东隅，屈于此即伸于彼，时时转换，每出意表，盖局中之妙"（李汝珍《〈受子谱〉序》）。袁枚描写其对弈称："西屏全局僵矣，隅坐者群策之，靡以救也。俄而动一劫，则七十二道体势皆灵。呜呼，西屏之于弈，可谓圣矣。"（袁枚《范西屏墓志铭》）

三

世勋成年后入赘江宁，即定居于此，而游踪遍及江南。乾隆十一年，游太仓，住毕见峰心远堂西斋，与当地棋家切磋。曾与见峰孙毕沅（秋帆）对弈，授三子。毕沅记载当年盛况称："每对弈，州中善弈者环观如堵墙。君不思索，布局投子，初视草草，绝不经意。及合围讨劫，出死入生之际，一着落枰中，瓦砾尘沙，尽变为风云雷雨，而全局遂获大胜，众口欢呼，神色悚异，啧啧称为仙。"诗云：

> 淮阴将兵信指挥，钜鹿破楚操神机。
> 鏖战昆阳雷雨击，虎豹股栗屋瓦飞。
> 鸟道偏师方折挫，余子纷纷尽袒左。
> 忽讶奇兵天上来，当食不食全局破。
> ……
> 坐稳仙家藉养性，君今海内推棋圣。
> （毕沅《秋堂对弈歌并序》）

这是世勋的黄金时期。今存传世棋谱，与其分先者，仅绍闇和前辈梁魏今两人，其余对局均为让子，从二子到九子不等，足见其称雄棋坛的强大统治力。

世勋性倜傥任侠，潇洒不群，所获金钱无数，垂手而尽，半以赠予戚里，囊中不留一钱。为人介朴，弈以外即有千金之彩，不发一语。遇人无论贫穷显贵，均大方得体。乾隆二十九年，客居扬州，以弈品受重于各界。盐商胡肇麟嗜弈如痴，百战勇健，号为"铁头"，时常与世勋受子对弈，供奉唯恐不及。期间，世勋收仪征卞文恒（立言）为徒，文恒带来施绍闇新著《弈理指归》，世勋拣择变化，根据自己多年心得，撰成棋谱二卷。全书收入星位定式二百一十六图，讲解四百五十八种变化，既讲正解又讲变着，同时分析俗手误着，"皆戛戛独造，不袭前贤"，为其毕生心血之结晶。序言评价清初围棋"冥心孤诣，直造单微"，"堂堂正正，怪怪奇奇，突过前人，可谓盛矣"。"至三十年来国手，则又不然。较大小于毫厘，决存亡于渺冥，交易变易，时时存一品灵机，隔二隔三，处处用通盘打算，数至此尽，心至此息。"至于此后围棋之发展："第以心制数，数无究期，以数寓心，心无尽日。勋生今之时，为今之弈，后此者，又安知其不愈出愈奇，如昔人之数，用以覆酱瓿耶？"（范世勋《〈桃花泉弈谱〉序》）展现一代高手之境界与眼光。该谱由两淮盐运使高恒出资，以衙署后花园（即世勋客居之所）古井命名，称《桃花泉弈谱》，于乾隆三十年付梓。

卒年不详，无子嗣。有记载称其嘉庆初至上海，下榻西仓桥潘宅，与当地名手倪世式（克让）下授四子棋。著述尚有《自拟二子谱》《自拟四子谱》等，均刊刻行世。谱局一百三十余，晚清收入斤竹山民（蒯光典）、浮昙末斋主人（黄绍箕）所编《海昌二妙集》。

作者简介

马明达，1943 年生，河北沧州人。暨南大学历史系教授、博士生导师。主要从事中国文化史、民族史和中外关系史的研究和教学。著有《武学探真》《说剑丛稿》等。

潘振平，1953 年生于上海，三联书店编审，国家清史编纂委员会传记组组长。参与《清代人物传稿》（下编）的编撰，著有《鸦片战争后的"开眼看世界"思想》《〈瀛环志略〉研究》等。

本文节选自马明达承担的《清史·传记·诸艺传》书稿，由潘振平增补改写。

象棋名家传记两篇

潘振平

其一：王再越　附周廷枚　吴梅圣

　　王再越，字正己，号安蹇，山东曲阜息陬（zōu）人。生卒年不详，大致生活在康熙年间。家贫力学，性情刚直，不求闻达。"一身坎坷，抑郁无聊，为象戏以消岁月。"（《梅花谱原序》）乃精研棋艺，撰《梅花谱》六卷，另辟蹊径，开拓象棋布局新方向，影响后世甚巨。

　　明朝末年，浙江海盐人朱晋桢（绍明）举业失意，遂萃取当时流行的象棋谱《金鹏十八变》《适情雅趣》之精华，多所发明，于崇祯五年（1632）辑著《橘中秘》四卷刊行。该谱载五十二个全局，一百三十三个实用残局，综合前人棋艺成果，特别对当头炮开局的各种变化研究系统精深，从而广泛流行。王再越的《梅花谱》，则对屏风马破当头炮、当头炮破过宫炮、当头炮破转角马、顺炮直车破横车、顺炮横车破直车、列手炮等六种全局作专题研究，尤其是屏风马破当头炮八局堪称精华，着法细腻精巧，以柔克刚，"其间纵横驰骋不可端倪，真有行到水穷，坐看云起之妙"（《梅花谱原序》）。《梅花谱》建立的体系，开创马炮争雄之新局面，成为后世典范。"橘""梅"二字，遂并列为象棋之代称。

《梅花谱》记谱为字代法，即在棋盘九十个交叉点上，分别以两首小曲标定。红方的四十五字为：

整军队，排雁行。

运帷幄，算周详。

一霎时便见楚弱秦强。

九宫谋士侍左右，五营貔貅戍边荒。

叹英雄，勤勋立业类枰场。

黑方的四十五字为：

论形势，两相当。

分彼此，各参商。

顷刻间化出百计千方。

得志纵横任冲击，未雨绸缪且预防。

看世情，争先好胜似棋忙。

该谱问世后以手抄本流传，亦有棋手加以改编。1916 年始有朝记书庄石印本，1926 年上海文明书局出版铅印本，系史学家、江苏武进（今属常州）人吕思勉校阅，次年中华书局出版谢侠逊主编的《象棋谱大全》，所收《梅花谱》为江南名士、江苏吴县（今属苏州）人潘定思藏本。

周廷枚，江苏武进人。生卒年不详，大致活动于乾隆年间。幼习诗书，更精于棋艺，弱冠即负盛名。及长，经营木材生意。增订王再越《梅花谱》，丰富和发展"中炮过河车对屏风马"之各种变化。挟技壮游大江南北，行子敏捷，棋路多变，鲜有敌手。与阳湖（今属常州）刘之环创立象棋"毗陵派"，从弈者二百余人，称一时之盛。编有《会珍阁象棋谱》四十卷，似失传。

吴梅圣，浙江余姚人。生卒年不详，晚清著名棋手。著有

《象棋让先秘谱》，又称《吴氏梅花谱》，全谱五局四十九变，均为让先屏风马破当头炮局。发展王再越《梅花谱》的内容，认为后手屏风马可以应对任何局式，布局运子，柔中兼刚，多有创新。该谱长期以手抄本流传，慈溪张观云、宁波郭永年等棋手相继收藏，遂形成民国初年象棋"四明弈派"。

其二：薛丙　附吴绍龙　卞载华

薛丙，号橘隐居士，江苏松江华亭（今属上海）人。生于乾隆年间。少时得到同邑前辈象棋名手何克昌指点传授，棋艺精进，很快即青出于蓝。"擅象棋之术，于智巧为独优，凡吾邑之习是技者，角莫能胜久矣"（盛得音《增订〈梅花泉〉序》）。虽家境贫寒，仍痴迷于象棋，"游艺于片楮尺幅中"（王昶《〈心武残编〉序》）。广泛搜集《金鹏全局》《韬略元机》等棋谱，以及江湖流传之残局，潜心解析各种变化，"向有图式而无着法，皆以鄙意参出之，非窃其秘而录之也"。自己有所心得，亦创制排局，"更有小窗偶撰诸局，亦附其间"（《〈心武残编〉凡例》）。来访的浙江四明（今宁波）棋手叶明（旭初）见到此谱，力主付梓刊行，以享同好。

嘉庆元年（1796）八月初，薛丙开始"参改辑著，四年七月七日编成付梓"。期间叶明和苏州名棋手吴绍龙参与修订。是谱定名《心武残编》，共六卷，一百四十八个排局，前二卷为棋局图式，后四卷为着法。以和局为主，有改正旧本的，也有白胜或黑胜间列其中，所有着法均较此前各种残局深奥复杂，标志象棋排局谱创作的深入。薛丙将和局分为正和（彼此终无胜着）、纷和（一将一闲）和佯和三种，并在象棋史上首次记述了若干规则，弥足珍贵。该谱于嘉庆六年三月"锓毕校阅，七年二月修版，九年四月修刻告竣，五月印刷"（《识为〈心武残编〉作》）。薛丙随即开始参阅补著，辨讹重订，取名《心武残编修稿》，在原刊本上下方暨行间注录，"卷末又有墨笔增变若干，有复行改抹者"（韩应陞《重订〈心武残编〉序》），显示其精益求精的认真态度。苏州棋手卞载华参与了此项工作。

差不多与此同时，薛丙开始增订流传棋界已久的古谱《梅花泉》。该谱署名海门童圣公所作，共三卷，皆全局而无残局。薛丙从老师何克昌处得到上卷，后又从酒肆等处觅得中卷和下卷，乃将原谱三十六局衍为五十局，一百三十二变化为二百一十变，增订之处，均署名以示区别。凡例称："是谱慈缘东鲁圣裔孔公雅爱此书，浣明远张公嘱予誊写。但每局原有接变，因抄本相传年久，或中有错误者，今重加参订，以应命云。"（张安如《中国象棋史》）时象棋排局名谱相继出现，而全局研究相对薄弱。薛丙将自己长期棋艺实践所得所悟，反映于《梅花泉》各类布局中，大大丰富了古谱内容，体现了象棋全盘战术的新发展。

道光二十年（1840），卒。其女婿任某持其遗稿，在同邑藏书家韩应陞处换得银圆四元，方能安葬。所有遗稿，如《心武残编修稿》《心武残编草稿》两部和《增订梅花泉稿本》等，均由韩应陞收藏。韩氏曾校核整理，但未刊刻行世。

吴绍龙，又名兆龙，江苏苏州人。生卒年不详，大致活动于乾隆、嘉庆年间。精于棋艺，里中"弈品居第一"。嘉庆五年六月，曾与薛丙对弈，并参与校阅《心武残编》。"碌碌尘埃，卒无所遇，而贫老以没。"（《〈吴绍龙对局谱〉序》）编有《吴绍龙对局谱》一卷，共二十六局，是现存最早的象棋实战对局谱，反映了当年地方名手实战水平的一个侧面。

卞载华，字师坤，江苏苏州人。生于乾隆三十八年（1773）。精象棋，更善于残局，薛丙认为其棋艺"尤胜于吴绍龙先生"，

"固当世之奇才也"。嘉庆十二年十月三日，至松江拜访薛丙，自言："订有局势百局，久欲付梓。前日昆山竹香张公参集局势一帙，邀予校正。予见其书皆执一己之私而多增改，谬误不堪，是以造吾翁而就教焉。"薛丙与其下全局四局，并拿出《心武残编》同参求正，两人"究谈数夜而相互问难"（《识为〈心武残编〉作》）。

大挑：以貌取人的清代选官制度

孔祥文

科举制发展到清代已经相当完备，考试分为四级，即童试、乡试、会试和殿试。童试中者称生员，又称秀才。乡试中者称举人，会试中者称贡士，殿试中者称进士。通过乡试的举子们，就拥有了举人身份，也就取得了进入仕途的资格，此后参加会试如果中了，就能更进一步；不中，功名终身不变，而且可以以举人身份无限期参加会试。限于中式名额，有大批的举子止步于会试之前，成为一个庞大的群体，其授官入仕也渐成问题。

一、举人大挑出现的背景

从顺治元年（1644）定各省五经中式额数始，并于次年定各省乡试举人额数，直至乾隆九年（1744）确定各省乡试额员，之后各朝遵行。除乡试定额以外，另有各种增广额数，也是按大中小省三级确定额员。在顺治和康熙朝，通常大省十名，中省七名，小省三至五名。雍正元年（1723）恩科乡试，一次扩大至大省三十名，中省二十名，小省十名，此后各朝按此标准增广，遂为定制。咸丰朝始，由于社会动荡，科举考试数次停科或展延，清廷开始大幅提高增额员数，各省乡试举人的额员也有了大幅提高。

有清一代自顺治二年至光绪三十一年（1905）停科举止，共计开科 112 次。据毛晓阳、金甦在《清代文进士总数考订》一文中的估算，清代进士的总数为 26849 名。又据楚江《清代举人额数的统计》一文，清代举人总额为 152100 名，所以清代进士总数仅为举人的 18% 左右。

在大挑之制出现之前，举人入仕之途无外乎拣选及作为拣选补救措施的截取。所谓拣选，即凡六品以下官员缺出，其中某些员缺按制由吏部根据各该衙门咨请，开列名单，奏请简派大臣挑拣，请旨任用。清代的拣选之制经历了由初时考试授职，到后来停止考试并按乡榜名次、科分及省分次序进行的过程。经年累积，参加拣选人员越来越多，在短期内无法完成掣选授官，从而造成候选者长时间滞留京城的问题。

有鉴于此，康熙帝下令吏部按候选次序截出应选人名单，在临选前两月通知选人到部投供，称为截取。举人的拣选与截取到乾隆时期，经过近百年的执行，由于可供选用的举人越来越多，致使壅滞愈盛，乾隆帝不得不另求他法，遂决定采用大挑之制。

二、大挑之制确立与执行

大挑始于乾隆十七年（1752），其作为一项制度的确立经历了一个渐进的过程，经过不断完善终成定制，一直持续到清末。曾以六年为期举行一次，从嘉庆二十二年（1817）起，固定为每隔九年举行一次。

1. 大挑的标准

在此前的拣选和截取中，从拣选之初的考用到后来拣选、截取的按条件选用，无论是按名次、科分及省分，都保持了一个可量化的标准，但是大挑之制不同，它不按"次序"选官，而是以貌取人授官。如果说拣选与截取是由客观条件决定的，那么大挑完全由挑选者的主观印象决定。

相传大挑是"以同、田、贯、日，身、甲、气、由八字为衡"（况周颐《餐樱庑随笔》），"同"为身材方长，"田"为方短，"贯"为头大身直长，"日"为肥瘦长短适中而端直，皆中选。"身"为体斜不正，"甲"为头大身小，"气"为单肩高耸，"由"为头小身大，符合这类的人皆不中选。商衍鎏《清代科举考试述录及有关著作》中八字标准的后四字则是"气、甲、由、申"，并解释为："同"者面方体正，"田"者举止端凝，"贯"者体貌颀长，"日"者骨格精干，如此者为合格。"气"者形相不正，"甲"者上宽下削，"由"者上窄下粗，"申"者上下皆锐而中粗，如此为不合格。于合"同、田、贯、日"四字内一字之格者，再审察其应对，须言语详明，于时事吏治能述其梗概，素有研究者即挑取，所谓人文并选，身言之试也。

2. 大挑的过程

大挑由钦派王大臣主持，举行地点在紫禁城内东南角，靠近午门的内阁。内阁大堂平时按谕旨不设正座，六堂分左右六位，如果遇大挑之年，则钦派王大臣皆面北而坐，被挑者南面跪（震钧《天咫偶闻》）。通常以二十人为一班，按序站好，先唱三人名，派为知县，然后这三人出列。然后再唱出八人的名字，这八人为不被录用者，俗称"八仙"，又称"跳八仙"，这八人也出列。剩余九人不唱名，皆以派用为教职，自出，更一班进。齐如山在《中国的科名》中谈到，这种挑法"仪注极简单，也不作文，也不写字，只是设一公案，摆上应选的举人名簿，主任王爵入座，即唱名传举人谒见，十个人一排，一齐跪在面前。因系奉旨主选，所以须跪。只凭他一看，他认哪个人是一等就是一等，毫无凭据"。

在齐如山看来，大挑作弊的可能性不大，原因在于能够认识王爵的举人太少，能否被挑上全凭"运气"二字。如果一同参加大挑的人中，多是年岁太老或猥琐不堪的人，则自己便很容易得一等；倘此排多是高华英挺或气度雍容的人，则自己得一等便很难。不过也有例外，嘉庆帝为皇子时曾两次主持大挑，就曾遇到过有人"托言私宅宾友""呈递名条"之事，结果被"密记所托姓名，屏而不录"。嘉庆帝自述："朕在藩邸时，曾蒙皇考钦派，与成亲王永瑆及大学士阿桂、刘墉等一同挑选。彼时朕与成亲王坐位在前，即系与众大臣公同商酌，以定去取，从无独出意见之事。"（《清仁宗实录》）

大挑时，挑选者的主观意志是起决定性作用的。乾隆年间有位常州举人恽敷参加大挑，监挑某大臣把"恽"字错读成"挥"字，恽敷大声进行纠正，该大臣认为恽敷不知官场规矩，没有对其错误打个掩护，将其屏弃不用。多年后，恽敷再次就挑，此次主事的是书画家、成亲王永瑆，看见恽姓惊喜道，"是南田先生（清代画家恽寿平，常州人）后人耶"，于是授予一等（陈康祺《郎潜纪闻三笔》）。前后两次就挑，因主事之人不同，结局也不同。

如果被挑者长相魁伟，那么成为一等的机率就大一些，但也有例外。在陈恒庆《归里清谭》中就记载了一个例子。有山东某举人，人如曹交（春秋时曹国国君的弟弟，身高九尺四寸），竟落大挑。其人非常愤怒，等大臣事毕将登舆时，拦住质问："大挑以何者为凭？"大臣知道其为落挑负屈者，高声应之"我挑命也"！举人无言而退。时人将此事与当时在科场上相传的谐联"尔小生论命莫论文，碰！咱老子用手不用眼，抽！"放在一起，无论中与不中，皆由命！

还有一例，直隶青县有位金姓孝廉，相貌极丑，"五官布置皆失其所，见者咸笑而不敢正视也"。入得挑场，某王首拔其一等，一时诸公卿相顾错愕，该王曰："勿讶，是人胆量可嘉！"众人问其原由，王回道："是人如此面目，而敢入挑场，非有姜维（蜀汉名将）之胆，曷克臻此！"（徐一士《亦佳庐小品》）这种靠主观感觉和个人好恶进行选官的特性表露无疑。

正是由于这种选官制度以貌取人，所以主事的王公大臣难免会有走眼的时候。曾有后来的晚清重臣阎敬铭，因此公状貌短小，二目一高一低，恂恂如乡老，在参加大挑时，刚就班跪下，某亲王立马高声喝道："阎敬铭先起去！"后来他考中进士，入翰林，官居户部尚书，胡林翼奏调总办东征粮台，在奏疏中赞"阎敬铭气貌不扬，而心雄万夫"（徐一士《亦佳庐小品》）。至光绪时，阎敬铭官至东阁大学士。

道光甲辰（1844）举人江苏阳湖（今属常州）汪叔明，赴挑时本列二等，而且他已经出去了。某王公见某大臣手中的书箑（shà，扇子），要来观看，大为称赞。大臣言作书者即系刚才挑二等之汪某人，该王公怃然道："吾见其人，貌颇狞恶，以为作牧必喜虐民，今乃知风雅士也。"于是连忙把汪某唤回，将二等改为一等（李伯元《南亭笔记》）。

大挑之制虽以貌取人，但总的原则还是以年力精壮者为一等，其目的在于"得及锋而试"，对于年齿稍长，而精力未衰之人，亦可与民社之选。若年力近衰之人，则应列为二等。坚持这个原则的主要原因在于"一等为州县求父母，二等为学官取师长，年太轻恐不晓事，年太老恐不任事，先取强壮，后取人品"。

3. 大挑的额定

清代举人大挑的额定开始是按省的大小分配的。后来为公平起见，乾隆五十二年大挑时改为：无论省份远近，但就人数多寡，均匀挑取。自此，每排以十人为率，皆挑十分之五，一等者二人，二等者三人，按科分名次，均匀选择。嘉庆十三年，又改为每两班二十人内挑取一等三名，二等九名，共十二人。自此，大挑额定成例，直至清末。

举人大挑获得官职虽有定额，但是每届有多少人就挑，并没有一个确切的数字。这与就挑举人自身的想法有关。因对举人来说，参加大挑属于自愿行为，而非强制，所以每届就挑人数不定，但可根据记载，略知一二。乾隆三十年，约有二千人（光绪朝《钦定科场条例》）。嘉庆十三年大挑，各省就挑举人不下三千数百人（《清仁宗实录》）。

4. 大挑举人的出路

大挑的主要目的是为多年壅滞下来的落第举人开辟一条能够快速进入仕途的通路。据《钦定大清会典事例》，举人大挑一等者以知县试用，二等者以教职铨补。其具体过程为，所有选列一等举人，著吏部签掣分发各省，以知县试用，其借补州同、州判、县丞经历、盐库大使、河工等官，悉照部议行。至拣入二等人员，即照该部议定班次，以教职用。也就是说一等举人可以直接任职，而列入二等的举人只能归吏部铨选，要再经过多道选官环节才能入职。

这样经年累月下来，大挑举人的分发人数也渐形壅滞。清政府不得不采取以下办法减缓这种状态：1. 减少大挑的频率和次数，就挑资格由原来的举人三科不中变为四科以及五科不中才准其赴挑。2. 增加可供职缺。嘉庆二十二年，定由大挑一等人员内分发河工试用。不久拣出六十员，签掣发往南河三十员，东河二十员，北河十员，分别试用。自此，大挑分发河工之例一直到咸丰十年（1860），因裁汰南河总督才停止。3. 为减缓补缺压力，各省督抚奏请暂停分发。道光十一年（1831），河南巡抚杨国桢奏请"将各项知县，自道光十二年为始，均暂停分发来豫，俟三年后再行照旧分发"（中国第一历史档案馆藏宫中朱批奏折）。

三、大挑制度的优劣

大挑之制虽然是以貌取人，但是这种以貌取人是在科举考试之后，针对部分下第举人进行的。从其执行的具体过程来看，如果说乡试相当于我们今天所称的笔试，那么大挑就是面试。面试不需要再次进行笔试，而是直接以考官的主观意见为准。这个制度有其一定的合理性和先进性。

首先，大挑之制使下第举人能够直接、迅速地进入官场，担任地方官。这对于那些止步于进士之前的举子们来说，多了一条出路。相比以往程序复杂的官员铨选制度，大挑不失为一条捷径。

其次，可以有效避免营私舞弊问题。为了防止在大挑中作弊，清政府采取了较为有效的防范措施，如命所有派出之王大臣，俱著在内阁住宿等。参加大挑的举人大部分来自各省，而主持大挑的王大臣们也是于就挑前临时奏派，所以舞弊的机会微乎其微，基本上能够保持相对的公平。

尽管大挑有其自身的优势，但从清代选官制度的整体来看，这项制度无法从根本上解决经年积累下来的众多举人无官可授的局面，只是一个权宜之计。加之大挑之制以貌取人的方式，无法完全体现人才的实际水平。

作者简介

孔祥文，女，1969 年生。历史学博士，文化和旅游部清史纂修与研究中心助理研究员。

康熙帝对佛教的冷静态度与理智举措

李国荣

中国古代帝王对于佛道二教，或是痴迷，或是禁毁，多是感情用事。透过档案文献可以看到，清朝的康熙帝对佛道的态度则是冷静和理智的，他对佛教既适度限制，又有效利用，在皇权与佛教关系的处理上堪称到位，颇值玩味与思量。

一、"朕生来不好仙佛"

据《康熙起居注》载，康熙十一年（1672）二月二十八日，康熙帝出巡赤城（今属张家口市）温泉，路旁跪一道士，恳请康熙帝赏赐名号旌表其庙，以增"光宠"。康熙帝斥责说："求赐名号，意欲蛊惑愚民。"进而传谕，表明他对佛道二教的态度："朕亲政以来，此等求赐观庙名号者，概不准行。况自古人主好释老之教者无益有损。"紧接着，康熙帝列举了两个很典型的例子，一是梁武帝迷于佛教，多次舍身，不理朝政，终因侯景之乱，饿死于台城；二是宋徽宗惑于道教，不振朝纲，废弛武备，终至国破家亡，父子二人都当了金人的俘虏。康熙帝是个比较重视历史经验教训的帝王，他以此为戒，训示臣下"此可鉴也"。

在康熙十二年，康熙帝曾先后三次与大学士熊赐履探讨佛道宗教问题，君臣二人的答对，均载于《康熙起居注》内，比较集中地反映了康熙帝"不好仙佛"的态度。第一次，是在当年八月二十六日。熊赐履对年仅20岁的康熙帝说：自古以来，所有明君圣主没有信奉佛老的，即便是秦始皇那样雄强英武的皇帝，一旦崇信仙道，也不免贻笑千秋。康熙帝说："此正论也，朕当切识之。"表示要铭心切记。第二次，是在同年十月初二。熊赐履来到御座前，康熙帝首先讲道："朕生来不好仙佛，所以向来尔讲辟异端，崇正学，朕一闻便信，更无摇惑。"康熙帝在这里说，自己不会被佛道论说所惑。第三次，是在同年十月初九。康熙帝与熊赐履谈到，佛道二教因幻妄无实与孔孟之道不相容，而且，佛老猖行，迷信亦必随之发展，伤风坏俗，必须实力禁革。这三次谈话，构成了康熙帝宗教观的基调，标志着康熙帝对佛道态度的形成。

康熙帝进而认为，崇奉佛教是愚昧无知的举动。《康熙政要》载有他这样一番话："汉唐以来，士人信从佛教者，往往有之。皆其识见愚昧，中无所主，故为所惑耳。若萧自请出家，则又愚之至矣。"在康熙帝看来，梁武帝萧衍放弃朝政四次出家，是不懂天地之理的愚昧之举。

由于康熙帝认识到宗教过度发展有害无益，因此，康熙一朝一直限制僧道人数的增加。清廷这样规定，僧人道士有定额，官府给予度牒作为准许证，没有国家度牒之人不得为僧为道，私自出家为僧道者要治罪。康熙四年八月，康熙帝专门下达谕旨，命令各省清查僧道尼姑有无度牒，同时清点登记各处寺院所住人数。对于没有度牒或藏匿之人，或遣回原籍，或依法议处。总之，康熙帝认为，僧道众多，不仅靡费钱粮，而且不利于社会稳定，因此，他不准增发僧道度牒，尽量限制沙门队伍。

二、"听其成僧自为僧"

康熙帝是一位清醒的政治家，是一位务实的君主，他既在一定程度上认识到过度尊崇佛老有害，又认为宗教并非几道命令就可禁绝的。而且，康熙帝强调为政以安静为本，宁人安民当然包括众多的僧侣在内。在《李光地年谱》中，载有康熙帝的一段谈话："程朱诸贤，以辟佛老为一大事。以朕观之，奉之者固非，辟之者益增其澜耳。"意思是说，对佛道二教，过于尊崇或过于打压都是不可取的。

《康熙起居注》记载，康熙帝曾就僧人道士问题向朝中大臣颁发了这样一道谕旨："朕但听其成僧自为僧，道自为道，守其成规而已，何必禁耶？"康熙帝认为，佛道二教"递传而降"，历经千百年的岁月，已是根深蒂固，无法禁绝，因此适度限制顺其自然便可以了。基于这样的认识，尽管康熙帝本人不好佛教，但出于稳定社会秩序、巩固清朝统治的政治需要，对于佛教还是采取了相应的利用政策。

康熙帝在巡游天下四方时，时常为一些名寺古刹题写匾额碑文。譬如，康熙帝在巡幸江南时，赐天宁匾额"萧闲"，赐平山匾额"怡情"，到了金山，又御书"江天一览"。康熙帝还多次游览盛京西山的圣感寺，其游寺墨迹"清宵梵呗，萧疏尽入寒空；向晓钟声，飒沓仍随秋雨"等语句，就是对佛寺景观的生动描写。据说，康熙帝为各地寺庙题名的匾额，数以千计。

纵观康熙一朝，没有朝廷特许一般不得建造寺庙，因此新建寺宇确实不多，但在康熙帝的支持下，重修和刷新的佛寺却是不少，而且大都留下御写碑文。《清凉山新志》载："康熙二十二年四月，特旨发帑金三千两，重修五座台顶。"其后又多次拨发款项，修建五台山上的寺庙。康熙帝先后写了《中台演教寺碑》《东台望海寺碑》《南台普济寺碑》《西台法雷寺碑》《北台灵应寺碑》等。在五台山上的这些碑文中，康熙帝以儒解佛，以儒入佛，用儒家仁、义、信、慈、谦、敬、静、理等概念，来描述文殊菩萨，把佛教的品格附会于儒学的内涵，以为王道服务。

海天佛国普陀山上，也留有康熙帝的礼佛墨迹。康熙三十八年，康熙帝南巡到杭州，为给皇太后祝禧，遣派使者前往普陀山，并带去大批银两资财，谕令重新整修普济寺大殿，而且还手书"普济群灵"寺额，隆重颁赐。

九华山上的甘露寺，康熙初年建造。据说动工之夕，满山松树皆滴甘露，故称。康熙四十四年，康熙帝南巡，三月回銮驻跸江宁府，御书"九华圣境"四字相赐。

康熙帝还在皇宫内设立藏传佛教活动专区，此事始于康熙三十六年。中正殿位于紫禁城西北角建福宫花园南侧，这里原来是帝后在宫内从事道教活动的场所，康熙帝将其改为藏传佛教区，并在此设立了专门管理宫中藏传佛教的机构"中正殿念经处"。这表明藏传佛教已经成为清皇室精神上的一种需求，标志着藏传佛教在宫廷内的影响逐渐扩大，已经深入清朝皇家生活之中了。

三、"助王化之退宣"

康熙帝对西藏活佛的确认，以及在内蒙古多伦、避暑山庄建造皇家佛教寺庙，充分表明了他对佛教的政治利用。用康熙帝自己的话说，就是"助王化之退宣"。

清朝初期的顺治和康熙二帝，先后确认了藏传佛教中的达赖和班禅两大活佛。西藏佛教分为两大系统，一是以达赖为首，基地在拉萨的布达拉宫；二是以班禅为首，基地在日喀则的扎什伦布寺。顺治九年（1652），五世达赖在顺治帝的邀请下赴京，受到朝廷隆重接待，特为其修西黄寺，赏赐大量金银财物。次年，达赖因水土不服返藏。顺治帝设宴饯行，派人送去金册金印，敕封他为"西天大善自在佛所领天下释教普通瓦赤喇怛喇达赖喇嘛"。自此以后，达赖喇嘛的封号被正式确定。此后历世达赖转世，均须经中央政府册封，才为有效。清廷对班禅的敕封，则始于康熙。康熙四十八年，因清政府废立六世达赖仓央嘉措引起波动。康熙帝为安定西藏人心，于康熙五十二年派员入藏，封五世班禅为"班禅额尔德尼"，并赐金印金册。康熙帝同时规定，班禅的转世和达赖转世一样，也需经中央批准方可有效，这成为定制，沿袭至今。顺治、康熙时期，有关达赖、班禅两位活佛的转世需经中央政府敕封这一制度的建立，对于巩固中央政权对西藏的统治起到了重要作用。

康熙帝在内蒙古多伦建造佛庙，也是出于政治考虑。康熙三十年，康熙帝在内蒙古多伦召集内、外蒙古四十八家王公会盟，决定在这里建立一庙，取名汇宗寺。康熙帝把汇宗寺作为巡视蒙古会盟朝觐的场所，并以此为据点，谕令每一个部落都派一个喇嘛长期留驻这里。汇宗寺逐渐成为康熙帝团聚蒙古各部的纽带，成为清政府在蒙古地区的统治中心。康熙帝曾明确指出，在多伦建造佛庙，就是借以统一和控制蒙古各部，他说："盖四十八家，家各一僧，佛法无二，统一宗而会其有极。归其有极，诸蒙古恪守候度，奔走来同，犹江汉朝宗于海。"汇宗寺为康熙帝强化对蒙古地区的统治确实起到了独特作用。

同样，承德避暑山庄的佛教寺院，也是康熙帝为政治所需而开始兴建的。康熙五十二年，适逢康熙帝60大寿，蒙古各部王公贵族齐集热河奏请建造佛寺，为皇上祝寿祈福。康熙帝出于笼络蒙古各部落首领的考虑，于是下令仿照多伦汇宗寺的先例，在避暑山庄修建了溥仁寺和溥善寺两座喇嘛教寺庙。其后，在乾隆朝又建造了 6 座寺庙。康乾时期在承德建造的这 8 座寺庙，由朝廷派驻喇嘛，并由掌管民族事务的理藩院发放饷银。当时，在北京和承德两地共有 40 座直属理藩院的庙宇，京城 32 座，承德 8 座，又因承德地处北京和长城以外，故称"外八庙"。应该说，康熙时期初建承德离宫和外八庙，具有很强的政治色彩，这里是康熙帝及其后诸帝联系和团结蒙古族、藏族等少数民族的最佳场所。正是出于这样的考量，避暑山庄的外八庙在建筑风格上，吸取了西藏、新疆、蒙古乃至江浙等地的建筑特点，反映了民族文化的交融。

纵观康熙帝的一生，虽然一直限制佛教的发展，其本人也始终不崇佛，但他以一个政治家和明智君主的眼光看到，佛教是有助王道的得力工具，因而又在限制的前提下，充分地利用了佛教，做到了适度地限制，有效地利用。康熙帝是中国历史上将皇权与佛教的关系处理得比较好的一个帝王。

作者简介

李国荣，1961 年生，辽宁建平人。中国第一历史档案馆副馆长、研究馆员，《历史档案》杂志社社长，中国档案学会档案文献编纂学术委员会主任，清宫史研究会秘书长。主要著作有《清朝十大科场案》《实说雍正》《帝王与佛教》等 14 部，担任国家清史纂修工程《典志·科举志》所附《科场案》项目主持人，电视纪录片《清宫秘档》总撰稿、《故宫》清宫档案总顾问。

雍正朝官员考核"展限"弊端及应对

孟姝芳

考核制度是清代官员管理制度的重要组成部分，史籍记载颇多，不同历史时期有考课、考核、考绩、考校、考成、考查、考功等诸多提法。其考核内容、标准、程序、时间随各朝的具体情况有所调整，但考核的目标、体系一致，属常规考核，这项制度一直持续到清末。

一、雍正朝大计考核的定限与展限

大计考核定限。大计是对地方官员的考核。清代地方官考核有两类，一是平时参劾，二是常规考核。平时参劾是指不定期随时进行的纠参。常规考核则是对地方官员定期的考核，其考核法沿用明制，主要为《大计法》。规定地方文官所行之大计，每三年举行一次。"定期"成为大计这项常规考核制度的重要特征，三年是考核的定限。清代这项常规考核制度的确立，历经了近百年才确立起来。期间尽管出现反复，但是大计定限始终是三年，没有变更。雍正朝沿用大计考核地方官，却没有很好地执行"定期"这一重要特点，反而对官员考核迭次"展限"，致使考核"定期不定"，严重影响对地方官员的监督管理。

大计考核展限，即将原定的考核期限向后推迟。雍正朝的大计，都有官员因种种原因申请推迟。第一，督抚莅任不久申请展限：大计之制，如果有督抚莅任未久，不及周知属官贤否，可疏请展限，推迟举行。雍正二年（1724），广西巡抚李绂因任事不久，对所属地方一时难以周知，申请将该年大计暂行停止，于雍正三年补行。第二，督抚负责全省官员政绩考核，如督抚一方不在任，大计亦无法展开，雍正朝因此展限的颇多。雍正三年，两广总督孔毓珣疏称，广东巡抚杨文乾在任守制尚未回任，所有广东补行大计，应等杨文乾回任，于雍正四年会同举行。雍正八年，署江南总督事务史贻直疏称，江南江西计典，俟新任督臣高其倬莅任，察核补行。第三，因中下层官员备办军务申请展限。雍正六年，总督岳钟琪奏称，陕省知府等官皆因备办西藏军需，不能齐集省城，请将陕甘二省大计暂行停止。第四，官员备办河务展限。如兵部左侍郎稽曾筠奏，"豫省河员有分筑堤工"任务，题请大计展限，迨"堤工告成之后"，于雍正三年末举行。第五，雍正帝立意停止某省大计。雍正二年直接命山东督抚，"今年著停止这一次"大计。

诸多展限形成某些特点：第一，展限时间长短不一。雍正十一年，两江计典由署苏州巡抚高其倬题请，"仰恳俯准展四个月举行"。雍正八年，陕甘两省题请于雍正九年补行雍正三年大计，求展限六年。其他多为展限一年或二年，如湖南省两次大计，一次从雍正二年展至四年，另一次从雍正八年展至十年。第二，迭次展限居多。如陕西补行雍正二年大计，经总督岳钟琪、前巡抚图里琛题请于雍正五年举行。但时至雍正五年，署理陕西巡抚事务张保又以刚刚履任数月题请"仰恳依准展限，俟雍正六年举行"。这是先从雍正二年展到五年，又从五年展到六年。第三，四川大计连续展限。该省情况较为特殊，雍正朝的档案反映了四川官员大计不断续展。首先雍正二年，由川抚王景灏题请展至雍正三年，未行。又于三年，由总督岳钟琪题请展至四年，又未行。再于四年，由岳钟琪题请展至五年，仍未行。又于雍正五年，由四川巡抚宪德题请展至六年。正所谓"一计四展"，四年的时间官员离任的已经离任，休致的已经休致，升职的已经升职，如此展限让考核失去了原有的作用。

二、雍正朝大计考核展限弊端

第一，易使大计考核不全面、处分缺失。照大计三年一举，雍正朝大计应在雍正二、五、八、十一年。然五年这次彻底停止。《永宪录》记载："诏停天下大计一次。"所以，实际上是三次。这三次全国性大计考核，由于部分省份在每届大计之年的展限，使得吏部统计到的只能是部分省份的情况，考核并不全面。如雍正二年、八年大计，统计到的不是所谓"天下"官员，只是奉天、直隶、浙江、河南、山西、广西、贵州、云南八省及部分河务官员；雍正十一年统计到的也只有浙江、湖广、山东、山西、河南、四川、广东、福建八省官员及部分河官。这些省份只占全国省份的二分之一左右。考核不全面，处分自为不力。以十一年为例，受处分的官员只包括不谨官36员，浮躁官17员，罢软官23员，才力不及官31员，年老官56员，有疾官24员，总计187员。处分官员缺失，与当时清政府力倡的考核降黜理念有很大差异。

第二，易造成劣员不除、吏治不清。各省中出现的种种展限，使得大计有期变无期，官员考核无从谈起。一省大计的暂停或者停止，使得许多省内触犯法律的劣员，该罚俸的没有罚俸，该降调的无法降调，该革职的依然姑容在位，考核目标无法实现，劣员侥幸在位，继续形成对政务的危害，最终造成吏治不清。通过常规考核罢黜劣员成为一种摆设，屡屡展限使得大计成为"虚设"。

第三，易使官员消极治政。三年一次大计，志在激浊扬清。有纠参处分，亦有卓异荐举。官员政绩优秀，表现突出，"于三年之中，访察得实"，可举荐升迁。而中下层官员中廉慎勤能官员本该获得正常升迁，却因展限不能按时考核而受到拖延，其仕途无端受到影响。这势必影响地方官员从政的积极性，转而不负责任，消极治政或者怠政。

第四，易使官员应付考核制度。大计重在期限设定，然而每次大计展限，不仅是一省，甚至有几省；展限时间，不仅是一年，有的甚至长达六七年。这样展限使得考核制度根本起不到黜陟幽明的作用。且由于展限，让从地方大员到普通官员都形成对制度的有意无意轻视懈怠。地方官在雍正年间，因频繁调任从而让大计常常展限，思想上已轻慢察吏，对考察属官不太重视，致使官场无法整肃。中下层官员因思可以不断展限，亦轻视三年大计，对平时察吏也开始怠慢不以为意。这种从县到省官员的层层应付，使制度受到无形抵制。此外，极个别省份在权益的牵扯之下，还借故滥请展限，回护同僚，吏治扭曲败坏。这些既对考核制度本身有所冲击，又对吏治、政务有所影响。

三、雍正朝对展限问题的应对调整

清朝对官吏的考核在激浊扬清、整饬吏治上起到了一定的作用，特别是政治比较清明的时期，其作用更为显著。但是，考核制度是伴随封建专制和官僚制度而产生的。无论是制度本身的欠成熟，还是人治因素的影响，亦或是官僚政治的腐败，都会减弱考核制度的作用。雍正年间，对大计考核时间的展限，看似在制度规定之内、皇权允准之下，但其却对常规考核制度冲击颇大。因此，清廷也有意识地实行其他制度来纠正此弊端，弥补对官员问责的缺失。

第一，参劾处分制。雍正朝通过两种方式对这部分展限省份的官员予以约束。一是两年一次定期的参劾处分。雍正帝即位后，对在非考核之年约束官员亦有规定。《永宪录》记载："其非届大计军政之期，每二年加举劾一次，无则奏停。"可见，官员的管理除了定期考核外，还有定期参劾。二是不定期的参劾。档案中多次记载，倘各省"有不职劣员，仍不时纠参"。"属员中有贪劣不职，仍不时纠参具题"。"纠参"就是不定期的参劾处分，其特点在于时间灵活，从而与常规考核互为补充，即使出现大计展限，这种随时性的参劾在一定程度上也可弥补。

第二，对不入举劾官员的另类考核。贵州巡抚张广泗曾提及考核制中的一类遗漏问题："从前只将应举应劾者照例举行，其余循分供职之员为纠弹、荐举所不及，遂置之不议不论之列。"为此，雍正元年颁布上谕一条："嗣后，大计军政之期。其不入举劾官员，文职自知县以上……居官注其操守才具若何，年力政事若何"，令该管各上司出具印结，督抚逐一填注考语造册送部，予以考任。由此确定了地方不入举劾文职官员的考核。

通过这些举措，雍正朝将常规考核与不定期考核有效结合起来，使官员时时处在监督管理之下，尽量弥补了因展限而未能有效考核地方官员的弊端，形成了对大计考核制的又一制度性补充。

作者简介

孟姝芳，女，1974 年生，内蒙古丰镇市人，内蒙古大学历史与旅游文化学院副教授。著有《乾隆朝官员处分研究》《雍正朝官员行政问责与处分研究》，发表《蔡珽与年羹尧案关系初探》《多尔衮入关之初是否取消了"三饷"加派》等文章。

从自陈疏御批看雍正帝的用人之道

郑小悠

雍正帝是一位专制、英察、善变的君主，其手腕之强势、察吏之精明、论事之尖锐，透过故纸，也足以让读者汗透重襟。史学家孟森先生在《清史讲义》中对雍正帝有透辟的评价，他说："雍正朝事，又是一种气象。虽多所责难，亦不轻于戮辱，亦未视朝士皆出其下，予智自雄。"换言之，雍正帝虽然力行强人政治，却并非一个睥睨臣僚皆为草芥的刚愎自用之君，甚至暴君。相反，他是一个情绪外露的性情中人，对于自己欣赏的大臣，不但不吝惜物质与职位上的赏赍，且在精神上可以一定程度上超越君臣的界限，引为知己，形成近似于私人的友谊，对亲信大臣和对政敌形成强烈反差。

一、自陈疏批复——皇帝为大臣出具的考核意见

对于雍正帝的待臣属之道，可以从京察的自陈疏批复上看个究竟。按照清代制度，大小官员三年考核一次，其中京官的考核称为京察。其中三品以下官员由吏部和都察院负责考核。三品以上阁部大臣，以及总督、巡抚等封疆大吏（总督和巡抚在清代虽然实际上已经成为地方上的最高行政长官，但延续明代的惯例，

他们一直挂着中央监察机构——都察院的名衔，所以在制度上仍然被视为京官，参加京察考核），则先自陈政事得失，最后由皇帝直接出具考核评语。

自陈的结果有三种：最常见的一种是顺利通过，继续任职。对这种情况的大臣，皇帝的批复有一个标准"模板"，即："卿（或王、或某）简任××，（正资料理），着照旧供职。"对于不同级别的大臣，模板的用词稍有不同。其中一品大臣以"卿"相称，二、三品则直呼其名，宗室王公则称"王"。××是这位大臣职任的雅称，如大学士称"简任机务"，户部尚书称"简任司农"，左都御史称"简任风宪"等等。此外，一品官有"正资料理"字样，以示尊重，二、三品则无。因为是制式文件，措辞大体相同，这样的批复一般由内阁先票签，皇帝照样批答即可。

如果这位大臣在三年任职中处分过多，京察不合格，对于他的自陈疏，皇帝的批复按程式就会写为："该部院察议具奏。"意思是交给主管组织人事工作的吏部，以及监察工作的都察院按相关条例处理。

除了以上两种，还有一种情况，是皇帝认为该大臣工作不能仅以程式化的批答形式予以答复，需要在批答自陈疏时加上特殊说明。因为需要说明的内容因人而异，内阁无法做统一处理，所以这类批答当由皇帝本人自由发挥。

二、雍正七年的京察考核

雍正初年政治斗争形势严峻，人事变动较为剧烈。雍正四年（1726）以后，雍正帝亲自培养的人事班底基本取代前朝老臣，全面占据中央、地方的重要位置，人事变动趋于常态化。常态化后的第一次京察大典在雍正七年进行，这一年的《雍正朝起居注》共记载了御批自陈疏三十八条。其中自陈不合格、交部察议者两人。合格中"模板"批答者十八人。其余十八人则超越"模板"，由皇帝自行批写。比例如此之高的"自由发挥"，不大可能发生在其他皇帝身上。因为亲自为大臣写评语，不但要求皇帝对大臣的工作情况足够了解，还会在短时间内为自己平添不少工作量。而雍正帝恰恰精于此道，且乐此不疲。

排比研究这"自由发挥"的十八条批语，大臣们在皇帝心中的三六九等就跃然纸上。十八条批语中的十六条是对考核对象提出重点表彰与鼓励，只有两条皮里阳秋，别有用意。

两条中有一条针对福建总督高其倬。御批写道："卿老成谨慎，行止端庄，简任总督，奉公虽不及，洁己甚有余，着照旧供职。"所谓"奉公虽不及，洁己甚有余"是说高总督个人操守虽然廉洁，但奉行公事做得却很不够。身为总督，主管一省军、民二政，却被皇帝评价只能洁己、不能奉公，恐怕难称胜任。果然，雍正后期高其倬动辄得咎，差一点顶戴不保。

另一条是针对安徽巡抚魏廷珍错用自陈疏上奏形式的问题。清初京察高级官员自陈应用"奏本"，而魏巡抚一时未审，用了"题本"形式，换作其他皇帝，这本是一件小事，令其退回修正即可。而雍正帝则对此长篇大论，大做文章。他批评说：魏廷珍从内阁学士外放巡抚，历任多年，已经参加京察考核、书写自陈疏多次了。既不是新官上任，又不是没有文化、不通文书格式的武官，怎么会不知道相关的条例规定呢？可见他这次犯错，绝不是无心之失。他以为之前经常有文武大臣错用题本、奏本，朕每每原谅这些人。又揣摩朕对他怀有成见，所以故意用错文书，给朕一个机会，让朕用这样一件小事处分他，向天下人显示朕对他处处苛求，连这样的细枝末节也不放过。这样一来，就可以掩盖他平时的种种过错，用心何其奸诈！想想那些平时虽然用错了文书但被原谅的大臣，或者是武官文字粗疏，或者是新任官员不了解制度，都是情有可原的。或者是一些平时勤勉忠诚，实心为国效力的大臣，碰到这些小过错，朕也不忍心责备他们，而是格外开恩，免除他们的处分。所以朕赏罚大臣，一向是参酌情理、至公至正的！像魏廷珍这样平时因循苟且，视国家大事如同陌路的人，让朕念他哪一条功劳来宽免他的小过错呢？何况他今天又耍这样的诡计，故意用错文书让朕处分，显示朕的刻薄寡恩，这难道是大臣对待君主的道理吗！一番痛斥之后，雍正帝命令内阁将这篇自陈疏发回，让魏廷珍"明白回奏"。

既然没有沦落到"该部院察议"的地步，可见魏廷珍在巡抚的三年任期内，表现还是合格的，但因为这样一件小事招来皇帝如此痛斥，可见雍正帝对他的不满之严重。对于魏廷珍这个人，雍正一向有"清正和平，但不肯任劳怨"的评价，大约与高其倬的"奉公不及，洁己有余"相类似，而更甚。因为一时没有合适的巡抚人选，雍正帝勉强将一直做京官的魏廷珍外放巡抚要职。但几件事后，对他"苟且因循"的看法愈加强烈，此次借误用题本发诛心之言，措辞锐利刻薄，是雍正帝对待怀有成见大臣的典型态度。

另有十六条"自由发挥"的御批是对批复对象提出重点表扬，但通过不同的措辞，足可见其态度的差别。

对稍加青眼者的批复比模板多用一个形容词。如：理藩院尚书特古忒自陈一疏，奉上谕："卿老成历练，简任藩院，正资料理，着照旧供职。"理藩院侍郎纳延泰自陈一疏，奉上谕："纳延泰勤慎供职，简佐藩院，着照旧供职。"

再加一等者则多出两个形容词，且措辞颇切批复对象的特点。如对河东总督田文镜用："卿老成练达、公正廉明，简任总督，正资料理，着照旧供职。"田文镜强硬的作风隐现其间。对吏部尚书兼领河道总督嵇曾钧用："卿老成谨慎，懋著才猷，特简铨衡，总督河南山东河道，正资料理，着照旧供职。"突出其谨慎而精明强干的河臣之才。对大学士朱轼用："卿敬谨端庄，老成练达，简任机务，正资料理，着照旧供职。"久居内阁的理学老臣形象跃然纸上。

同样是比"模板"增加了两个形容词，对大学士蒋廷锡的批语又与其他人有些区别。批语写道："卿敬谨持躬，明敏练达，简任机务，正资辅弼，着照旧供职。"蒋廷锡与朱轼同为大学士，官样职务无差，但一直主持户部，是雍正年间财政得以集聚清理的主要功臣，格外受到雍正帝的青睐，此时正担当最机密的西北用兵军需转运工作，后来成为首任军机大臣。是以雍正帝对他不用惯常使用的"正资料理"，改用"正资辅弼"。料理是处理政务，辅弼是辅佐君主，轻重有别，用辅弼一词，以心腹近臣视之。

比两个形容词更高级一等的是四个形容词的批复，亲信宠臣张廷玉、李卫两人有此殊荣。作为雍正帝身边"秘书长"的张廷玉获得的考语是："卿和平端正，学问优长，自简任机务，夙夜匪懈，协赞朕之不逮，正资倚任，着照旧供职。""协赞朕之不逮"一说，是说张廷玉能够想皇帝所未想，在他身边起到拾遗补阙的重要作用，可见二人的关系较前面几位大臣有质的飞跃。"正资倚任"的使用也颇有亲密的意味，用雍正帝后来的话说，是"名曰君臣，情同契友"。

对李卫的评语则是："卿才猷懋著，正直廉明，简任浙江总督以来，庶务振举，民风迁善。正资料理，着照旧供职。"不但点明李卫个人为官的优点，还肯定其作为封疆大吏的政绩，这是前面几个督抚的自陈疏批复中未见的。

比张、李二人待遇更优的是两位正在指挥作战的总督，对他们的评语比"模板"增加了七个形容词。一位是西南少数民族地区"改土归流"行动的最高指挥官——云贵总督鄂尔泰。皇帝对他的评价是:"卿忠诚体国,公正廉明,自简任总督以来,正己率属,和辑兵民,抚绥苗众,百度俱举,懋著勋勤,正资倚任,着照旧供职。"另一位西向准噶尔作战的陕西总督岳钟琪则被表扬为:"卿敬谨练达,才兼文武,体国公忠,实心任事,简任总督,和辑兵民,抚绥边境,凡所办理军务功勋懋著,正资倚任,着照旧供职。"对二人的评语大致相同,都突出其治理边疆的政绩和办理军务的功劳,比针对其他大臣的措辞要丰富得多,显示出二人坐拥节钺、国家柱石的特殊作用和在皇帝心目中势均力敌的地位。当然,这样的平衡维持的时间并不长,随着改土归流较为顺利的推进和对准部作战的几次失败,二人在雍正朝的命运也发生了天壤之别——前者入朝担任首辅,后者罢官入狱险些丧命。

在所有的自陈疏御批中,有一个人得到的评价——无论批复长度还是用语措辞都远远优于其他人,这就是雍正帝的十三弟、怡亲王允祥。皇帝在给乃弟自陈疏的批语中写道:"王公忠体国,清正持躬,莅事恪勤,居心诚敬,自总理户部事务兼管营田水利以来,悉心宣力,经画周详,裕国富民,具有成效。其凡有委任之事,咸能深体朕心,办理妥协,朕实嘉赖焉。正资赞襄治理,不必引例求解。"

这样的批复并非因为亲王的身份高于异姓大臣,除了怡亲王之外,管理理藩院事务的果亲王允礼、管理内务府事务的庄亲王允禄,都只获得了"模板"一级的批复。怡亲王允祥完全是凭借其个人政治作为,特别是与雍正帝的特殊关系,获得了"凡有委任之事,咸能深体朕心"这样极不寻常的评价。二人之间超越一般君臣的特殊关系,在允祥去世后的一段时间内被雍正帝发挥得淋漓尽致，他写了长篇书信，向远在昆明、亲近程度仅次于允祥的鄂尔泰倾诉自己失去贤弟的痛苦，甚至用上了"如失倚护""方寸乱矣""心志忐矣"这样颇失君主身份的词汇。

三、雍正帝用人特点

这一系列的自陈批答，是雍正帝识人待人风格的生动展现。再与其他史料相结合，可对雍正帝的君臣相处之道总结出以下五点认识。

第一，雍正帝对"识人""用人"一事亲力亲为，重视程度高于其他一切政务。他多次声明："国君图治，首在用人。"并说自古帝王治理天下只有两件大事，一是用人，一是理财。而与理财相比，用人更尤为重要。毕竟只要用人得当，理财自然不是问题。在他看来，用人是君主的"专政"，如果只是按照一般的制度要求，在用人上论资排辈，就是"权移于下"，君主就丧失了用人的主动权。基于这些认识，他经常下旨，令群臣不限资格保举人才，密封上达，供自己斟酌。是以他虽然稳坐京城，但对各地主要官员的任职情况非常了解，自陈疏上极有针对性的批答就是很好的例证。

第二，唯才是举，不论出身，重要大臣多系破格提拔而来。康熙帝晚年懒于政事，同样也喜欢大臣安静稳重，不要惹是生非。自然，在那段时间，政风就比较沉闷，勇于任事的官员很难获得皇帝的青睐。雍正帝上台之后，第一要务是洗刷康熙后期的疲怠风气，将一众高龄老臣、八旗勋戚迅速清除出重要岗位，拔擢家世相对简单的少壮派精英支撑新君新政。鄂尔泰、李卫、岳钟琪等人都是在这一背景下异军突起的。如鄂尔泰出身满洲中下级文官家庭，虽然夙有雄才大志，但中举后常年徘徊在四五品闲散京官的位置。在康熙六十年四十二岁生日时，他曾感叹："看来四十犹如此，便到百年已可知。"而在雍正帝即位以后，仅用了三年时间，他就坐上了云贵总督的高位，全面主持西南地区的改土归流。李卫的出身更加糟糕，是被士大夫鄙夷的捐纳人员（即花钱买来的官职）。雍正元年，李卫在户部获得怡亲王允祥的青眼，一经引荐，即外放云南盐驿道。雍正三年，年仅三十八岁的李卫就担任了浙江巡抚，两年后授为总督。即便在权力稳固之后，雍正帝仍然坚持破格任用青年才俊的原则，乾隆年间的名臣尹继善、陈宏谋、刘统勋等人都是雍正初年的进士，雍正末年已经做到二品高官。

第三，对赏识的大臣充分信任，授以重权。史家多言雍正帝专制集权，事实上，他并非仅仅个人热衷揽权、独断，而是在理念上推崇权力集中于精英人才带来的行政效率，而极端厌恶各个层面上的推诿、掣肘、议而不决。对于亲信大臣，他不但肯于接受其意见，且信任甚专，乐于为其集权。如在改土归流的问题上，他就自称"朕有时自信，不如信鄂尔泰之专"，破例将鄂氏任命为云贵广西三省总督。雍正年间拟写机密谕旨的工作则全部委托汉大臣张廷玉一人，日日独对，毫无假借。

第四，喜好与自己欣赏的大臣、官员联络私人感情。雍正帝将他父亲康熙帝发明的"密折"形式发扬光大，抛开内阁等机构，与中高级官员进行一对一、无障碍交流。这一时期君臣之间用密折交流的内容，与乾隆以后很不相同，基本不涉及普通的行政事务，主要用于探讨军国大事和联络君臣私人感情。此外，雍正帝很喜欢干预大臣家庭事务。有这样一件轶事，颇能反映他的行事风格：雍正帝的宠臣尹继善年轻有为，中进士之后六年就做到了江苏巡抚。尹继善的父亲尹泰是康熙帝的老臣，并不受雍正帝喜欢，且早已退休在家。为了表示对尹继善的恩宠，雍正帝复招尹泰出山，并提拔他做协办大学士。尹继善是庶出，尹泰家法森严，儿子做了高官，可其母在尹家仍然没有地位，做着端茶倒水这样卑下的事。一次尹继善回京述职，雍正帝特意问起他母亲有没有受到封诰。尹继善欲言又止，很是为难。雍正帝当即表示：朕已经明白了，你是庶出，嫡母受封，生母未封，你放心吧，我这就下旨。尹泰知道这件事后非常生气，责怪尹继善拿皇帝压制父亲。雍正帝听说尹泰的态度，更生捉弄之意，命人大张旗鼓到尹家传旨，封继善之母为一品夫人。又责问尹泰如不借继善之贤，如何能够入阁？继善之生，难道不是其母的功劳？命尹泰当着一众前来贺喜的命妇向继善之母下拜道谢，再行夫妇合卺之礼。这样一番出人意料的举措自然令尹继善倍加感激，此后更加尽心国事，成为一代名臣。

第五，恩怨分明，翻脸无情。雍正帝无忌贤之病，对有才干有担当的大臣不吝授以重权，而一旦对其忠诚度有所怀疑，则毫不留情，迅速转恩为仇。他早期重用的大臣，如年羹尧、隆科多，一系妻兄、一系母舅，从宠信备至到百般罗织、使其身陷囹圄都不过一年光景。他在警告年羹尧时说："凡人臣，图功易，成功难；成功易，守功难；守功易，终功难。为君者，施恩易，当恩难；当恩易，保恩难；保恩易，全恩难。若倚功造过，必致返恩为仇，此从来人情常有者。"遍观他身边的重臣，全恩者有之，反恩为仇者亦复不少。

作者简介

郑小悠，女，1987年生，北京人。历史学博士，国家图书馆国家古籍保护中心馆员。研究方向为明清史。

"如意"的历史碎片

卜　键

　　嘉庆四年（1799）正月初三日，八十八岁的太上皇帝弘历无疾而终。第一宠臣（内阁首辅兼首席军机大臣）和珅的好日子也随之走到尽头：先是被软禁于殡殿，然后有旨抄家逮治，以亲王、大学士领衔会审，并命各督抚将军作政治表态，赐令自缢。和珅的结局当会有明眼人早有预见，但怕是没有人能想到，其第一条罪状，竟与一枚如意相关。十五日，嘉庆帝宣布和珅二十条大罪：

　　　　朕于乾隆六十年（1795）九月初三日，蒙皇考册封皇太子，尚未宣布谕旨，而和珅于初二日即在朕前先递如意。漏泄机密，居然以拥戴为功，其大罪一……（《清仁宗实录》，嘉庆四年正月甲戌）

如果说和珅的其他罪名多为会审大员拟定，则这"大罪一"必由皇帝亲口说出。那是发生于三年前的一件真事，是储君与和珅之间的秘密，曾也是和中堂至为得意的政治投资，没想到翻成大罪之首。

　　如意，是一个寓意美好的词汇，一个携带着希望、祝福与祈愿的吉词，武则天当政时曾以之为年号。本文主要指以此命名的一种制作精美、价值不菲的工艺品，乾隆间极为流行，大臣进贡，皇上赏赐，臣僚之间馈赠，下属孝敬上司，多以如意为首选。在宫中与官场需求的强劲刺激下，如意市场产销两旺，嵌珠镶金、紫檀镶玉、整玉全金者开始出现，花样翻新，价格奇昂。一部如意的专史，早也汇入华夏文化长河，由日用之物（痒痒挠）渐染富贵吉祥之义，附丽于威权与商机，流变为奢华夸饰和贿送之媒，实乃清王朝由盛而衰的一项物证。至于和珅向永琰暗中递上的那柄如意，当是精品中的精品，重要的却也不在材质价值，而是它所负载的象征与隐喻。

一、递过来一枚如意

和珅向未来的皇帝递呈如意之举，发生在乾隆六十年九月初二日，推测应是当天夜晚，地点则在圆明园。当年的木兰秋狝照例举行，圣驾五日前才由热河返回京师，未入紫禁城，直接住进了该园。八十五岁高龄的老皇帝精神矍铄，牵念亦多：苗疆的战争仍在艰难绞杀中，台湾天地会又聚众攻陷彰化和鹿仔港，闽浙洋面海盗猖獗，福建则发生了督抚藩臬全伙陷入的贪腐大案……而最让弘历挂心的大事，还是皇位之授受。

那是一个重要历史事件的前夜。次日上午，乾隆帝将出御勤政亲贤殿，召见皇子皇孙与一众王公大臣，册立永琰为皇太子，宣布明年元旦举行禅让大典，为嘉庆元年。而就在当晚，皇十五子永琰还是一名普通皇子，此事还是皇朝的最高机密。乾隆帝选定继位者的密诏早已写就，安放于乾清宫"正大光明"匾额之后，无旨意谁也不敢开启；圣上属意永琰虽能见出一些苗头，但皇次孙定亲王绵恩也是坊间传闻的主要人选，一日不宣示储位于天下，则一日猜测不停。因为要拟写册立诏书、筹办相关仪注，乾隆帝在当天谕知阿桂、和珅、王杰等枢阁近臣，而想到跑去传递信息的，只有一个和珅。

当日之具体情形，早已付诸烟尘。皇子皇孙在圆明园集中居住于勤政亲贤殿以东的"洞天深处"，称为"四所"，"东西二街，南北一街"，比邻而居，各有一帮子太监杂役。清朝律法严禁外臣与皇子私下交结，和珅怎样从军机处到的那里？怎样避开别的皇子及众多耳目？是一人独往还是带了随员？那柄如意什么材质？究竟藏在怀内还是袖中？现在均无从知晓了。所有这些难题，都难不住和大人。我们知道的是：他在一个关键的时间节点，秘密会见了嘉亲王永琰，快速（或缓缓）地掣出一柄如意，郑重奉上。那一刻的和珅与永琰应无交谈，四目一对视，彼此点点头，也就你知我知了。

和珅有更复杂的目的么？怕也没有，就一个报喜讯，表忠心。永琰则必然心情复杂：欣喜应是主要成分，毕竟多年期盼即成现实，脸上虽会尽量保持庄重平和，心中能不狂跳狂喜！然欣喜之后，当也浮想联翩：授受大事由这位名声不佳的仁兄潜地来告，父皇的钦定似乎变成和珅的拥戴，本来的正大光明演为一路鬼祟，又让永琰心中愤懑。而和珅日后益加恃宠揽权，排斥正人，营私舞弊，皆让颙琰（永琰成为皇太子后，父皇所赐之名）默记在心。"不怕你现在闹得欢，就怕我将来拉清单"，起于草莽的清廷很喜欢抄家，每次抄检治罪必有清单。和珅生性有几分恃才轻妄，喜欢吹嘘卖弄，喜欢戏谑调侃，却把此一事深藏心底。未想到颙琰一旦亲政，即将此公诸天下，义正词严，定为大罪之第一款。

嘉庆帝对和珅的深恶痛绝，三年禅让期间隐忍克制，主政后雷霆一击，我们已然很清楚。然和珅对嘉庆帝如何？他真的想要离间上皇与皇上，真的敢处处狙击、阻挠和挟制新帝吗？清代有不少笔记野史、今日有不少研究者皆如此论列，似乎训政期间和珅对子皇帝处处为难，甚至欲行颠覆。他会吗？他敢吗！

和珅是怎样一个人？

首先是绝顶聪明的人。靠侍奉乾隆帝起家的他，最不缺乏的能力，就是机警乖巧、察言观色、趋利避害。举行禅让大典后，太上皇仍是他的第一靠山，而如何与子皇帝搭上关系，取得其信任依赖，则关乎未来，是他新的首要课题。其实，这份功课，和珅早在禅让之前已认真做起。以如意为媒，传达皇位已定的信息，真是妥帖精妙，或只有和珅能想得出。而递过去一枚如意，不独传递了一个最高机密，同时也表达一份忠诚与投靠。

至于数年后居然成为大罪，和珅也是始料不及。"越聪明越受聪明苦，越痴呆越享痴呆福，越糊突越有糊突富"，描述世事人情之颠倒错杂，是元曲中发出的人生喟叹。然聪明真的不宜绝顶，绝顶聪明翻会演为小聪明，本来的如意也将会变得不如意，此时此刻的和珅就是这样。

二、第一贡品与最高赐赏

作为器物，如意为梵语"阿那律"的意译，即爪杖，以竹木制成，长三尺许，前端作手指形，用以搔抓脊背之痒，舒爽可如人意，因而得名。据说此物是随佛教的东渐入华的，亦有僧人讲法时记经文于柄上，于是又有了备忘和指划的功能。传衍后世，便有了角、骨、玉、铜等不同材质，有了石崇以铁如意击碎珊瑚的典故，也有了唐人李颀"指挥如意天花落"的诗句。其也是一个有名的历史故事，演绎南朝梁名将韦叡临阵以竹如意（一曰白角如意）从容指挥，大胜对手。弘历的如意诗曾不止一次提到李颀，很享受韦叡那不语而威、"指挥如意"的感觉，而不太理会原诗中浓浓的禅意，常也略去下句"坐卧闲房草木深"。

　　草莱未开与崛起之初，满洲人是顾不上欣赏如意之类物件的。随着清廷统治者的汉化日深，族人开始用福禄寿喜等字命名，"如意"一词也渐渐进入视野，应用甚广，如金锞银锭、窗格围屏、衣饰巾帕，甚至糕点菜肴等常可见如意图案。康熙帝设馆延揽中西科技与绘画人才，题名曰"如意馆"。在皇太后六旬圣寿到来之前，皇四子胤禛受命准备进献的寿礼，列在礼单前面几项中，就有"御制万寿如意太平花一枝"。太平花产于京畿，紫禁城御花园养植数本，姿致淑婉，开放时洁白如雪。推测这枝御制太平花以白玉雕琢而成，约略可见玉如意的影子。

　　乾隆帝曾说过，王公大臣等年节间呈进如意，是自雍正朝沿承下来的一个传统。第一历史档案馆所存《宫中进单》，可见广东官员于雍正十一年（1733）八月进奉"万福如意五尊"，材质为珊瑚、蜜蜡、鹤顶红等，同年还有礼部侍郎留保所进"天然如意一件"，大约树根竹根所制。宫中已可见如意流行，如郎世宁《平安春信图》，胤禛、弘历父子身后小桌上，就有一枚木根如意，灵芝首，曲柄，形制简约。雍正间宫廷绘制的《美人图》中，也有两幅出现如意，一插瓶中，一为女子手持，皆为木雕芝形，——后世的嵌珠雕玉和穷极工巧，应还没有出现。

　　弘历继位后，连颁两诏禁止大臣贡献，话语恳切，却也留了一个口子，那就是进呈父皇的可送来，以供奉大行皇帝几筵，进献自己的不可以。自古人情物理都难免有特殊性，可只要留下小小一个口子，就会被渐次扩大。臣下稍作观察，该送的依然送来，乾隆帝很快也就习惯了。后来又不断就进贡发出训示，尤其是在一些时间节点（如皇太后六十、七十岁寿诞，自己的四十、五十岁万寿节）重申严禁，作用都有限，禁者，进也，进贡之风在整个乾隆朝愈演愈烈。

　　如意是贡单上的常见物件，也是王公豪门和大臣之间互相馈送的大礼。但在继位后的较长时间内，乾隆帝并未对如意有特别的关注，《清高宗御制诗初集》未见有关如意的诗章，应是一个证明。"二集"中偶有题咏，也多是树根竹节之类，如《木如意》《木根如意》，并有"何须贵犀玉，雅足尚檀筠"的诗句。他也写过两首《玉如意》，但更多的吟咏为普通物件，重在其美好意蕴。直到二十四年平定回疆，和阗玉开始源源入京，内务府玉作琢制出各种器物与画屏，弘历颇多题咏。可所作如意诗仍是《天然树根如意》《竹根如意》《木根如意》之类。如作于二十九年甲申的《竹如意》，曾比较各类如意之材质，"木根太朴玉金奢，斟酌秾纤伴静嘉"，赞颂的是那份贞静嘉美。

自三十二年元旦起，弘历开始在新岁第一天撰作如意诗，通常列于贺岁、开笔诗之后，几成定式。这年所作《题檀玉如意》，强调的却是竹的劲节与清操，"檀写渭川竹……恒留节负霜"。三十三年与三十五年元旦，乾隆帝所咏都是《木根如意》，那是乾清宫西暖阁所藏康熙帝遗物，"曾经皇祖手握"，故尔一题再题，以示尊崇。与之同时，是如意制作的贵重和繁复趋向，大臣贡单中大多将如意列于首位，竹木易为紫檀，整玉或镶玉嵌珠者也较多出现。董建中教授对此做了系统研究，指出三十五年届乾隆帝六十大寿，云贵总督李侍尧的贡单即以"紫檀嵌珠万年如意一柄"打头。在皇上眼中，李侍尧被视为能臣，办贡亦常常得到谕旨夸奖，是以在某种程度上引领着进贡的方向。

三十六年元旦，弘历的诗题为《咏白玉如意》。此年为圣母崇庆皇太后八旬万寿，福建布政使钱琦借母亲顾氏名义进贡，贡单上首列如意九件：

九芝献瑞镶嵌金如意一柄　　华封三祝镶嵌金如意一柄　　海鹤蟠桃镶嵌金如意一柄　　万福来朝镶嵌金如意一柄　　云龙焕彩镶玉如意一柄　　凤凰来仪镶玉如意一柄　　万寿无疆镶金

如意一柄　万年寿菊金如意一柄　万灵翔舞金如意一柄……钱琦出身翰林，以诗名，曾任巡台御史，在皇上那儿留有较好印象。但一个三品藩司本无进贡资格，却要借母亲之名奏请，所贡如意刻意命名，且一看即知贵重，真不知如何筹资备办？乾隆帝本已特批钱琦代母进贡，见所呈进者非金即玉，价值过昂，仅令收下几件丝织品，将如意等悉数退回，并加申饬。

那时的大臣，在人品德性、办事能力上会有千差万别，对于领悟旨意几乎个个是天才，颇能读懂上谕的弦外之音。于是，申饬成了广而告之，心存几分真诚的钱琦成为马屁精仿效的榜样。今知云南布政使钱度也请求"代母恭进"，得到皇上俞允，"准留如意、藏香等五件，以备慈览"。一年后钱度贪污案发，刑部侍郎袁守侗赶往云南主持审讯，奏报中不免提及办贡之事，使圣上大为不快，降谕责问："不知该侍郎等沾沾以此为首务，是诚何心？着袁守侗、彰宝、李湖明白回奏。"（《清高宗实录》）办案者无法回避进贡与贪腐的联系，乾隆帝则是矢口否认，处置起来也是毫不留情，传谕对钱度严刑逼供，不久便将其在云南正法。

当进贡成为一种特权、一份荣耀，成为热衷者百计营求的资格，而比拼争竞之下，必也成为一种沉重的经济负担。如意的材质越来越珍稀，制作越来越讲究，价格自然就会越来越昂贵。地方上已有了"如意银"一词，如江苏盐政、织造衙门中购置如意的专项开支，即以这一名目，使用公帑。此事发生在南巡期间，数年后才暴露出来，乾隆帝闻之大怒，不禁严惩了涉案官员，还将那些赐与供奉盐商的荣衔统统撸掉。

凡此插曲都不影响如意的声誉日隆，高官照送，皇上照收。没有资格进贡皇帝的，便进奉督抚等封疆大吏，逢年过节向上司敬奉如意成为一道风景线，武大员如将军、都统、提督等也是收礼大户。如意不独在宫中各殿堂随处陈设，遍布于圆明园、避暑山庄与离宫行宫，也出现在重要典礼仪式上，成为朝廷最贵重的赏赐之物。据《清高宗实录》，十一年三月，准噶尔使臣哈柳来贡，弘历出御紫光阁大幄次赐宴，"特赐玉如意一枝，谓哈柳曰：此名如意，乃克遂心愿之谓，特赐与尔新台吉者"。皇上见哈柳谦恭知礼，也赏给玉如意一枝。

十五年三月，大学士张廷玉因年老致仕回籍，陛辞之际，乾隆帝"特加异数，以宠其行……赐给御制诗篇手书二卷，并御用冠服数珠如意诸物"。所赏这位三朝老臣的宫中如意，乃乾隆御用之物，更属于一种特别的宠遇。

四十二年十二月，达赖喇嘛转世灵童进献佛像等物，皇上颁谕奖誉鼓励，"特赐玉如意一柄、珊瑚数珠一串、珐琅花瓶一对……"。六世班禅来朝，御赐之物也是以玉如意为首。

五十四年七月，正当乾隆帝在避暑山庄开宴行贺之际，安南使臣阮光显等恰好远道赶来，龙颜大喜，即令列于蒙古王公文武大臣后入座观剧，宣布册封阮光平为国王，"赏给阮光平玉观音、玉如意暨金丝缎、朝珠等物"。使臣与随员也赏给如意等物，自然材质上大有差异。

如意成了君臣和谐（即弘历多次说到的"上下连情"）的吉祥物。大臣年节进献如意，皇上在年节也会恩赏和回赐如意。五十年正月在乾清宫举行千叟宴，王公大臣、藩部回部、朝鲜使臣暨士商兵民等三千人入席，"颁赏如意、寿杖、缯绮、貂皮、文玩、银牌等物有差"，虽说不是每位与宴者都有如意，想必也是个大数目。嘉庆元年禅让大典后的千叟宴规模更为盛大，躬逢其盛的属国藩部贡使更多，共设八百余桌，三千多人出席了宁寿宫皇极殿的宴会（还有从全国各地赶来的五千人，另行款待），并命赏赐如意、寿杖、银牌等物。没有看到宫中发放如意的文档，推测当有数千枝，好在宫中存贮甚多，可谓取之不竭。

这种官场和社会风习也被写入小说。《红楼梦》第七十一回，贾母八旬大寿之前，"礼部奉旨：钦赐金玉如意一柄，彩缎四端，金玉杯四个，帑银五百两"。该书多用史笔，此其一例也。

三、盛世收藏与贪腐清单

清朝入关之初，优质玉石很是稀缺，就连御用玺印也不得不凑合，满汉双文的"皇帝奉天之宝"竟然以明"章圣皇太后宝"（嘉靖帝之母蒋氏）的背面刻制，说到底还是上好玺料不足。后来回疆伯克也贡入一些玉石，不仅量少，像样的当也不多。这一切在平定大小和卓之乱后彻底改变：派驻回疆的大臣深知皇帝的喜好，不独注意收购，还会直接组织对玉石的开采，自乾隆二十五年开始，优质和阗玉源源运京，让乾隆帝十分欣喜。从现存档案中可以见出，当时主要在河床采玉，对山上玉石矿进行封禁保护，不经奏准不得开采。而在入关途中层层设卡，私人不得携带玉料进入内地，说到底还是为了朝廷专有与持续使用。

在我国历史上，喜爱玉器珍玩的帝王虽多，却也较少如弘历这般痴迷。他写了大量咏物诗，对和阗玉雕制的宝物津津乐道，有的反复题咏。乾隆御制诗中大约有八十首"如意诗"，开始时还多是竹节、木根之类材质，渐而集中在和阗白玉如意上，一咏再咏，同题重复，并无太多新意，却能准确传递出弘历的珍爱陷溺。宫中有一个玉玲珑馆，弘历显然为之花费了不少时间和心血，所制和阗玉艺术品多要先画样呈上，再遵照旨意造作。皇帝常常身兼宫廷玉作的设计师，且乐此不疲。

乾隆中期以降，以如意为代表的各种宝物，成为"盛世"的一种表征，穷极工巧与奢华，既形成了制作与销售的产业链条，也催生官场贿送、人情联络的潜规则，为害甚巨。其根源或曰核心，仍在于官员向朝廷的进贡。乾隆帝曾多次传谕对臣子之贡做出限制，譬如只允许督抚与少量王大臣贡献，只允许在三大节进贡，并限于土宜与如意之类"上下连情"物品，也有意无意地造成进贡资格的尊荣，推高如意的特殊价值。

三十八年三月，乾隆帝巡幸天津，只是一次短途视察，各地督抚等闻知后仍纷纷派员远道进贡，以浙江藩司暂护抚篆的王亶望亦随众贡献，贡单内首列"嵌珠金如意一枝"。这枝贵重的金如意皇帝并非第一次见到，先是浙江盐商进而未收，接下来浙江巡抚富勒浑又进而未收，虽是拒绝收下，倒也将此物记住。隔了一年，浙江巡抚已换成三宝，王亶望在其抵任前短暂代管，连署任都算不上，却也抓住机会，"复以此呈进"。一件三至御前的如意，究竟经历了怎样的宦程之旅？弘历不禁狐疑，降谕申饬，并质问："且此如意，伊岂购自盐商乎？抑为商人代进乎？"不知王亶望是怎样回答的，留给皇上的印象似乎并不差。

不久后王亶望调任甘肃布政使，天高皇帝远，加上总督懵懂，遂大肆兜售假捐纳文书，赚得盆满钵满，还博得一个能员名声，升任浙江巡抚。前度王郎今又来，也显得沉稳了许多，一年半之后上了一道奏折，说是巡抚衙门养廉银为一万两，已经足够办公用度，因浙抚一向兼管盐政，"添有养廉银四千八百两，及掣盐路费、赏赍等项公费银五千两"，请求一并裁减，划拨为建造和维护海塘的经费。这话算是说到皇上心坎里了，御批"自应如此办理"，并再次提到那枝"金珠镶嵌之如意"，称之"耗物力而适形其俗，朕所不喜"，申明"不得复以金珠镶嵌器玩呈献"。旧话重提，却读不出多少责备王亶望的意思。

乾隆帝所说是真心话，不喜欢坊间如意镶金嵌珠之俗式，也在谕旨和诗文中再再言及。而他喜欢和阗玉，以为玉如意价格比金如意要低，也是一种政治讽刺——进上的宝贝能便宜么？就在几天后，弘历被山西巡抚巴延三的一份奏报震惊，当即传谕：

> 本日据巴延三奏，起获张銮同伙私贩之卫全义寄卖各玉器，内有玉如意一枝，票开价银四千两。览之深为骇异！前次屡降谕旨禁止贡献，而督抚等于呈进方物时，间有以玉如意附进者，朕因如意义寓祥占，且计所值无几，间亦赏收，以联上下之情，初不知商人等之居寄罔利若此也。今阅单内卫全义所寄之玉如意一枝，需售四千两，实出情理之外！……奸商辈以近市三倍之心，贪得无厌，高抬市值以惑人，固属可恨，而督抚等不惜重费购觅，亦属愚而无谓矣。朕于整玉如意本非所喜，是以座右陈设止用镶玉者，而不用整玉，乃众所共知。况回疆玉料琢成器皿，朕一见即能辨识。今既彻底查禁，将来自不敢复有违犯。但旧时存者恐尚不少，岂可仍听市侩之昧心渔利！现谕督抚等，即朕七旬万寿亦不准进贡，其或偶于方物附呈者，不得仍用和阗整玉如意及大件玉器。即呈进，亦必不收，使奸商无利可图，其弊自息。（《清高宗实录》，四十三年十一月戊子）

旨意中有几分痛切，却毫无反思，一味地推责诿过，指责商人与大吏，不去追究玉如意盛行的政治根源。且仍不禁止贡奉如意，说自己不喜欢整玉如意，说宫中陈设多为镶玉，自诩对和阗玉的品质一望而知，无意中也留下一些信息。高官巨商谁不知玉有等级之别，本不在整玉与镶玉，一小块羊脂，价值常远过大块绿玉。距弘历七旬万寿还有不到两年，呈进如意之风愈刮愈猛。

此时正值叶尔羌办事大臣高朴私运玉石案发，多省奉旨追查，晋抚巴延三奏报涉及细节，才使皇上得知玉如意价格之昂。高朴是慧贤皇贵妃的亲侄儿，一向得弘历欣赏，升迁甚速，由兵部侍郎派任回疆，身份却是钦差大臣。没想到高朴竟然利欲熏心，征用维吾尔民夫三千人私自开采玉石，并潜运入关。高朴每次进贡都是九块玉石，品级不算太高，却派人将优质玉料私自带往苏州等地，雕刻如意等物，再卖与办贡者牟取暴利。乾隆帝大怒，连颁严旨，命将高朴一经审明，即在叶尔羌就地正法，以抒民怨。

四十五年三月，内阁大学士、云贵总督李侍尧贪纵营私案发，也与办贡相关。政坛新星和珅受命前往办案，很快将贪贿事实查清，其中按察使汪圻"从前送过金如意三柄，发还后又变价送来"，得银五千两。可知前述玉如意的价格，竟在这种金如意的一倍以上。李侍尧深得乾隆帝信重，为官并非甚贪，退回了汪圻的如意，却收了变价的白银。在他被查抄物品中，有"金如意二十柄……按库法称重二千二十四两六分"，而抄检汪圻的清单中，标名如意与如意花者也有多件。

四十六年夏，甘肃冒赈案事发，很快牵扯出王亶望，扯出通省各府县的捐纳作弊，总督勒尔谨以下 56 名职官被处死，46 人被遣发新疆或黑龙江。涉事官员的被抄清单上多有如意，而王亶望名下却甚少，一则军机处督催将其珠玉珍玩封固解京，这部分清单未见流传；二则闽浙总督陈辉祖一见王亶望任所抄出宝物，陡起贪念，借机抽换入己。陈辉祖事发后被逮讯抄家，清单中也有"珠宝镶嵌如意二枝、各色如意一百六十九枝，各色朝珠一百零三盘，大小玉器共三百十三宗计一千四百一件……"只不知其中有多少来自王亶望了。

所谓的盛世收藏大半如此，先流入权豪势要囊中，再登上贪官的抄检清单，最后汇集于内务府大库。查看这一时期的办案文档，几乎所有的获罪官员，抄检清单上都会出现如意，且数量都很多：

接替陈辉祖为浙江巡抚的福崧，先因黄梅案被贬职，十年后回任,又因侵挪库项被诛,仅任所查抄清单上就有"整玉如意一柄,嵌玉大小如意九十八柄,又零块如意三十九柄"。

闽浙总督伍拉纳贪污案被揭露,奉旨查抄家产,仅在水路两艘船上,就查获"装贮箱笼共一百八十三号",主要是大件玉器、瓷器和铜器等,造册呈报,其中有"嵌玉如意一百一十二支""雄黄如意二枝""檀香如意一枝、嵌料石如意九枝"。而此前抄检伍拉纳京中家产,"如意一项多至一百余柄"。乾隆帝闻知极是气愤,质问:"此与唐元载查籍家财胡椒至八百斛何异?"

同案被逮治的福建巡抚浦霖更是聚敛有术,除大量金银田产,仅金玉如意就有159枝,朝珠123盘。原福建按察使钱受椿家产中,则有镶玉如意82柄。前往福州审案的两广总督长麟因办案不力,有旨抄检其京中家产,清单上玉器朝珠甚多,也有"玉如意一柄,玉三镶嵌宝石如意一柄,玉三镶如意六十九柄"。和珅已发出军机处字寄要求查抄长麟任所(广州)资产,被皇帝制止,否则还会有较大增加。一旦被逮讯抄检,这些封疆大吏轻则贬审,重则杀头,自然是大大不如意了;其所珍藏的各式如意被列入清单,登记得清清楚楚,连残损者都不漏掉,作为一种罪证。

尽管如此,乾隆帝对如意的喜爱仍未稍减。册立皇太子第三天,降谕定传位后王大臣进贡规则,宣称国家百年升平,大内各殿阁陈设物件积贮甚多,"着自丙辰年(嘉庆元年)为始,内外大臣所有年节三贡,竟无庸备物呈进。惟元旦及朕与嗣皇帝寿辰庆节,在朝王大臣亦只须备进如意,以迓吉祥而伸忱悃。逾日仍不过分赐众人也"(《清高宗实录》)。乾隆帝素以英察明断自视,看到督抚藩臬等封疆大吏贪腐案件多涉贡献,取消了年节三贡,也撤除了他们进贡的资格,只让在京王大臣贡献如意,并强调将用于赏赐众臣。

呵呵，遇贪必反，涉腐必究，而好物长存，如意长存。即便频频出现在抄检清单上，玉如意之温润坚贞、吉祥美好，在老皇帝心目中依然如故。

四、从厉禁到再咏

嘉庆元年元旦终于到了，乾隆帝念叨多年的禅让大典如期举行。国家已发生严重危机，湘黔交界地域的苗变未定，鄂川两省白莲教众又揭竿而起，并迅速扩展到陕南豫西，烽烟相连，民不聊生。

弘历升格为太上皇帝，权柄不移，军国大事仍所决策，嗣皇帝备位见习，形成了禅让期间特殊的政治格局。圣心为内乱焦虑，自有臣子看在眼里，想方设法为之解忧。不是有旨准许在京王大臣进献如意吗？就在元旦这天，各种精心备办的如意大量进宫，"贝勒贝子公等及部院侍郎、散秩大臣、副都统纷纷呈进如意"，全是双份（上皇与皇上各一份），让上皇哭笑不得。这能怪他们吗？"王大臣"说起来隆重，实际在京三品以上官员都可列入，百余年宗室繁衍，乾隆中晚期对满蒙八旗常予加衔，导致高官人数众多。次日，上皇颁发敕谕，限定宗室亲王、郡王、满汉大学士、尚书才准许呈进如意，其余一概不准。

五月间，弘历又有一道敕谕：

> 此后除盐织关差向有公项购办备赏物件外，其余内而王公大臣，外而督抚，不但贡物不必进呈，即如意亦不许备进。（《清高宗实录》，嘉庆元年五月丙辰）

践大位六十余年，弘历口含天宪，言出律随，可臣下大都知道，关于进贡的谕旨可以有商量。上皇深爱如意，年节与平日还要大行赏赐如意，光是由盐政、织造、税关购买怎么能行？于是仍有人照旧恭进。以和珅为例，不光自己逢年节必进，其母其妻都会进奉，列于贡单之首的便是如意。

几年前，由于御史曹锡宝的弹劾，弘历曾命有司核查过和珅管家刘全的家产，被和珅遮掩过关，而终没躲过嘉庆帝亲政后的清算。据现存的一份和珅资产清单，他家藏的如意竟有五千多枝，专以十余间房屋收贮。乾隆帝长逝矣，否则闻知此数，真不晓得该如何评论？从来自视聪察的帝王都会被近臣欺蔽，又不独一个弘历。话又说回来，如此多的如意，并没给和大人带来吉祥安宁；暗中传递继位喜讯的那枚如意，更是将他送上绝路。这是怎样一种嘲讽？在诏狱中，和珅很快想通了，讯问时痛快招认："六十年九月初二日，太上皇帝册封皇太子的时节，奴才先递如意，泄漏旨意，亦是有的。"这是他认罪供单中的一条，竟读不出一丝委屈。

与和珅的机巧变诈不同，天潢贵胄、读了大量圣贤书的颙琰，耻于这种行径。大约从那次私递消息开始，颙琰就对盛行宫廷和官场的如意产生了深度厌恶，但也不影响他每逢新年，都要撰作一首赞美玉如意的诗——上皇喜欢，只能跟着表示喜欢呗。嘉庆四年元旦，上皇自觉精神不济，减去了元旦开笔和如意诗，颙琰则照旧题咏，并注明所咏玉如意"乃乾隆六十年十一月十八日赐居毓庆宫时父皇所赐"，多么浓重的孝思与感恩之心！

然彼一时此一时也。数日后上皇辞世，嘉庆帝降谕禁止臣下进贡，词气严厉峻切，特别说到如意：

> 再年节王公大臣督抚等所进如意，取兆吉祥，殊觉无味。诸臣以为如意，而朕观之转不如意也，亦着一并禁止。

（《嘉庆道光两朝上谕档》，嘉庆四年正月十五日）

这番话或也能传到狱中的和珅耳中，称心如意了很多年的他，已经严重不如意了。至于年节呈进如意的惯例，新帝严旨禁绝之际，也说出一些实情：在京王公大臣年俸不高，连当差与日常应酬都不够，贡献如意已成为沉重负担。如果说进贡是乾隆朝中晚期一大秕政，而禁贡，则成为嘉庆新政之一。多数王公大臣想必松了口气，持续数十年的"如意热"，当会消歇一段时间。

此后接连四年，嘉庆帝没再写赞美如意的诗，可到了第五年便又在元旦当天题咏：

> 盈尺良材贡远方，坚贞温润发辉光。
>
> 万几图治皆如意，民协年丰大吉昌。
>
> （《清仁宗御制诗初集》，咏白玉如意）

亲政日久，和珅那点儿破事早已远去，白莲教之变与继起的福建天地会皆被平定，嘉庆帝也重新发现了如意的妙处：从材质、名称到寓意，真是般般可人，能不加以咏歌？自此开始，颙琰在每一个元旦都会写一首如意诗，诗题几乎没有变化，就连"癸酉之变"的次年也未停止，一直到他生命的最后一年。

作者简介

卜键，江苏徐州人。文学博士，研究员。国家清史编纂委员会委员，中国图书评论学会副会长，北京市文史馆馆员。出版《天有二日？禅让时期的大清朝政》《国之大臣——王鼎与嘉道两朝政治》《明世宗传》等著作十余种，主编《元曲百科大辞典》等。

咸丰朝官场乱象与太平天国战局

夏春涛

咸丰帝即位之初便坐在火山口上，广西境内狼烟四起，局面完全失控。清军源源不断增援广西，在兵力、武器、给养上占绝对优势；而参加金田起义的民众仅两万人左右，以老弱妇孺居多，身陷重围，缺兵缺粮缺盐。但原本力量悬殊的军事对决却充满悬念，其结局更让人感到匪夷所思：拖家带口的太平军在清军围追堵截下左冲右突，逐渐掌握战场主动权，乃至沿长江东下，攻占武昌后更是势如破竹。在此过程中，清政府疲态尽显，各种弊病在战争中暴露无遗，突出体现在以下几个方面。

一、因循玩忽之风盛行，空话大话假话充斥

各地响应起义的上帝会众赶赴桂平县金田村集结是在秘密状态下进行的。天地会暴动以及土客械斗分散了官府注意力，但成百上千的人随带军械屯集，目标和动静太大，势必会招人耳目。因情况紧急，各地大多未及招齐人马便开赴金田，途中遭兵勇堵击，且拒且走。然而，各州县风声鹤唳只求自保，对过境的团营队伍并未穷追猛打，更谈不上协同镇压，而是驱逐出境了事。这使得金田团营没有夭折。及至洪秀全公开称王建号并大败清军，

官府方才意识到在金田集结的人马"实为群盗之尤"(《李星沅等奏报桂平金田大股会众抗拒官兵亟筹攻剿并请简提镇大员折》)。州县官员耳目之闭塞、对基层控制力之屡弱,于此可见一斑。

这种因循玩忽之风嗣后毫无改观。譬如,钦差大臣赛尚阿对"太平王"究是何人一头雾水,据探报轻率上奏,先说是韦正,随后说是胡以晃、又名胡二妹,直至金田起义爆发一年多,才含糊地说"至称为太平王,多有指为洪秀全者"(《赛尚阿等奏复遵查广西未有李丹朱九涛等人并报洪秀全等及剿办东西两省各股情形折》)。

咸丰帝每日巴望前线报捷,而奏折净是空话大话假话,很难从中了解到战局真相。咸丰帝要保江山社稷,官员要保自己乌纱帽,君臣没有想到一块。接济断绝的太平军自桂平新圩突围,清军追至官村遭惨败。赛尚阿竟称官兵追剿屡有擒获,"各路擒斩颇多"。永安陷落后,奏称"逆匪被迫分窜,突入永安州城,追兵继至,现已击败围困"(《赛尚阿等奏报会众突入永安追兵继至已击败围困等情折》),依旧讳败为胜。与清军对峙半年多后,太平军撕开缺口突围,并重创追兵,直逼省会桂林。赛尚阿以"收复"永安、追击功败垂成上奏;为掩饰败绩,还谎称在阵前生擒与洪秀全同称"万岁"的天德王洪大全,并编造洪大全供词作为佐证,以致物议沸腾。

两广总督徐广缙接任钦差大臣后,为避免担当责任一再请辞。武昌失陷次日,徐广缙尚未进入湖北境,奏称"武昌追剿贼匪,迭次进攻大获胜仗",断言武昌"自可解围"。四日后,才奏报武昌失陷,并以"遏该逆回窜"为辞滞留不前。咸丰帝大怒,斥其"军情缓急但凭禀报,如在梦中",表示"自愧自恨用人失当"(《谕内阁武昌失守徐广缙著革去两广总督拔去双眼花翎向荣著革职仍帮办军务》）。舆情更是一片哗然，指斥徐氏"拥兵观望，尾贼徐行"，"畏死偷生，巧于推避"，认为其情罪"较之赛尚阿尤相倍蓰"。

二、文武百官缺乏血性与自信，仓皇失措畏缩不前

士气高低在很大程度上直接左右了战局走势。太平军自金田村逼近武宣，署广西巡抚、前漕运总督周天爵赶来阻截，孰料带兵一百名，如驻马嵬坡，皆不愿走也；路上募勇一百名，又如石壕驿，未走先哭。县城居民已逃避一空。当被问及有何准备，县令刘作肃答云"只有一绳"，即准备自缢，言罢大哭。战事转移到象州境内时，清军实施三路围攻。独鳌山西侧炮兵阵地遭七名太平军猛扑，一千名守军竟弃营溃逃，导致发起攻击的人马遭太平军调转炮口轰击，伤亡惨重。督战的广州副都统乌兰泰不禁喟叹："以一千官兵不敌七贼，实出情理之外。"（《乌兰泰奏报督黔兵于独鳌山接仗获胜并误败损将伤兵自请治罪折》）

文恬武嬉、武备废弛，必然导致士气低落。不少高官只顾自保，毫无与太平军血战之念。赛尚阿奉旨主持广西战事，但永安失陷近三个月，才在上谕严斥下自省城来到城北督战，拥重兵攻孤城不下。太平军突围后，转攻桂林月余。赛尚阿借口"杜贼回窜之路，且壮官军后路声威"（《赛尚阿奏报省城连日战守及督催各路援省并兼筹堵截各情折》），索性躲在阳朔观望。

其他大员的表现也在伯仲之间。战火刚烧进湖南，湖广总督程矞采以移护省垣之名，微服坐渔船弃衡州（今衡阳）奔长沙，以致沿途居民惊骇不已，纷纷迁徙。湖北巡抚龚裕为规避风险，以不谙军旅、现复患病为由请准开缺。太平军猛攻长沙未下，移兵岳州（今岳阳）。岳州知府廉昌借口择险防堵，先行出城逃避；

湖北提督博勒恭武随后也弃城而逃。湖北遂门户洞开。徐广缙奉旨星速带兵赴湘，却一路磨磨蹭蹭，从广西梧州到湖南湘潭，全程耗时55天，而此时长沙会战已持续70余日。武昌被围时，徐广缙尚在710里外的湘阴，以清剿巴陵"土匪"、保护粮饷要道为由迁延不前；武昌陷落后，又滞留岳州作壁上观。

以攻占武汉为标志，太平军完全占据战场主动。咸丰帝只好又临阵易帅，改授两江总督陆建瀛、署河南巡抚琦善、广西提督向荣为钦差大臣，饬令三路并进，重点在江西九江一带堵截，以保全江皖财赋之区。但高官临阵脱逃事件仍一再发生。太平军自武汉夹江东下，陆建瀛借口驰回江宁（今南京）以重根本，自九江前线星夜只船逃遁。江西巡抚张芾也弃九江于不顾，自瑞昌躲到省垣南昌。这极大瓦解了军心，同时加剧了民间恐慌心理，导致迁徙纷纷。九江陷落仅六天，安徽省城安庆又告失守。安庆陷落两天后，琦善才从河南信阳启程援皖，以难以凑齐六千头骡子驮载辎重为辞，节节耽延。向荣则以船只难觅、粮饷不继为由，滞留九江不前。江宁遂孤立无援。江苏巡抚杨文定早在江宁被围前，就以保卫苏州门户为辞移驻镇江。江宁陷落八天后，向荣才领兵抵城郊。又过三日，琦善先头部队方推进到安徽全椒。而太平军又相继占领镇江、扬州，与江宁构成掎角之势，完全打乱清军部署。朝内有人惊呼，"现在南北中梗，危急之情有如积薪厝火"（《宋晋奏陈统兵将帅应调配得宜等管见片》）。另有人认为，武昌、安庆、江宁三座省城在三个月内先后失陷，"此我朝二百余年未有之变也"（《何桂珍奏陈事势危迫当破除积习以济时艰折》）。

文武百官如此颓靡懦弱，清军一败涂地实在情理之中。咸丰帝唯恐战火蔓延、劳师糜饷，希望前线将帅与地方大吏能尽心竭力为他分忧，但终不免一再失望。

三、内部摩擦不断，难以形成合力

这是导致战火一再蔓延的又一个重要原因。

围绕如何镇压太平军，清军将帅起始就意见不一。钦差大臣、前两江总督李星沅坐镇广西柳州，调集兵勇万余人围剿，欲速战速决。署广西巡抚周天爵不以为然，认为李星沅"全不知兵"，"视事太轻，调兵太少"（《赛尚阿奏报途次接阅周天爵信函并请调湖北官兵二千名折》附件）。提督向荣也认为不可大题小做，应厚集兵力。武宣三里圩之战后，李星沅将战败归咎于周天爵、向荣督剿不力，并萌生退意，奏请另派大员督办广西军务。周天爵听信向荣之言，脚踹贵州镇远镇总兵秦定三，斥其拥兵不前。陆续入桂的援军共来自八个省份。向荣所部为湖南兵，与滇、黔兵存畛域之见，请功时多保本营之将，战败则诿过他人。将既不和，兵愈解体。

赛尚阿主持军务后，内部摩擦仍在延续。向荣因官村之战受挫，抱怨副都统乌兰泰策应不力，一度称病怠战。攻打永安时，向荣主张"纵而掩之"，乌兰泰执意"围而击之"，彼此各不相下。咸丰帝下诏怒斥道："以后如不能迅速攻剿，徒延时日，朕惟赛尚阿是问。若或防堵不周，致贼匪溃窜、再扰他处，或城已攻破，诸将不和、争功忌能，致逆焰复张，朕惟乌兰泰、向荣是问。"（《寄谕赛尚阿即饬乌兰泰向荣等合力围攻永安若徒延时日争功忌能惟赛尚阿等是问》）但这并没有收到效果。省城桂林告危，赛尚阿滞留阳朔不前。巡抚邹鸣鹤奏陈军情紧急宜相机行事，获准与向荣就近决断战守诸事，使赛尚阿成为名副其实的看客。太平军撤离桂林后，邹鸣鹤也借口防其回窜，留向荣统重兵守城。赛尚阿趁机发难，参劾邹氏"不能筹顾大局，专以目前自卫"，指责向荣托病拒绝领兵追击（《赛尚阿奏报邹鸣鹤向荣掣肘难驭并添兵追剿自桂林北窜之敌折》）。徐广缙顶替赛尚阿后，也一再诉苦，说诸将毫无凛畏，自己运棹不灵，束手无策。武昌失陷后，咸丰帝连封三位钦差大臣，当时便有人进言，认为"一国三公，事权不一"（《毛鸿宾奏请严申国典赐徐广缙自裁置经略事权统一以振军威折》）。

相比之下，此时太平天国核心层能够做到和衷共济。就连清方也不得不承认："夫首逆数人起自草莽结盟，寝食必俱，情同骨肉，且有事聚商于一室，得计便行，机警迅速，故能成燎原之势。"（张德坚《贼情汇纂》）

四、人才匮乏，官员队伍严重老化

咸丰帝即位后，有心整饬吏治，但已没有时间从容进行。面对民变蜂起之危局，他只能以道光朝旧班底为主干来应对危机，选人用人的余地有限，无法改变人才匮乏、官员队伍严重老化的现状。

郑祖琛道光末年出任广西巡抚时已年近七旬，且患有咯血症。以如此老弱之身应对如火如荼之民变，必然力不从心。广西藩司张云藻久病，不在任上，更加重了郑氏负担。

在两年多时间里，咸丰帝为镇压广西天地会暴动特别是随后兴起的太平军，先后任命九位钦差大臣，依次为林则徐、李星沅、周天爵、赛尚阿、徐广缙、陆建瀛、琦善、向荣、祥厚。其中，林则徐死在赴任途中；周天爵暂署钦差大臣仅六天；江宁将军祥厚因江宁被围未接到谕旨，城破后殉命。从资历、能力上讲，这九人堪称一时之选，且大多有主持平"乱"的经历，但总体上年老体衰。祥厚生年不详，其余八人平均年龄接近 63 岁：

周天爵 79 岁，林则徐、徐广缙均为 65 岁，最小的李星沅也已 54 岁。虽有一些年富力强的官员随营候遣，如姚莹、严正基、江忠源，但毕竟资历浅，不能独当一面。在先后主持广西军务的四位钦差大臣中，林则徐、李星沅均以在籍养病之身被起用，前者死在赴桂途中，后者到任数月在军营病逝；周天爵敢于任事，后因将帅失和被解职；赛尚阿到任后一再玩误。广西战局遂越发恶化。

军中将领也存在老化问题。向荣赴广西参战时已 60 岁；副都统达洪阿年过六旬，因受暑感冒和疝气发作，入桂仅两月便调回休养；驻防岳州的湖北提督博勒恭武 76 岁。

官员老龄化，其负面影响显而易见：一是体力不济，难以适应戎马倥偬的环境，况且广西山地多、湿气重。二是锐气不足，迟暮之年被推到风口浪尖，大多只求自保。三是官气重，倚老卖老，容易偾事。

太平军方面，金田起义时，洪秀全 37 岁，杨秀清 28 岁，萧朝贵约 29 岁，冯云山 36 岁，韦昌辉 25 岁，石达开 20 岁，平均年龄约为 29 岁。冯云山在桂湘边境蓑衣渡阵亡；萧朝贵被太平天国官书誉为"冲锋第一"，在指挥攻打长沙时阵亡。两相比较，一边是老人，一边是青壮年，精气神迥然不同，在求胜欲望和意志力上更有霄壤之别。

为镇压太平军，清政府在两年多时间里走马灯似地调换钦差大臣，调动十余省军队，耗费饷银二千余万两，但由于吏治腐败，统治机器失灵，战局却愈益恶化。而太平军人心齐、士气高、纪律严明。其旌旗所向，民众纷起响应。这在两湖地区表现得尤为突出，"以致百姓纷纷迎贼入城"（《向荣奏复十八日进兵获胜及现筹堵剿情形折》）。这使得太平军得以由弱变强。从金田村到江宁城，太平军先后转战六省，跋涉转进数千里，攻占大小城池近40座，兵力从起初的三千人扩充至十万人左右。受太平天国定都影响，各地反清暴动呈此起彼伏连绵不绝之势，纷纷攻城戕官称王建号。清政府统治一时风雨飘摇，危如累卵。

作者简介

夏春涛，1963年生，江苏扬州人，中国社会科学院近代史研究所党委书记，二级研究员、博士生导师。主要从事太平天国史和马克思主义中国化、党建研究，著有《中国国情与发展道路》《天国的陨落——太平天国宗教再研究》等。

"同治中兴"背后的危机

夏春涛

面对咸丰朝遇到的危机，曾国藩等人采取了具有针对性的对策，及时有效。这给病入膏肓的清政府打入一剂强心针，帮助其躲过灭顶之灾，迎来所谓"同治中兴"；曾国藩、胡林翼、左宗棠、李鸿章因此被推许为"中兴名臣"。曾国藩等人挽救了清政府，但无法根治社会病症。这在镇压太平天国的过程中就已经显现出来。

一、官僚队伍急遽膨胀

随着战火四处蔓延，不少省份被迫暂停举行乡试，通过科考选拔官吏的渠道不畅。不过，由于捐纳以及军功保举人员激增，仕途反而更形拥挤。

捐纳现象由来已久。到了咸丰朝，清廷迫于筹饷压力，一再动员捐输。名为劝捐，实为勒派，导致人言籍籍。其功名抛售的力度远超前朝。军兴之后，军功保举成为常态，一些人才借此脱颖而出。但保举同样太滥，一道奏折动辄保举十余人甚至数十人。曾国藩为激励士气、固结人心，很看重保举。湘军水师营官杨载福在咸丰三年（1853）因战功一岁六迁，官至总兵衔。咸丰九年五月，曾国藩致函湖广总督官文，表示"湘省弁勇近日能战者多，必须令补实缺，既可坚各弁久征之心，又可变营伍惰弱之习"。不过，大肆封赏虽能收到立竿见影效果，但不利于塑造"忠义血性"，更留下官多职少、难以消化的弊端。

二、官场陋习积重难返

面对日益深重的统治危机，咸丰帝有心整饬吏治，但又感到无从措手，大多以诏谕形式就事论事，缺乏通盘考虑，且不能真正做到宽猛相济。在不触动旧的体制机制、人事调整幅度不大的情况下，指望迅速澄清吏治，终是镜花水月。于是，官场因循玩泄之风依旧，乃至数年后相继牵扯出几桩大案。

咸丰八年四月末，即第二次鸦片战争期间，前大学士耆英奉旨赴天津与英法外交代表交涉议和事宜，在遭对方拒见和奚落后擅自回京，被赐自尽。同年，顺天乡试舞弊案败露，担任主考官的大学士柏葰因私自撤换试卷获罪，次年二月被斩；副考官户部尚书朱凤标被革职，其余数十涉案人员也分别受到惩处。此案尚未平息，官商勾结侵吞巨款的户部宝钞案又掀波澜，计籍没官吏、商人各数十家，株连数百人；管理户部事务的大学士翁心存也受牵连，被迫自请开缺。咸丰帝连办三案，严惩贪渎官员，包括斩决一品大员柏葰，起到一定震慑作用，但为时已晚。

曾国藩、胡林翼、左宗棠别树一帜，致力于用新人、树新风。不过，这种努力仅局限于湘军与两湖地区，虽有辐射作用，但不足以改变全国的官场生态。曾国藩以虚衔在外省统兵征战，不时受到官场潜规则掣肘。咸丰九年十月，他在私函中就此叹曰："所最难者，近日调兵拨饷、察吏选将，皆以应酬人情之道行之，不问事势之缓急、谕旨之宽严。苟无人情，百求罔应；即

举劾赏罚，无人情则虽大贤莫荐，有人情则虽巨憝（duì，恶人）亦释。故贼焰虽已渐衰，而人心殊未厌乱。"（《致吴廷栋》）

另一方面，随着时过境迁，湘军与两湖官员也逐渐发生蜕变。在同年四月某函中，曾国藩承认："楚勇、湘勇皆同强弩之末，各弁名成利就，其锐于赴敌之心远不如昔。"（《致郭嵩焘》）

三、湘军军纪日益败坏

曾国藩镇压反清力量心狠手辣，声称"书生好杀，时势使然耳"，为此在民间落得"曾剃头"恶名。同时，他注意笼络民心，重视整肃军纪。绿营兵勇奸淫掳掠现象较普遍，故时人有"兵不畏官而畏贼，民不畏贼而畏兵"一说。驻赣湘军在曾氏返湘丁忧期间军纪败坏，民怨四起。以此为鉴，曾国藩严申"带兵之道，以禁止骚扰为第一义"，"兵勇以不扰民为第一义"。他专门写有一首《爱民歌》，讲明注意事项，如规定扎营时"莫走人家取门板，莫拆民房搬砖石，莫踹禾苗坏田产，莫打民间鸭和鸡，莫借民间锅和碗"之类；强调"军士与民如一家，千记不可欺负他。日日熟唱爱民歌，天和地和又人和"。

然而，湘军无法摆脱日渐萎靡军纪败坏的趋势。作为曾国藩的机要幕僚，赵烈文记述了曾国荃所部攻破天京后的暴行：一是四面放火。城中建筑，"兵所焚十之七，烟起数十道屯结空中，不散如大山，紫绛色"。二是洗劫财物。悍将萧孚泗"在伪天王府取出金银不赀，即纵火烧屋以灭迹"，大火延烧数日不熄。各弁勇"贪掠夺，颇乱伍"，在城中大挖窖藏甚至掘坟搜金；营中文职也"无大无小争购贼物，各贮一箱，终日交相夸示不为厌"。三是奸淫杀戮。全城沦为人间地狱，"搜曳妇女，哀号之声不忍闻"，"沿街死尸十之九皆老者，其幼孩未满二三岁者亦斫戮以为戏，匍匐道上。妇女四十岁以下者一人俱无，老者无不负伤，或十余刀、数十刀，哀号之声达于四远"。连赵烈文也认为"其乱如此，可为发指"（《能静居日记》）。曾国荃纵兵洗劫天京城，以致物议沸腾。而曾国藩却辩解说："吾弟所获无几，而老饕之名遍天下，亦太冤矣。"（《能静居日记》）

李鸿章淮军的表现也在伯仲之间。赵烈文在其日记中写道，淮军克复苏南后，"自常（指常州）以东及松郡道路，剽掠无虚日，杀人夺财，视为应然"。

四、战争创伤难以愈合

这场战争空前惨烈，造成巨大创伤，尤其是双方激烈争夺地区。以皖南为例，据曾国藩同治三年（1864）夏讲述，当地"白骨如麻，或百里不见炊烟，竟日不逢过客，人类相食，群犬争之"；慨叹"开辟以来，殆无此惨劫"（《复吴质庵》）。

苏南向称繁华富庶，兵燹后人口锐减，土地荒芜，一片废墟。上海人毛祥麟于同治三年冬从上海赴江宁，沿途所见触目惊心。据他描述，从上海至昆山，炊烟缕缕，时起颓垣破屋中。自昆山至苏州，转荒落；金门、阊门外瓦砾盈途，城中亦鲜完善。至无锡、常州、丹阳一线，蔓草荒烟，所在一律，"两岸见难孩数千，同声乞食"；"余若奔牛、吕城、新丰诸镇，向称繁庶，今则一望平芜，杳无人迹。偶见一二乡人，类皆骨立声嘶，奄奄垂毙。问之，则云一村数百人，今十不存一矣，而又日不得食、夜不成眠，行将尽死耳"。江宁城濠两岸铅丸累累，沙中白骨纵横；"城中房屋惟西南尚称完善，然亦十去四五，东北则一览无余矣"（《墨余录》）。

常熟人柯悟迟于同年春自苏州赴上海，沿途所见更为萧瑟。

据载，苏州六门城外竟无片瓦留存，城中西半城亦是白地，东半城所剩十之五六分，千百年名迹尽为湮没，笙管楼台俱为灰烬。出娄门到昆山，桥梁皆断，屋无半椽，田尽草茜，枯骸满目。进昆山城，荒索之象愈形触目。柯氏还说，农田已荒芜多年，缺农具缺人手，"今虽安逸，恐廿年间不能尽熟矣"（《漏网喁鱼集》）。

照柯氏推测，当地农业生产需要 20 年光景才能勉强恢复到战前状态。因人烟稀少，出现大片无主荒田，苏南各地纷纷招客民垦荒。单就人口而论，不少地方历经 20 年仍未达到战前规模。据方志记载，嘉定兵燹后"二十年休养，未足复生聚之旧"，人口十减其五（光绪八年修《嘉定县志》）；昆山"人民流亡者十有八九，虽休养生息二十年，尚不及从前十分之六"（光绪六年修《昆新两县续修合志》）。苏浙太湖流域是清廷倚重的财赋之区，其经济复苏缓慢，全国财政情况可想而知。

战争带来的巨大危害还包括通货膨胀。因财政入不敷出，咸丰朝为支撑战局，解燃眉之急，采取了非常举措。一是滥发钱币。通过强制发行大钱以及根本无法兑现的宝钞、银票，清政府大肆收兑民间银钱，同时用搭放大钱、钞票的方式支付兵饷、河工、官薪等，巧取豪夺竭蹶搜刮，导致百物腾贵、币制混乱、银价飙升，极大扰乱了社会经济生活，致使百姓生计愈加困顿。据载，行使大钱后，"贫民之流为乞丐者不少，乞丐之至于倒毙者益多"（《御史陈庆松片》）。二是开征厘金。厘金是一种新税，包括坐厘、行厘两种，创设于扬州仙女庙镇（今扬州市江都区仙女镇），迅速推广到全国，同样导致商贾裹足、物价腾贵，民间叫苦不迭。

五、中央集权制发生动摇

从军事上看，面对缺兵这一棘手问题，咸丰帝允许地方自行招兵买马，结果曾国藩撇开旧体制另起炉灶，借举办团练之名创立湘军。湘军以湘乡子弟为班底，地域化、私人化色彩甚浓，有很强的人身依附关系，打破了兵权归中央执掌的世兵制度，开晚清兵为将有现象之先例。曾国藩承认："长江三千里，几无一船不张鄙人之旗帜。外间疑鄙处兵权过重，利权过大，盖谓四省厘金络绎输送，各处兵将一呼百诺，其相疑良非无因。"（《致李鸿章》）攻克天京后，曾国藩主动提出裁军，除湘军越发难以统驭的因素外，主要是为了消除清廷疑忌，作韬晦之计以求自保。

从财政上看，面对缺饷这一棘手问题，咸丰帝允许地方自筹军饷，结果各省督抚纷纷开征厘金。曾国藩有云："我清之制，一省岁入之款，报明听候部拨，疆吏亦不得专擅。自军兴以来，各省丁、漕等款纷纷奏留供本省军需，于是户部之权日轻，疆臣之权日重。"（《沈葆桢截留江西牙厘不当仍请由臣照旧经收充饷折》）而各省自办厘金进一步削弱了户部权力，造成财权下移。

从人事上看，到咸丰末年，湘军将帅及两湖官绅凭借战功和政绩，纷纷出任督抚。汉人督抚不仅人数增加，彼此呼吸相通，而且手握兵权、财权，在人事任免等重大事项上的进言权与影响力也相应增加。这是前所未有的新变化，标志着汉族地方势力迅速崛起，打破了满族贵胄牢牢把持权力的旧格局。

上述三大变化，严重削弱了传统的中央集权制，在权力架构上形成内轻外重态势，使清政府潜伏着巨大变数。义和团运动期间，东南数省督抚抗命中央，与西方列强搞"东南互保"，便是一个例证。

　　总之，曾国藩等人挽救了清政府，同时又给清政府埋下隐患。江山社稷保住了，但危机依然存在，导致危机的社会根源并没有触动。尽管曾国藩等人百般维持，包括发起以"自强""求富"相标榜的洋务运动，但终究无法也无意从旧体制中突围，无力真正使清朝走向"中兴"。

顾道台的十万雪花银

艾俊川

　　同治十年（1871）六月初十，顾文彬在宁波收到苏州家信，得知前天新添一个孙儿。他取"近来得意之事"，为小孩命名"麟瀣"以志喜。"麟"是顾家孙辈的排行，"瀣"又有何喜可言呢？在给儿子顾承的信中，他道出原由："得意之事以宦游此地为最，此缺以护理海关为最，特命名曰'麟瀣'。瀣者，海也。福山寿海，将来福泽无量矣。"这个名字，寄托了顾文彬对后辈的祝福，也道出他对履任不足百日的职位的满足。

　　此时的顾文彬，担任宁绍台海防兵备道，同时护理浙海关监督。令他得意欢喜的，是海关惊人的"造富能力"——丰厚的收入，不仅让顾家瞬间摆脱经济困境，也让他收藏、造园等庞大计划有望实现。

　　一年前的三月初一，顾文彬带着姬人张氏和下人、仆妇，由水路前往京师，赴部候选。在从上海到天津的轮船上，为节省二十两舱费，61岁的顾文彬和下人一起住在大舱，饱受颠簸之苦。这次京师之行，顾氏一家格外俭省，路费、送礼、日常开销和购买书画在内，半年用银不过八百余两，除去从家中账房支用四百两外，其余均靠在京中出售字画和从钱庄借贷支撑。中秋时，顾文彬让家中汇银一百两，以至于要向家人道歉："明知家用拮据，此间又有陆续汇项，我心亦甚歉然。嗣后当加意节省矣。"此时这位大收藏家的窘状可见一斑。

同治九年闰十月二十日的一纸任命，改变了一切。

一、"此后汇归之款，切须秘密"

任职宁绍台道期间，顾文彬记有日记，并每隔数日定期写寄家书。日记和家书底稿一直保存在顾家，2013 年由顾笃璜先生捐赠给苏州市档案局（馆）。经过标点整理，顾文彬《过云楼日记》于 2015 年 4 月、《过云楼家书》于 2016 年 11 月，由文汇出版社相继出版。这两部书为研究顾文彬、过云楼乃至当时经济、文化、社会提供了丰富的史料。

特别是《过云楼家书》，正好作于顾文彬同治九年三月进京求缺到光绪元年（1875）四月解组归田之间，主要写给在苏州当家的三儿子顾承。在家书中，顾文彬传递信息，吩咐家事，事无巨细，靡所不备，更兼父子知心，时露真情，让这部家书集成为重要而有趣的著作。《过云楼家书》涉笔最多的，如同整理者所归纳，集中在宦海生涯、家庭生活、收藏雅趣和建造过云楼与怡园等几个方面。细读下去，家书提供的历史信息覆盖极为广泛，并且"充满人物和社会的真实感和丰富性"（《编者的话》），是一个值得深入开掘的史料宝库。

从《家书》和《日记》中钩稽顾文彬任道台期间的收入情况，就是一个很有趣味的工作，既有助于了解过云楼收藏书画、建造园林的资金来源，也有助于了解当时海关监督的收入构成，以及"三年清知府，十万雪花银"之说的真实语境。

自同治十年二月二十二日接印，到光绪元年四月二十三日解组，顾文彬在四年零两个月的宁绍台道任上的进项，从《日记》

和《家书》中约略可知。

日记中记录的他的个人开支，包括购买书画珠宝、应酬赠送、捐买封诰等，计合银洋近一万四千元，折算成银两在一万两以上。同治十一年，他还津贴浙江巡抚杨昌濬办贡经费四千两，官、吏各出一半，自己支出二千两；十二年入股轮船招商局二千两。外官向京中致送炭敬，是每年必不可少的开支，顾文彬在同治十年支出二千二百余两，十一年支出二千两有余，其余两年未记，但四年合计总有八千两。可见，在这四年里，经顾文彬之手支出的银钱在二万二千两以上，这还没有包括宁波道署上下的日常生活开销，也不包括经他手送出但不由他支配的银钱，如每年八千两的抚署提调经费。

能体现顾文彬实际收入的另一来源是汇款数目。每年他都向苏州家中汇款若干次，有时数额巨大。汇款后他会写信通知顾承，以便接收。统计汇苏记录，同治十年四万三千四百两；十一年二万六千两；十二年五万一千六百两；十三年三万八千两；光绪元年一万八千两。四年多合计十七万七千两。

家书中记录的汇款也不是全部，因为顾承每年都来宁波看望父亲，在此期间的汇款，以及顾承回程时带走的银两，这些双方都知道的事并不需要写进家书。如同治十年顾文彬甫上任，就向阜康银号透支银一万九千两、洋一千三百元，分四次汇出，后来转为对阜康的二万两债务。此时顾承人在宁波，家书中就没有这四次汇款的细节。顾承走的时候又带走相当于四千八百串钱的银两（大约是三千两），当时家书也未提及。只是后来事有牵涉，顾文彬才再行复述。以此类推，可见其他。

汇款如此之多，引发同人嫉妒，也让顾文彬甚感不安。在同治十年第五十六号后附不列号家信中，他对顾承说："此后汇归之款，切须秘密。惟此间专向阜康一处汇归，则终岁进款，了如指掌，倘有别处分汇，便可隐藏。"后来几年，他也一直寻找能分散汇款的办法，但未能如愿。

将有据可查的支出和汇款简单相加，顾文彬的收入已在二十万两上下。"三年清知府，十万雪花银"的说法，还真说不上夸张。

二、"至于非分之利，并无丝毫沾染"

那么，顾文彬又是怎样用四年时间赚到二十万两以上白银的呢？

有学者曾分析"作为肥缺的海关监督的收入"，大致来自以下几项：正俸，养廉银，倾融折耗和罚款，以及更大的一块"黑色收入"——新关对常关税银的拨补（任智勇《晚清海关监督制度初探》）。从家书中透露的信息看，顾文彬的收入，主要也来自这几项。清代道台的正俸为一百零五两，可以忽略不计；宁绍台道兼任海关监督，可以领取双份养廉银。道员养廉银为每年四千两，海关监督各自不同。道光间，粤海关监督的养廉银为三千两（《粤海关志》），浙海关事务不比粤海关繁重，若照此标准，顾文彬两项养廉银每年可得七千两，已是一笔很大的收入，也是合法公开的收入。

他的更多收入则来自各种"陋规"。这些钱大多与关税有关。海关监督负责关税的征收、保管和解运，这几个环节都给顾文彬带来赚钱机会。

一笔稳定收入是由宁波大关和镇海关按月致送的"分征"，这属于"新关拨补"范畴。五口通商之后，各通商口岸设立新关，专司分征外贸各税，原来设在各口的海关被称为"常关"。常关实行"额征"即定额管理，税银"尽收尽解"，除了定额必须完成，所有盈余也要上缴户部。这部分税款管理较严格，官吏不易染指。新关则没有定额，又因新关的设立冲击了常关税收，遂规定新关要拨补常关经费，其中一部分就落入官吏之手。

在同治十年的家书中，顾文彬记下他收到的几个月"分征"银数："大关分征，四月初七只应得二千二百二十余两"；"四月初八起至五月初七止，两处分征，共得三千三百余两，已缴来"；"九月分征，大关一千五百余两，镇海三百余两，尚属中平"。统计月均二千多两。这是每月都有的收入，四年仅此一项，收入就超过十万两。

"额征"虽然按规定要上缴，但也难免税吏动动手脚。顾文彬上任不久，就发现宁波大关的关吏"多扣额征约八千两"，他立加"振顿"，严令关吏吐出五千两，并立下新章，每年照此办理。于是"大关隐匿，搜剔殆尽"，只是这"吐出"的五千两并未进入国库，而是运回了苏州顾宅。

除了参与分成，顾文彬还改动额征与分征的比例，扩大分征基数，以便自己多分多得。

浙海关衙门分稿房、洋房、闽房和梁头房四房，分别征管不同的税项。洋、闽两房，额征每月一千数百两。在同治十年第四十五号家书中，顾文彬告诉顾承："恺翁（钱粮幕友曹恺堂）指出，以为应以拨补公摊打折头，不应如此之多，盖额征少则分证（征）多也。我因此又悟出更有可少之算法，驳诘吴振家（稿房书吏），俯首无词，约于后日议复。若能照我算法，每年可得数竿也（一千两为一竿）。"过了两天，商议的结果出来了："闽、洋两房额征，约两竿已够，余多俱归入分征，约计可多四五竿。"两房的额征每年减少一万多两，顾文彬的收入增加四五千两。

清代使用银两，收税的时候要加收熔铸消耗等折耗。这部分盈余，也归官吏私分。"折耗项下，向章官六吏四"。顾文彬则改变章程，从书吏手中扣回二千两。税款由监督私下存入银号，利息则归本人。同治十年，"截止九月十五，只得息银四千余两。此项息银在未改章之先，落得取用"。

为解送税银，收税时还要加收一笔汇费。汇费盈余也归官吏私分。顾文彬与税收有关的收入，还有渔税津贴、海关季规等，不过数额都不算大。

宁绍台道的本职是海防兵备道，也经手一些军费开支，节余则归道台所有。从家书看，有造船费和犒赏费两项。造船费由宁波大关每月提供四百两，每年近五千两。顾文彬几次说起，通过"振顿"大关得来五千两，加上造船费，每年共可多得一万两。不过，遇有造船工程的年份，这笔钱就要花出去，甚至还要倒贴。同治十一年，顾文彬为此实际补贴了一千八百两。

阅兵时的犒赏，也由海关筹集，每年一千零八十两，不算大钱，但大部分仍归入道台的私囊。同治十二年十月八日，顾文彬举行当年第二次卫安勇操练检阅，他在日记中写道："文前任（文廉）每年不过阅一次，或有终年不阅者。今一年两阅，欲该勇等知所勉励也。"看上去很是励志。然而在家书中，他吐露了真实想法："我之所以添阅一次者，因此项赏犒由厘局送，每月九十元，众所共知，若仅阅一次，入己者未免过多。今阅两次，一年所费亦只四百元，然已足塞众喙矣。此亦我爱惜名誉之一端也。"

顾文彬用二百两犒赏保护了名誉。海关收入虽然动辄巨万，在他看来全属应得之财。他到任第一年，老友吴云就听到流言，写信提醒他不要太过严苛，顾文彬辩解说，"我现在振顿者，无非因书吏种种侵蚀，不甘为其可欺耳。至于非分之利，并无丝毫沾染"。他理直气壮的底气在于，这些银子都是按惯例分成，或是从关吏那里"搜剔"来的，在朝廷和社会的容忍范围之内。

三、"可见做官不可不精明也"

从税吏那里分肥，顾文彬的说法叫"振顿"或"搜剔"，其过程也是斗智斗勇。如在正税项下，宁波大关书吏多扣额征约八千两，顾文彬令其吐出。他的要价节节上升，从四千两，到五千五百两，再到六千五百两；书吏们的还价则步步为营，从三千两，到四千两，再到五千两。几个"舌敝唇焦"的回合下来，书吏跪求开恩，顾氏"适可而止"，自认吃亏一千五百两，以分得五千两作为定例。在折耗项下，"向章官六吏四，项涛（大关关书）应得四成，除去上半年已领过一半，年终结账，照算应得千金有零，我只给三百金，再四恳求，又借去三百金。项涛名下统裁去约两竿"。这"两竿"自然归了监督。

经此数役，顾文彬颇为得意，他在家书中告诉儿子："该书等……骤然吐出，未免竭蹶不遑，在我适还固有，不为苛刻。如此振顿一番，所入非细。可见做官不可不精明也。"

顾文彬的精明，在与书吏争夺汇费盈余一事上，表现得淋漓尽致，家书中也讲得绘声绘色，画面感极强：

汇费盈余一款全数交进内署，已与远香、项书（按即项涛）说明。讵料项书仍将官七门一之银票持来硬交。我见之拍案大怒，痛加申饬，将票掷还。次日远香来见，责其不应仍交书手，伊再四支吾，我随发谕单，将项书斥革。项书求恺翁说情，恺翁谕令将全数交进，始令项书叩头谢罪。我现在拟将银号之三两与远香另议酌减。此外，清书之八钱不给，院书之二两二钱不给，只给每年共三百两，项书之四两只给一半。我意虽如此，未知项书肯允否？然经此一番发怒，谅伊不敢多聒也。

汇费盈余在海关监督、门吏和银号之间分配，"官七门一"，官占已是绝大多数，但顾文彬仍不放过吏占的那一部分，遇到这样精明的官，书吏只能自叹不如，于是"项书自经严斥之后，居然驯顺，前日将汇费准驳账交与，伊名下只领二两，亦不敢争"。银号也只得让利："汇费项内贴还银号之三两，已与远香说定，贴还一两四钱，此举又可以便宜一竿也。"据此估算，顾文彬分得的汇费盈余，一年也不在少数。

四、"但愿在此间安然不动，则我意遂矣"

顾文彬在道台任上，心满意足，但也有担忧的事情。除了怕有人羡慕嫉妒，向上司进谗言外，另有三桩：一怕下雨，二怕升官，三怕出差。

对下雨，他在同治十年第二号信中说："此间前几日大雨，关税甚少，昨日一晴即旺。总要多晴为妙。"下雨影响商人出行和税关收税，也就影响了他的收入。

对升官，他在同年第四号信中告诉顾承："运使锡祉病中风，已委藩台兼署，恐要开缺。此是道升之缺，幸我资格太浅，或不致骤升也。"乍闻此言，会以为"幸"前脱了"不"字，做官的人谁会为不能升官而庆幸呢？况且锡祉担任的盐运使是公认的美缺。不过往下看，会发现顾文彬确实在"庆幸"，因为几天后他又得到新的消息："省垣锡运使中风之病，未必能愈。卢方伯（布政使卢定勋）有子侄之丧，闻亦有告退之意。若连出两缺，而俱坐升本省之官，即使轮不着，亦一步近一步，甚可虑也。"

这个道台的缺，不仅盐运使不换，布政使也不换。同治十二年正月，顾文彬进省拜年时，向巡抚杨昌濬提出，"设使两司有升迁调动，亦不愿调署"，得到巡抚应允，他的心才稍稍放下，对儿子说："但愿在此间安然不动，则我意遂矣。""两司"即布政使、按察使，已是位高权重的高官了。

顾文彬怕出差，《家书》提供了一个颇见心曲的例子。同治十一年底，省中传出要调他担任来年乡试提调的风声，为此他大为紧张，千方百计要推掉这个差事。转年他两次进省，均当面要求杨昌濬不要调他的差。他给巡抚说的理由是"精力不能胜任"的场面话，对儿子说的却是"有碍进款"的心里话："假使调我当此差，便有人来署我之缺，先后有两月之久，又值秋间税旺，出进有数竿之巨。"他怕出差，其实是怕损失数千两银子的进项。这个差事后来没有推掉，但银子也没有损失，因为"提调须带印进省，一切日行公事令府中代折代行，并不另委署事人员，故与进款无碍，不过月余辛苦而已"，算是两全其美了。

不过，不敢离开宁波衙门的顾文彬，也主动出过一次差，这是同治十二年六月的事。《日记》六月二十日："未刻，渡钱塘江……申刻，进城，仍寓孙宅。酉刻，见中丞，畅谈洋布捐事，责备陈绅鱼门，以八字蔽之曰：朦混包捐，偷漏半税。中丞恍然大悟，甚以为然。"二十四日："午刻，上辕，将洋布公事谈大约，由厘局收陈绅包捐之二万二千串内，提出关上应得半税，按月查数照缴。"二十五日，即渡钱塘江返回宁波。

这件事有何重要，甘让顾文彬冒暑奔波呢？还得从家书中找答案。本年第三十五号信中说："此次进省，适值酷暑，苟非万不得已，岂肯轻举妄动。实因陈鱼门但知利己，不顾大局，竟敢蒙混中丞及厘局总办，以二万二千串包净洋布落地税，岂止有碍新关半税。查半税一项，每年约有两万余金，所有拨补之二万金及新关一切杂用皆取给于此，自鱼门包税之后，半税分文不缴，仅得二万余串，反失去二万余金，孰得孰失，显而易见，……必须亲自进省，剀切言之，方得明白。"原来，陈鱼门（名政钥）

包税之举，减轻了商人税负，却让宁波海关每年减少收入二万余两，这二万两又是由海关自行支配的"拨补经费"，此举若行，会大幅减少顾文彬等人的收入，所以引发他激烈的反对。

此事又以顾文彬胜利而告终。担任浙海关税务司的英国人惠达在《同治十二年浙海关贸易报告》中报告了这件事："6月，当地进口匹头商与省当局达成一项协议，即由前者同意按年缴纳22000吊铜钱折成14700银两。以后，凡由宁波匹头公会会员运进口匹头往绍兴、金华、衢州、严州和处州豁免内地应征洋货匹头各税……是乃既利商人又便税吏之举也。结果，大水冲了龙王庙，关监督提出反对。因为，该关监督与子口税承包人都有利害关系。双方僵持不下就上诉，结果上诉批示不准。"（《近代浙江通商口岸经济社会概况：浙海关、瓯海关、杭州关贸易报告集成》）

宁波任职四年，顾文彬办成了若干令人艳羡无比的大事：增加了在两家典铺的股本，购置了5000亩左右土地，买下左右邻舍房屋和宅后园地，扩建住宅，修起过云楼和怡园，成为江南第一收藏家。同治十三年九月，他忽起归田之意，遂上禀告病，未获批准，只能接着干下去。他告诉顾承："我之告病，似不应再顶，只得敷衍下去，到明年再商行止。但既到明年，所有入项衰于春而旺于夏秋，势必又要敷衍到八九月间方可引退。"念兹在兹的，仍是"入项"。

转年是光绪元年，顾文彬未能"敷衍"到夏秋税旺之季——他开春患上咳血之症，一度颇为凶险。这次递上的病禀很快被接受，顾文彬于四月二十三日交印回苏。临行之前，他收到卫安勇送来的万民伞，向后任交代了库款。据账友说，历来累积的亏空，须银二十五六万两方能了结。

作者简介

艾俊川，1964 年生于哈尔滨。1987 年毕业于北京大学中文系。《中国金融家》杂志执行主编。出版有《文中象外》。

1890 年的《中英会议藏印条约》

杨东梁

2017 年 8 月 2 日，我国外交部发布《印度边防部队在中印边界锡金段进入中国领土的事实和中国的立场》的文件，阐明了自今年 6 月 18 日以来印军越界事件的真相。此次印军入侵的洞朗地区位于边界线中国一侧。这段边界的划分，在清光绪十六年（1890）签订的《中英会议藏印条约》中是有明文规定的。下面就介绍一下这项条约签订的背景与过程。

早在 18 世纪中叶，英国殖民者即开始觊觎我国西藏及周边邻国。进入 18 世纪后，由于清朝国力日衰，英国对西藏的侵略更变本加厉。它先后控制了我国西南邻邦廓尔喀（尼泊尔）、布鲁克巴（不丹）和哲孟雄（锡金），然后以"游历""考察"为名派人潜入西藏，从事间谍活动。光绪二年七月二十六日（1876 年 9 月 30 日），又以武力为后盾，迫使清廷签署《中英烟台条约》，除了结"马嘉理案"外，又进一步让英人进入西藏合法化（另附专条规定，英人可由北京经甘肃、青海或经四川入藏）。十年后，英印政府派秘书马科蕾组织了一个"商务代表团"，由印度进入西藏。但由于西藏地方政府的坚决反对，代表团只得从原路返回印度。

当英国要求在西藏"游历"和通商的活动失败后，侵略者就变换手法，蓄意制造边界纠纷，公然发动武装挑衅。从 1885 年起，英印军队以哲孟雄的大吉岭为前哨基地，不断向我国西藏渗透。对此，西藏地方政府保持了警惕，曾多次要求英国停止侵略活动，并于光绪十二年在隆吐山口派兵设卡，修筑围墙。而英国侵略者则颠倒黑白，诬称中国在自己主权范围内建卡设防是"越界戍守"，并无理要求清朝中央政府命令西藏驻军从隆吐山撤防。在咄咄逼人的侵略者面前，腐败无能的清政府决计妥协退让，遂命令驻藏大臣文硕"晓谕"西藏地方武装从隆吐山撤防。但西藏地方官员坚决反对妥协退让，他们指出："隆吐山为藏中门户，倘一退让，势若开门揖盗。自古至今，可有以疆域门户让人之理乎！"（《清季筹藏奏牍》）文硕作为中央政府驻藏的最高官员，也坚决支持西藏地方官员的立场。

光绪十四年二月初八日（1888 年 3 月 20 日），英印军队 2000 余人不顾是非曲直，竟悍然进攻隆吐山，挑起武装侵藏战争。英军依仗其优势装备，侵占了隆吐山和纳汤，西藏地方政府调集万余藏军驻扎亚东一带，准备反攻。而此时的清廷却一意息事宁人，竟将主张抵抗侵略的文硕以"识见乖谬，不顾大局"的罪名予以革职，同时委任升泰为驻藏帮办大臣，进藏主持大局。

升泰（1838—1892），字竹珊，卓特氏，蒙古正黄旗人。由监生捐员外郎。咸丰七年（1857），签分户部，十一年，补户部四川司员外郎（正五品），同治六年（1867），外调山西汾州知府（从四品）及太原知府，历任山西河东道（正四品）、浙江按察使（正三品）、云南布政使（从二品）、伊犁参赞大臣、署乌鲁木齐都统，至光绪十三年，充驻藏帮办大臣。清廷特别指示他："勿蹈文硕迂谬之见，自贻罪戾也。"（朱寿朋《光绪朝东华录》）光绪十四年五月二十六日（1888 年 7 月 5 日），升泰抵西藏。

升泰接任后，按照清政府指示的精神，下令："江孜守备及统领'番军'（即藏军）噶布伦严束藏兵，不准妄动。"（《刘秉璋奏牍》）六月二十四日（8月1日），清廷又下诏严令升泰"当守定'先解战争'四字"（《光绪朝东华录》）。而西藏地方官员如实禀告升泰："总以隆吐之南日纳宗为藏界，伊等设卡系在境内，英人无端恃强动兵侵地，哓哓不休。"为了解边界问题的真相，升泰派人查阅了新旧档案资料，其中查出了乾隆五十九年（1794）驻藏大臣和琳、内阁学士和瑛的奏折一份，和琳在划定锡金、不丹的边界时，曾明确规定："自帕克里（即帕里）至支木山顶、藏猛谷山顶、日纳宗官寨设立鄂博，此内为西藏境，此外为哲孟雄、布鲁克巴二部落境。"（《卫藏通志》）同时，又觅得旧图一张，"注明纳荡地方系哲孟雄边境，藏图南面极边界线之上，亦绘有雅拉山，是雅拉山即系藏属南界，可无疑义"（《光绪朝东华录》）。

在藏哲边界问题（即我国西藏与锡金一段边界）上，是非曲直是清楚的，但升泰秉承清政府旨意，竭力避免中英冲突。他飞饬江孜守备肖战先就近驰赴前敌，"力阻藏番不准妄动"，并严令藏军统领噶布伦伊喜洛布汪曲，"只准防守，务须按兵不出，如违节制，立即严参"（《光绪朝东华录》）。尽管升泰一让再让，侵略者的入侵步伐却并未停止。八月初八日（9月13日），英印军队200余人进至捻都纳山，开炮挑衅。十七日，英印军队占领哲孟雄全境。十九日，再次发起攻势，侵占咱利、亚东、郎热等隘口，并分兵包抄。藏军万余人"全行败溃"。在清廷妥协方针的干扰下，西藏地方军被迫退至仁进冈一带。

光绪十四年冬，清政府命令升泰在亚东附近的纳荡（即那塘）与英印政府的代表开始谈判。十月十六日（11月19日），升泰携印绥起程，驰赴前敌。二十三日，抵江孜，沿途获报英印兵已修路直至咱里山，距藏境仁进冈仅30里。十一月初十日

（12 月 12 日），升泰进抵仁进冈（时藏军万人驻此），英方谈判代表保尔（A. W. Paul）亦于十三日抵达，双方约定于十九日在纳荡会谈。旋即，英方又派英印政府负责外交事务的官员鸠兰德（Graham）参加谈判。谈判中，升泰坚持英印军队必须撤出中国领土，英方代表则挟战胜之"余威"提出哲孟雄应由印度"保护"，且中方应赔偿"兵费"以及英印入藏贸易等条件，并扬言只有满足以上要求才能撤兵。双方反复辩驳，无奈升泰底气不足，又奉有"先解战争"的严令，只得"平心静气，婉与商量"，并应允将驻守仁进冈的藏军后撤两站。随后又将数千人撤入藏南门户帕克哩。面对清廷的一味退让，侵略者却步步进逼，"惟闻添兵运炮，不见退让一步"。

当纳荡的谈判开始后，时任清政府海关总税务司的赫德（Robert Hart）也积极插手西藏事务。他极力运动总理衙门派其弟赫政（J. H. Hart）以翻译身份参加中英谈判。

赫政是赫德的长弟，比赫德小十一岁，他于同治五年十二月（1867 年 1 月）进入中国海关。同治十一年升税务司。他为人精明能干，在赫德提携下，很快成为一名"中国通"。赫政忠实地履行其兄的嘱托："试作中间人，将事权掌握在自己手里。"（《中国海关与缅藏问题》）赫德还叮嘱赫政："希审慎进行，小心地使你的鱼（指中国代表——引者）能够自来上钩"（《中国海关与缅藏问题》），可以说，赫政名义上代表清政府谈判，实则完全站在英国一边。光绪十四年十二月二十九日（1889 年 1 月 30 日），赫政抵独脊岭（即大吉岭），并于十五年三月二十一日（1889 年 4 月 20 日）启行前赴印营。他频频往返于仁进冈（升泰驻地）与大吉岭之间，但由于双方意见相左，中、英谈判没有什么进展。升泰于九月初一日（9 月 25 日）上奏清廷，认为与英人议约久拖不立，俄人又图染指，"边事久不定局"，"即恐西藏后来有事之日更多"（《光绪朝东华录》）。在英方的威胁及赫政的干预下，升泰决定亲赴印度谈判。光绪十六年二月二十日（1890 年 3 月 10 日），他从独脊岭启程，乘车于次日抵孟加腊。二十七日，升泰与英印总督兰士丹在加尔各答城签订了《中英会议藏印条约》。

《中英会议藏印条约》共计八条，其主要内容是中英划定西藏、锡金边界。条约第一款规定："藏印之界，以自布坦（不丹）交界之支莫挚山起，至廓尔喀边界止，分哲属梯斯塔及近山南流诸小河，藏属莫竹及近山北流诸小河，分水流之一带山顶为界。"（王铁崖编《中外旧约章汇编》）。这一规定，把藏、锡整个边界线向西藏内移，东段边界则推至捻纳和亚东之间的则利拉。条约第二款规定："哲孟雄由英国一国保护督理，即为依认其内政、外交均应专由英国一国经办。"这项条约划定了我国西藏与锡金之间的边界。同时，清政府承认了哲孟雄为英国的保护国。至于通商问题，则因西藏地方政府坚决反对，规定"容后再议"。

光绪十六年五月十三日（1890 年 6 月 29 日），《中英会议藏印条约》钤用"御宝"，正式生效。

《中英会议藏印条约》是经过中、英双方政府批准、认可的一项国际边界条约，条约声明"彼此欲将哲孟雄、西藏边界事宜，明定界限，用昭久远"。而今天的印度政府竟然罔顾历史真相，悍然派兵进入已定界的我方洞朗地区，肆意挑衅我国领土主权，是可忍，孰不可忍！

须知，今天的中国早已不是一百多年前清朝统治下的中国了，中国人民任人宰割的年代早已一去不复返了。如果至今仍有人妄想重蹈当年英国殖民者的覆辙，甚至要在当年清政府咽下苦果的基础上变本加厉，那可真是看错了"黄历"，其结果必然是碰得头破血流，只能自取其辱！

作者简介

杨东梁，1942 年生，湖南岳阳人。中国人民大学清史研究所教授，博士生导师。主要从事中国近代史研究，著有专著及主编丛书 10 余部，发表文章百余篇。

清末新政时期西方预算知识引介与制度嫁接

陈旭东

　　财政是国家治理的基础，而预算又是现代财政的核心。近代意义上的财政预算制度不是中国本土原生的，而是西学东渐的结果，对于西方财政预算制度及其思想的引介也不是自清末新政而始。早在 19 世纪末期，一些到过西方的游学留学人员、清廷驻外使节、来华传教士以及政府开明官员等就在其各类著述中开始片段式地向国人传播西方预算知识。然而，此阶段中国思想界对西方预算制度思想的介绍还仅仅停留在常识性知识水平，流于片断、零碎和附会，没有上升到学理性知识和操作性知识的水平，这一升华是到清末新政实施之后因制度递嬗的现实需求才真正得以实现。特别是到了光绪三十二年（1906），清政府宣布开始预备立宪前后，国内对于预算制度本身及其与政治制度安排之间的关系，才有了相对比较全面、系统和深入的介绍。

　　在实践层面，清政府关于引入预算制度的诏令早在戊戌变法期间就有，当时光绪帝在看了翰林院庶吉士丁惟鲁的条陈建议后，就采纳其建议诏令户部着手办理预算制度："近来泰西各国，皆有预筹用度之法。着户部将每年出款入款，分门别类，列为一表，按月刊报。俾天下咸晓然于国家出入之大计，以期节用丰财，蔚成康阜。朕有厚望焉。"（宋玉卿《戊壬录·改政之变》）

不过，这一诏令随着变法夭折，也因自上到下预算知识和思想积淀的不足，未能转化为现代意义上的预算实践。预算制度真正进入清政府财政体系的实践，同样也还是到了清末新政时期特别是中后期随着清理财政的推进才得以开展，而这个时期西方预算知识体系渐成规模的传播和发展，为包括预算改革在内的财政改革实践提供了重要的理论准备和应用借鉴。

可以说，光绪二十七年至宣统三年（1901—1911），清末新政这十多年间，是中国从传统财政制度向近现代财政制度变迁的重要起步阶段，无论预算知识体系的传播还是预算制度改革的探索，都经历了至今依然值得予以关注的具有独特性的重要转变。

一、预算知识引介：学理性与操作性兼容

庚子（1900）以后，清政府启动实施了新政改革，新政的内容涉及政治、经济、军事、教育等方方面面，范围非常之广，远非短命的戊戌变法可比拟。清政府最高统治者希望一改过去几十年只是学了些语言文字、机械制造等"西艺之皮毛"，没有学到其"富强之始基"的弊病，试图在不危及封建统治、确保皇位永固的前提下通过一定程度的制度性变革找到自强之制。此际的清廷饱受丧权辱国之凌，已难再以天朝上国自居，从政府开明官员到民间精英人士均转而开始探求西方国家富强的制度根源。于是，包括财政预算制度在内的西方政教制度陆续被大规模地译介到国内。据刘增合教授统计，1902年国内市场上译介西方政教的主要书籍中，涉及西方财政预算制度内容的就有30多部（《西方预算制度与清季财政改制》）。不可忽视的是，教育制度改革作为新政的重要内容之一，对于知识传播体系的转向也起到了一定的导引作用。1901年至1905年间，清政府先后推出了重开经济特

科、废八股、改试策论、兴学堂、颁布"奏定学堂章程"、废科举等一系列教育新政，西方新式理财制度的知识也逐步进入读书阶层的视野。

1906年9月1日，清政府正式颁布"预备仿行宪政"谕旨。11月，清政府发布厘定中央新官制的上谕，将户部改为度支部，并入财政处、税务处，由皇室宗亲溥颋任首任尚书。不过溥颋很快就被调任农工商部尚书，度支部尚书职缺由上年刚刚出洋考察归国的五大臣之一载泽递补。在英国考察期间，载泽曾听过伦敦政治经济学院教员埃喜来（Percy W. L. Ashley）关于英国宪法纲要的讲解，其中就涉及财政预算制度。由是，发源于英国的现代财政预算制度的政治改革价值逐渐为国内统治阶层及社会精英人士所认知，其制度背景和知识体系在国内各界的传播也更趋于活跃。同年，《东方杂志》刊载了一篇题为《论中国于实行立宪之前宜速行预算法》的文章，深入介绍了西方的预算制度，既有理论深度又有实践价值。该文指出："所谓预算者，国家预定收入、支出之大计划也。盖国用之收入，收入之于民也。收入自民，故不能不求民之允诺，欲民允诺，不能不示以信用。预算者，示民以信用之契据也。国用之支出亦为民也，支出为民，故不得不邀民之许可，欲民许可，不得不受其监督。预算者，授民之监督之凭证也。"（与此篇文章相类似的，还有1907年4月27日《时报》发表的《论国民当知预算之理由及其根据》，也对预算的本质、作用和必要性做了学理阐释，文章也指出"凡立宪国家制定后，收入支出皆不得越其范围，是谓有'拘束力'。此拘束力者非政府自拘束之，而议会拘束之也"。）

在界定了预算的定义和本质之后，该文又对如何划定预算权限进行了阐释："预算案编成之权限其要点在发案权与定议权之分。发案权在于政府，定议权属于议会。政府对于预算费常有要求增加岁入之意，议会对于预算费用常有要求核减岁出之心。"此句解释已得今日众多现代国家预算法之要旨，即要将政府的预算权力关进制度的笼子，体现预算权力分离制衡的原则。对于在当时议会未立的前提下如何实行预算，文章也给出了过渡性制度安排作为建议："不知预算之发案权既操自政府，则凡所有收入支出各款、经常特别各项必须报告全国，自不致有出纳极滥之弊。即使编成预算案，我国民有不能承认者，议会虽未成立，而既有议会权之性质，则监督财政为应尽之义务，我国民自可公举代表，向政府要求增损，初不必俟宪法颁布，而始行预算法也。"

对于西方财政预算制度的引介，不仅见诸知识界人士在报刊上的吁求、阐释和辩论，在清廷高官及沿海省份官员的奏折中也可找到一些深入介绍的文本。1907 年 12 月 22 日，福建道监察御史赵秉麟上奏《整理财政必先制定预算决算表以资考核折》称："考泰西列邦所以国人咸知国用者，在有预算以为会计之初，有决算以为会计之终，承诺之任，监财之权，悉议会担之。故英国每年出入预算案，由国会议决。《大宪章》第十二条，国内收补助费，必由国会议决，后世守之愈益发达……盖东西各国之财务、行政，必许国民以两种监察：一、期前监察，承诺此年度之预算是也，一、期后监察，审查经过年度之决算是也。故国[民]知租税为己用，皆乐尽义务；官吏知国用有纠察，皆不敢侵蚀。所谓君臣共治也。"（故宫博物院明清档案部编《御史赵秉麟奏整理财政必先制定预算决算表以资考核折》）赵秉麟在奏折中还借用日本的财政变革试图说明预算决算制度的有效性和必要性，他说："臣阅日本财政历史，明治六年以前，散漫无纪，无异我国。自井上馨极言其弊，明治纳之，明昭公布预算，竭计士二年之力，至明治八年，始经制定列表，此实日本财政统一之权兴也。"这段话说得很有技巧，以财政统一、财权集中为旨归，希图以日本的示范效应来推动预算制度的实行。

实际上，与近代经济科学的整体传播趋势一样，西方近代财政预算知识体系大规模传入中国也非直线式移植，而主要是先取径日本。尤其是 1905 年日本取得日俄战争胜利之后，这一趋势更加明显。据统计，当时来自日本或者以日本财政为背景的财政学论著和译作，在国人发表的具有近代财政科学意味的著作、译作和文章中占据了压倒性优势。这方面的著作包括：《财政学》（1905 年，冈实著，叶开琼、何福麟编辑）、《财政学》（1907 年，松崎藏之助、神户正雄著，黄可权编译）、《比较财政学》（1909 年，小林丑三郎著，张锡之等译）、《比较财政学》（1910 年，小林丑三郎著，中国经世学社译）、《日本财政考略》（1910 年，林志道编）、《最近预算决算论》（1911 年，工藤重义著，易应湘译）、《日本财务行政述要》（1911 年，何煜辑）等等。与此同时，很多出洋考察的大臣回国后也纷纷以日本为例引介具体的预算做法，如《日本岁计预算制度考提要》（1907 年）、《日本丙午预算提要》（1907 年）、《日本宪法说明书·预算》（1907 年）、《前考察日本宪政大臣李家驹奏考察日本财政编译成书缮册呈览折》（1909 年）等等（刘增合《知识移植：清季预算知识体系的接引》）。可见，无论是学理性知识还是操作性知识，日本在西方预算知识体系进入中国的传播过程中都发挥了中转站的作用，在推动中国财政思想学说的近代化转型方面承担了重要角色。

二、预算制度嫁接：从局部探索到全面试办

西方预算知识体系的传播及其本土化转型，为清政府财政制度变革提供了可资借鉴的思想资源。西方近代预算制度是一个涵涉政治、法律、经济等诸多要素的复杂运作体系，有着与中国传

统奏销制度截然不同的现代元素，对其引进移植和改造实践，是中国传统财政制度向近现代财政制度转型的重要一步。但是，由于预算制度所需要的现代政治和法律制度基础架构的构建不是一蹴而就的，从上到下各级各地官员对于这样一个前所未有的预算知识体系及制度本身的认知也深浅不一，其进入清政府的实践操作层面在最初经历了一个从形式接引到内涵借鉴、从局部探索到全面试办的渐进式演进路径。当然，清政府的垮台又使得这一演进被迫中断，转而进入一个新的政治体系下的预算制度实践探索之路，但清末新政时期预算制度实践探索的意义亦不容小觑。

清末新政前期，湖北、福建、山西、陕西、吉林等省份即已酝酿引入预算做法，但由于早期对预算制度本质的理解有限，这些简单移植大多是迫于纾缓赔款、举债和新政需款等财政压力的权宜之计，并未引致多少实质性的重大体制变革。以最早的湖北为例，1902 年下半年湖广总督张之洞就曾专门发出札文，责令上至布政使司下至有关衙门、局、府及海关等机构编制翌年财政预算表。遗憾的是，该札文指令并没有得到很好的贯彻，很多部门依然沿用旧式理财做法，即使有过预算做法的部门也未持续多久。但不管最终结果如何，湖北的做法还是开风气之先，其之所以有此率先尝试，一方面与湖北在庚子以后承担的赔款摊派较多，且张之洞厉行新政致财政支出需求扩张、财政收支秩序亟待规范有关，另一方面也与主政者张之洞"中体西用"的观念有很大关系，此观念为西方社会科学中的应用经济学包括近代财政制度及思想在湖广的传播提供了较为广阔的空间，对实践有一定的促进作用。

随着清末新政后期清理财政的准备和推进，传统政府理财忽视预算管理的做法使得财政纪律散漫、收支矛盾等问题日益凸显，在此背景下，全局推进预算制度的必要性和重要性逐步得到了清政府理财部门及至最高统治者的认同。光绪三十四年（1908），度支部奏称"设立清理财政处，各省设立清理财政局，专办清理财政事宜"，"而整理财政必以确定全国预算、决算为最要"（故宫博物院明清档案部编《度支部奏拟清理财政折》）。在具体实践中，清政府还下派财政监理官，代表中央到地方对财政清理进行监督。当然，清理的内容除了编制预决算之外，还包括改革币制、实行印花税等。同年八月初一，宪政编查馆奏定预算、决算办法，具体安排了所谓"九年筹备"的预算推进进程，其中计划 1910 年试办各省预算决算，1913 年试办全国预算，1916 年确定预算决算（故宫博物院明清档案部编《宪政编查馆资政院会奏宪法大纲暨议院法选举法要领及逐年筹备事宜折》）。十二月二十日，度支部奏定《清理财政章程》，该章程共八章，其中第五章、第六章分别为"预备全国预算之事"和"预备全国决算之事"（故宫博物院明清档案部编《度支部奏妥酌清理财政章程缮单呈览折》）。

依循九年筹备进程，宣统二年正月（1910 年 2 月），度支部拟订了《预算册式及例言》，规定：预算年度应以每年正月初一到十二月底为止；预算册内先列岁入，后列岁出；岁入与岁出各分"经常"与"临时"两门，门内分类，类下分款，款下分项，项下分子目；出入银数均以库平银为标准，并以两为记账单位，小数至厘为止（翁礼华《1910—1911 年开启"预算册式及例言"》）。在具体操作上，省预算由各省清理财政局编制，编好之后经地方督抚核准上报度支部，再由度支部汇总中央各部院预算，统一编制全国预算书。当年梁启超发表时评《读度支部奏定试办预算大概情形折及册式书后》，指出"预算非他，实一国行政之悦鹄也。无论何种政务，行之必需政费"。在他看来，预算的宗旨就是"除预算表岁入项下遵依法律所收诸税则外，行政官不得滥有所征索；预算表岁出项下所列诸款目外，行政官不得滥有所支销"（《清末筹备立宪档案史料》）。这些观点显示其对预算本质和作用的认识已达一个很高的水平。

由于各省清理财政的初步完成及宣统二年十二月（1911 年 1 月）改为五年立宪，宪政编查馆于是对财政方面的逐年筹备事项进行重修，其中计划于宣统三年颁布会计法，宣统四年颁布宪法和议院法，并确定预算决算（故宫博物院明清档案部编《宪政编查馆大臣奕劻等呈修正宪政逐年筹备事宜折》）。宣统三年，度支部将当年试办预算表送资政院审核，原预算列岁入共库平银 301910296.877 两，岁出共 376355657 两，赤字 74445360.123 两。资政院依其职权对度支部拟定的全国预算进行审核时发现赤字严重，于是对岁入预算略作上调，而对岁出预算则在基本确保教育、民政、司法、交通等关乎民生的公共服务性支出的同时，对政府行政经费等进行了大幅删减，核减掉 7790 万两（杨小凯《百年中国经济史笔记》），这开创了议会通过预算权来约束政府权力的先例。当然，预算审查权的真正落实和预算案的真正执行又是另一回事。督抚们乃至陆军部等中央部院群起反对核减岁出预算，攻击资政院的核减议决决定是削足适履，称新政事业齐头并进而无法核减，甚至联袂奏请压缩预算核减规模，以致预算案有被推倒重来之虞，所以度支部不得不两次奏请维持原案。令人遗憾的是，现实中各省"用款糜滥，仍复如前"（韦庆远等《清末宪政史》），加之 1911 年 10 月 10 日的武昌起义打乱了清廷的预算执行计划，使得度支部不得不先顾军用而暂缓他用，预算财政实质上又转为战时财政。

宣统三年，风雨飘摇中的清政府还颁布了《试办全国预算暂行章程》，编制了宣统四年全国预算，并针对上年预算编制中出现的种种问题进行了一定的修改和调整，提出了"必以收支为衡"的预算原则（故宫博物院明清档案部编《度支部尚书载泽等奏办预算拟暂行章程并主管预算各衙门事项折》），兼顾量入为出和量出为入而分别编制预算正册和附册，并随着分税制改革的推进开始"暂分国家岁入、地方岁入"，试图建立近代意义上的国家财政制度。同年 11 月 3 日，清政府颁布的《宪法重大信条十九条》第十四条规定："本年度之预算，未经国会决议者，不得照前年度预算开支。又预算案内，不得有既定之岁出，预算案外，不得为非常财政之处分。"第十五条规定："皇室经费之制定及增减，由国会议决。"这些原则性、理念性的财政规定倘能得到真正落实，应能在一定程度上进一步推动清政府预算的近代化转型，然而由于革命风云骤起，清政府随之垮台，宣统四年全国预算自然未能实施，宣统三年全国预算也终未能形成决算。不过，宣统年间的预算实践并非全无价值，对此后民国政府的预算变革形成了借鉴。后供职于北洋政府的杨寿枏就是负责宣统四年预算的总办，他曾表示："鼎革以后，整理内外财政，犹以宣四预算为蓝本。"（杨寿枏《觉花寮杂记》）

三、结　语

清末新政是清政府为了化解晚清政治经济危机而实施的体制转型，尽管其因清朝覆灭而戛然中止，却为 20 世纪中国政治经济社会变革提供了一个可贵开端。与中国历史上几乎所有重大变法、变革一样，财政也是清末新政的一项重要变革。在晚清开启的西学东渐思潮走向下，预算制度作为近代主要西方国家的一项核心治理制度，其知识体系也被大规模地输入国内，一来在学理、学术方面改变了传统的政府理财思想积淀，预算内含的对政府行政权力的约束要旨渐成社会精英的共识，另一方面相关知识从地方督抚进入到清政府中央执政者的视野，成为政府推进预算制度变革可资借鉴的重要外部资源。

基于此，清政府在新政时期进行了大量的预算制度嫁接实践探索，特别是进入宣统年间，清政府更是将试办预算作为解决财政秩序紊乱及收支困境的一项制度性措施而大力推行。尽管受制于旧体制及其附生利益格局的种种桎梏，预算制度所需要的现代政治结构和制度配套体系阙如，其本土嫁接并不顺利，各方围绕预算展开的权力角逐与利益冲突激烈，未能真正发挥其财政治理成效，但是却闪现了非常值得珍视的近代财政光芒，为其后民国政府财政制度进一步的现代化转型做了前期准备，对于当下中国的预算改革实践也依然有一定的镜鉴意义。

作者简介

陈旭东，1982年生，江苏如皋人。上海财经大学高等研究院院长助理，助理研究员。主要研究方向为经济思想史、中国经济。

清末民初革命党人与政治暗杀

左玉河

在近代中国革命的历史长河中，清末革命党人策划的暗杀活动，占有非常重要的地位。革命党人在进行反清革命之初，便认定了三种可行的革命方式：宣传鼓动、武装暴动和政治暗杀。宣传鼓动，是采用"文"的手段一手唤起民众，动员千百万民众投身反清革命洪流；武装暴动和政治暗杀，是采取"武"的一手启发民众，动员广大民众投身到推翻专制政府的时代洪流。

以温和著称的同盟会首领宋教仁，将武装革命的方法简单概括为"暴动"与"暗杀"；而文质彬彬的光复会首领蔡元培公开倡言："革命止有两途：一是暴动，二是暗杀。"章太炎、陈天华、陶成章、黄兴、汪精卫等革命党领袖，都不同程度地赞同政治暗杀。"抟沙有愿兴亡楚，博浪无锥击暴秦！"鉴湖女侠秋瑾吟出了激励无数仁人志士慷慨赴死的壮丽诗篇。"引刀成一快，不负少年头！"深陷囹圄中的汪精卫吟出了激励无数革命青年广为传颂的名言佳句。这样看来，武装暴动与政治暗杀，是清末革命党人的既定方针。政治暗杀，是革命之先导，是唤起民众之方式，是推翻专制政体的手段。"革命之先，暗杀可以广播火种"，成为革命党人处理武装暴动与政治暗杀关系的经典之语。

一

纵观清末革命党人 50 多起暗杀活动，大致可分为四类：

一是为配合武装起义而行刺敌方大僚。如 1906 年（光绪三十二年）杨卓林谋刺两江总督端方，1907 年徐锡麟刺杀皖抚恩铭，1911 年（宣统三年）李燮和、陈方度谋刺广州巡警道王秉恩，蒋翊武谋刺鄂督瑞澂等等，都是以个人的孤注一掷为集体的武装起义开路，多半带着"擒贼先擒王"的意思在内。

二是武装起义失败后，刺杀镇压起义的罪魁以泄公愤。如 1908 年安庆马炮营起义失败后，革命党人范传甲留在城里，要孤身与清军协领余大鸿拼命；1910 年汪精卫谋刺摄政王载沣，也是因为多次起义失败，要用一己肉身搏杀敌首；1911 年黄花岗起义失败后，林冠慈等炸伤广东水师提督李准，李沛基炸死新上任的广州将军凤山等等，都是在武装起义失败后为死难烈士复仇的举动。

三是刺杀那些影响大局而必须除掉的革命障碍物，促进革命形势高潮或将革命推进一步。如 1912 年张先培等人刺杀袁世凯，彭家珍刺杀良弼之壮举，等等。他们希望通过除掉阻挠革命的"元凶巨恶"，而使革命党的共和理想获得成功。

四是与具体的武装起义无关，只是作为宣泄激烈政见的方式，以此起到动员民众的效果。如 1910 年陈与燊（shēn）谋刺在他眼里"欲借外债而图私利"的邮传部尚书盛宣怀，邝佐治在旧金山持枪谋刺在美国考察军政的清海军大臣载洵，等等。他们希望用自己的手枪和炸弹，唤起麻木的民众，动员他们投入到革命的时代洪流中。

二

革命党人的暗杀活动，收到了破坏专制政体、震慑专制政体内统治者的威力。诚如吴樾所言，暗杀具有"杀一儆百"之效。万福华刺杀王之春，是为了警告那些卖国之辈；王汉刺杀铁良、李沛基刺杀凤山，是想威胁清廷那些反动权贵；吴樾刺杀出国考察宪政五大臣，是为了破坏当政者利用宪政进行欺骗的阴谋；汪精卫刺杀摄政王，则是表明推翻清廷的决心。

革命党人的暗杀，不仅陷清朝大小官员于恐怖之中，也使悍酋大吏们谈虎色变，不敢再轻易对党人施以辣手和毒手。徐锡麟刺杀恩铭后，据说清廷达官贵人有言："革命不足畏，惟暗杀足畏！"遂秘密遣人到东京同盟会捐万两白银，以求保全自己的脑袋。

两次受到刺杀而未死的广东水师提督李准，在武昌首义之后主动向革命党人投降，不能说不是由于暗杀之震慑。彭家珍刺杀良弼，从最关键处促成了清王朝的覆亡。难怪良弼临死时叹言："杀我者，好英雄也，真知我也……我死，清廷亦随之亡矣！"暗杀产生了强大的政治震撼力。

因此，从总体上看，清末革命党人暗杀活动的积极作用远远大于消极作用。暗杀作为一种配合武装起义或惩办穷凶极恶的反革命刽子手的手段，起到一定的震慑和扰乱敌人的作用。前仆后继的暗杀活动，密切配合了此起彼伏的武装起义，为大规模革命高潮的到来产生了重大作用，推动了辛亥革命的进程。

当然，也应该清醒地看到，单纯依靠政治暗杀的激情，是不能够取得辛亥革命胜利的。政治暗杀对于彻底推翻清廷政权的作用是有限的，必须进行大规模的武装起义才能成事。政治暗杀毕竟不是革命党人反清活动的主流，也不可能真正彻底地摧毁封建专制政体。要推翻封建专制统治，必须以武装起义的方式为主导，辅以政治暗杀的手段。因此，单靠暗杀是不能使封建帝制崩溃的，是难以建立起民主共和政体的。诚如梁启超所言："实力不存，虽日日暗杀，决不足以动政局；实力既存，则无须暗杀，而政局自不得不变。"

对此，伟大的民主革命先行者孙中山先生有着清醒的认识。他尽管在某种程度上赞成政治暗杀，但并没有将革命成功的希望寄托于暗杀，而是将革命重心始终放在广泛的反清革命宣传，及深入发动革命党人进行武装起义方面。

应该承认，孙中山在某种程度上是认同政治暗杀的。他在黄花岗起义失败后，对暗杀问题发表了一段经典谈话："暗杀须顾当时革命之情形，与敌我两者损害孰甚。若以暗杀而阻我他种运动之进行，则虽歼敌之渠，亦为不值。敌之势力未破，其造恶者不过个人甲乙之更替，而我以党人之良博之，其代价实不相当；唯与革命进行事机相应，及不至摇动我根本计划者，乃可行耳。"这段谈话，可以视为同盟会进行政治暗杀活动的总纲领。

在孙中山看来，政治暗杀是革命的一种手段，这种手段只有到了不得不用时方可采用，并且采用这种方式，绝不能妨碍武装暴动；只有当政治暗杀与武装暴动相辅相成之时，才能采用暗杀方式；只有当政治暗杀有助于武装起义而不动摇革命大计之时，才能采用暗杀手段。由此可见，他是在考虑革命大局的前提下，赞同进行有限的暗杀活动的。

这种暗杀理念，在史坚如刺杀广东巡抚德寿时体现已经出来了。史坚如就义前遗书尝谓："记得去年（1899）冬天我奉了孙先生的命令，来广东密谋暗杀"，说明孙中山是支持以暗杀方式策应惠州起义的。据柏文蔚在《五十年经历》中的记载，同盟会成立后，孙中山亲自组建了同盟会暗杀团，并命令孙毓筠回国，谋炸端方。这显然也是为了策应萍浏醴起义而赞同暗杀的。

无论暗杀成功与否，作为那些已经超越时代局限的革命者个人，他们坚韧不屈，百死不挠，以个人英雄主义相激励，声称"人为其难，我为其易"，抛头颅，洒热血，以身殉志，以命酬国，这种英雄作为，令后人扼腕赞叹。

三

值得注意的是，尽管政治暗杀不失为一种有效的革命手段，但它往往可以走向其反面。政治暗杀毕竟只是一种政治手段，是一种政治和军事斗争的工具。暗杀手段并非革命党的专利。革命党人能够采用这种手段对付反动的清政府，而清政府同样可以利用这种手段对付革命党人。在民国建立后，袁世凯收买刺客刺杀了国民党首领宋教仁，张宗昌收买刺客刺杀陈其美，就是典型的例证。

政治暗杀，并没有随着清王朝的灭亡而退出政治舞台，而是愈演愈烈，在民国时期出现了严重的变异：一是尚未掌握全国政权的革命党内部，继续使用暗杀方法来对付不同派系者。1912年初，以暗杀起家的光复会领袖陶成章，在上海被陈其美、蒋介石派人刺杀；1915年底，著名记者黄远生，在美国旧金山被革命党人刺杀身亡。二是执政者利用暗杀手段铲除异己。1913年3月20日，国民党领袖宋教仁在上海，被袁世凯派遣的刺客暗杀，成为当局进行政治暗杀的典型事件。民国时期的暗杀，失去了清末革命党人的正义性，成为民国政坛上消灭政敌最直接的方式。

尽管早年参加了杨笃生的上海暗杀团，参与策划吴樾刺杀五大臣行动，但目睹了民国成立后愈演愈烈的暗杀事件，陈独秀对暗杀的认识有了根本性的变化。1923年初，时任中共中央总书记的陈独秀，对暗杀这种革命方式进行了反思。他冷静地说："暗杀只是一种个人浪漫的奇迹，不是科学的革命运动，科学的革命运动必须是民众的、阶级的、社会的。"他分析说："只看见个人，不看见社会与阶级；暗杀所得之结果，不但不能建设社会的善、阶级的善，去掉社会的恶、阶级的恶，而且引导群众心理，以为个人的力量可以造成社会的善、阶级的善，可以去掉社会的恶、阶级的恶，此种个人的倾向，足以使群众的社会观念、阶级觉悟日就湮灭。"陈独秀的这段文字，可以视为中国早期马克思主义者对于政治暗杀的意见。正因看到了政治暗杀的局限性，中国共产党并没有沉醉其中，而是始终以政治宣传和武装起义为革命的主要方式。

历史发展进程证明，最终推翻清政府的手段还是依靠军队发动的武装起义，这是历史的选择，也是正确的选择。武昌起义之前，两湖地区革命志士就曾经得出"暗杀为个人举动，不足以摇撼全局"的结论。单纯依靠暗杀的激情，革命是不能够取得胜利的。

作者简介

左玉河，1964年生于河南新乡。中国社会科学院近代史所研究员、博士生导师，主要从事中国近现代学术思想史及社会文化史研究。著有《张东荪文化思想研究》《失去的机遇——中国现代化历程的再认识》《从四部之学到七科之学》《中国近代学术体制之创建》《移植与转化：中国现代学术机构的建立》《中国近代文明通论》等。

"妖术剪辫"谣言的泛滥与应对

董丛林

清朝入关后，强迫汉族等其他民族男性改变传统的发型样式而剃发蓄辫，曾遭到强烈的抵制。为压制反抗，清朝统治者有"留发不留头，留头不留发"的严令。汉族官民留辫从被迫到渐成习惯，是逐步舒缓痛苦的过程，也是习俗上潜移默化的改变。一方面，对大众来说通过世代传承对此逐渐接受；另一方面，其政治敏感性也在暗中蓄留保持。剪除发辫，带有不甘做清朝"顺民"的意味，可能被视为"叛逆"治罪，这是被"妖术"剪去发辫谣言造成社会恐慌的主因。所以失去辫子的人通常匿藏形迹，害怕暴露，主要就是担心遭祸。反清者则往往把剪除发辫作为与清朝决裂的最明宣示，像太平天国与辛亥革命志士，都有着这方面的典型表现。借助"妖术"剪除发辫扩大其影响，具有政治符号意义，一旦此谣言扩大，势必引起恐慌。

一、乾隆、光绪朝两次"妖术剪辫"谣言

清代的"妖术剪辫"谣言时起时伏、延绵不绝。最为醒目的有两次，分别发生在乾隆三十三年（1768）和光绪二年（1876）。两次谣言皆流播颇广，并且在传播的过程中不断改造、变异，事

体复杂。

乾隆三十三年的"妖术剪辫"谣言，最初的源头与浙江德清县的一项造桥工程有关。来自海宁和仁和两县的工匠竞争承揽这项工程，结果仁和县的石匠胜出，领工修造。这样一件本来再普通不过的事情，不想被当地慈相寺的和尚恶意利用。因该寺萧条冷落，与其临近的观音殿则香火鼎盛，为与之争竞，寺内和尚便制造谣言，说未揽得修桥工程的海宁匠人，嫉恨之下施行妖术报复，在去观音殿的路上做了法，经由此路去该殿的人会遭祸殃。口播之外，还通过传单等方式宣扬惑众。

谣言很快播散开来，并且不断被添枝加叶，版本翻新，情节纷杂多异。其中就有说，桥桩要用人的头发缠绕才能顺利打下，故有越来越多人的发辫被妖术剪去，并且将发辫丢失与魂魄被摄连同相传，闹得人心惶惶。为求防避，除了少出门和尽量不与生人接触之外，还生出诸多破解"妖邪"的奇法怪招，譬如念诵谣词："石匠石和尚，你叫你自当。先叫和尚死，后叫石匠亡。早早归家去，自己顶桥梁。"（《史料旬刊》）还有在衣服钉上写有奇怪字符的红布条等。像这类谣词和驱妖辟邪的方法，同样作为谣言的内容传播开去。谣言从浙江很快波及江苏、湖南、湖北、山东乃至直隶等诸多省区。

光绪二年的"妖术剪辫"谣言，其发源地是江苏南京一带，具体由头也与修桥直接相关。南京近南门的地方，重修一座破损的大桥，传说"需要有一种特殊的桥桩，必须有一定数字的灵魂支撑桥面石头的重量"，得摄取大量男子之魂，于是在当地造成了莫大惶恐。不过桥修完后，并无人因此死亡，按说谣言应该平息，谁知反而又翻新出"妖术剪辫"的谣言更加传播开来。

据说"有恶鬼拿着剪刀飞驰天空，专剪行人发辫；剪掉辫子是反抗满清的表示，要被当场判处死刑的。妇女们不梳辫子也不能豁免，恶鬼们会剪去她们旗袍的下摆或鞋子的扣带。这些恶鬼附在纸人上，由行妖术者抛向天空，危害人民"。并且，谣言与"洋教"联系起来，说是由教中之人"放纸人上天"。教方当然不认可自做此事，但又不否认"妖术剪辫"的实有，有教士说亲自遇到过剪辫子的奇异事情，"无法解释，有魔鬼参与其事"，譬如，"一天，有男女两孩，忽觉一阵狂风从头上吹过，伸手一摸，辫子没有了，但一参加了迷信活动，被剪去的辫子便会在屋角里找到"（《江南传教史》）。这样的说法自然不但不能有助于止息谣言，反而会起到推波助澜的作用。江苏之外，相邻的安徽、浙江等省，相关谣言也很快盛行起来。

此后数年间，在北方地区包括京城在内仍有呼应延续。有当年居留北京的外国人忆述此际的情形说，"各阶层的所有人们，无论贤愚，也无论男女老幼，都由于兴奋和恐惧而失去了正常理智，各种各样神乎其神的谣言和传说被广为传布，而且人们都信以为真"（［美］何天爵《真正的中国佬》）。其所指"谣言和传说"，主要就是关于妖术剪辫的，并列举出所闻这样一些谣传事例：有人正走在大街上时，自己的辫子突然掉在地上，接着不翼而飞；又有人抬起手想绾起自己的辫子时，却发现它早已不在其位；或是感到自己的后脑勺上一阵冰凉，接着发现原来是辫子与他的头分了家；某人在大街上与陌生人说话，对方突然不见，自己的辫子则随其而去；有人看了某个外国人的小孩一眼，而当那孩子牢牢地瞪着这位中国人时，他立刻发现自己的辫子不见了，只留下一阵头发烧焦的气味，如此等等。

上举两次谣言，按其"中心年份"来说，时隔百余年，显然中间并非"真空"，高潮过后或仍有余波延续，甚至间有"高潮"重起。至于清末义和团时，"妖术剪辫"与其他题材的纷杂谣言混合在一起，更是涌起过阵阵狂浪。

二、不同时代的官方应对

上举两个典型场次的"妖术剪辫"谣言事件，所处时代条件及具体背景各不相同。清朝统治者在对谣言事件的应对上，也显出不同的情状。

乾隆朝那次谣言兴起后，地方官员多持尽量隐瞒、拖延以期自然消弭、息事宁人的态度。可以推想，他们知道在自己的辖区出了这等乱象，而事情又实难查究清楚，上报了被催逼破案不说，弄不好更会被问责追究，岂不是惹火烧身。但事态的发展并不像官员们希望的那样渐弱渐息，相关传言反而如滚雪球般扩大，纸里包不住火，遂有臣工主动上报。山东巡抚富尼汉奏称，他"于五月内闻省城有剪人发辫其人即昏迷之事""以事关邪术迷人，不可不严密查拿，切实根究"，并报告逮获和审讯相关"案犯"的情形，特别是"案犯"提供的如此线索：浙江仁和县僧人吴元，"颇有法术，用迷药弹人之面，其人立即昏迷，乘间剪其发辫，口念咒语，即可摄取其魂"。这使得乾隆帝大为震惊，立即发布谕旨，令相关地方督抚对施行邪术者"严行查办，痛绝根株"（《史料旬刊》），亲自发动并督导了一场持续数月的查办风暴。事涉数省乃至京城，牵连案件多起，大量疑犯人等（多涉僧人、会党、游乞之类）被缉拿审讯，一时间风声鹤唳。

事实上本无"妖术"，追查谣言惑众之人方为有的放矢，而立基于查究"妖术"，自是缘木求鱼。有的官员，如江苏巡抚彰宝奏报辖境内并未发现此等事情，乾隆帝则以"此语不实"（《史料旬刊》）斥之，切责继续严查，甚至处分了不少查办不力的官员。而到头来，"没有一个妖人被抓获（因为他们本来就是子虚乌有），没有一件妖案能坐实，有的只是自扰扰人，造谣诬陷，屈打成招"（刘昶《"盛世危言"——〈叫魂〉读解》）。至当年冬间，这场闹剧也就不了了之。值得注意的是，在这场闹剧中，"剪辫"标志反清的政治意义，并未搁在明面上强调，这层窗纸从君到臣都有意不去捅破，而是心照不宣。这也是当时"盛世"之下社会危机的一种折射反映。当时皇权还能强势发挥，否则乾隆帝怎可凭杯弓蛇影之事就能兴起这样一场"运动"？

及至光绪初年，中国已陷入半殖民地的深渊，国家主权遭受侵害，与外国教会势力紧相牵缠的"教案"成为突出社会问题之一。这时的"妖术剪辫"谣言事件，就直接与教案缠在一起，也与秘密会社有了更紧密的关涉。在处置上，清廷也无法再像乾隆时那样发挥作用，而是以事发地方的大吏为主导。两江总督沈葆桢会同江苏、安徽巡抚在这年八月上旬的上奏中说："邪术煽惑愚民，如纸人剪辫等类，自明以来往往有之，事本不经，术亦终败。第一经传播，愚夫妇辄无故自惊，吠影吠声，愈讹愈幻，奸宄遂溷迹其中，乘机窥伺。"虽然也未全然否定"邪术"实有的可能，但要旨是在防范"奸宄"借端扰害社会。所缉获的剪辫"疑犯"中，有人供述是教中之人或受教堂指使，而沈葆桢等奏中则陈说，以妖术煽惑民众者，"其宗派大抵出之白莲教，其头目大抵出自哥老会，与天主教并无干涉"，也不排除有人"窜名籍中（按：指列名教徒），藉为护符，以售其奸"（《沈文肃公政书》）。从当时处置的实际情况看，相关地方官在惩治会党和其他非教"案犯"之外，也惩治涉案教徒，力求坚持不分民教的"持平"原则。就"妖术剪辫"谣言本身而言，当时清朝官方在对其斥讹辟谣的同时，亦间有发布布告命民防范（越是基层似越明显），而其教用的办法即包括符策之类的巫术、道术，可谓"以邪抵邪"，这自然无助于相关谣言的止息，甚至反而扬汤止沸，火上浇油。倒是结合教案使用的镇压手段，对遏制谣言会起到一定的震慑作用。再就是，在这次谣言事件的处置过程中，官方同样没有在明面上强调"剪辫"的反清意味，也是心照不宣地防范和镇压有"反叛"迹象的"匪类"。

作者简介

　　董丛林，1952 年生，河北盐山人。历史学博士，河北师范大学历史文化学院教授，博士生导师。中国义和团研究会副会长，中国太平天国史研究会常务理事。著有《龙与上帝——基督教与中国传统文化》《晚清社会传闻研究》《曾国藩传》等，发表论文百余篇。

嘉道时期的环境恶化及其影响

朱　浒　黄兴涛

　　清代嘉庆、道光两朝，是中国发生大规模社会危机和社会转型的前夜。这一时期在自然和社会因素的交互作用下，出现了生存环境全面恶化的趋势。这主要表现在四个方面：一是气候异常变化造成对社会经济发展的不利条件；二是水旱等灾害严重；三是人口暴涨、垦荒泛滥等各种因素导致生态系统的严重破坏；四是多种瘟疫频发，且呈恶性流行态势。这些趋势都对此后中国社会的发展产生了重要影响，值得重视。

一、嘉道时期环境恶化的表现

（一）气候异常、冷害频仍

　　16 世纪至 19 世纪中叶（约 1500—1850 年）为全球气候整体变冷的一个新阶段，在中国被称为"明清小冰期"。其中，与嘉道时期大致重合的 1791—1850 年，又是较为寒冷的一段，并且这段时期多次发生较暖期和较冷期急剧转换的波动，造成了降水量极不均匀以及奇寒酷暑交替出现的状况。1815 年，今属印度尼西亚的松巴瓦岛坦博拉火山爆发，更形成了一次大规模的气候突变。火山尘埃弥漫到大气层，大大减少了到达地球表面的太阳光线，引发了此后整个北半球的气温剧降。中国大陆在 1816 年附近发生大型降温振荡，且此后 15 年间一直处于不稳定的气候波动期。

与上述气候异常相对应，嘉道时期频繁出现严重气象灾害事件。自乾隆、嘉庆之交为始，中国大陆的寒冷事件即屡有发生，淮河以南地区以及位于长江和珠江流域的湖南、湖北、广东、广西等省多次降雪，特别是嘉庆十八年（1813）秋间，正值旱灾期间的河南省大部地区又普降早霜，各地补种荞麦尽皆枯萎，大大加重了灾情，人相食之处层见叠出。道光时期，两次发生罕见的特大寒潮，第一波持续时间约从道光十一年（1831）到十三年，第二波发生在二十一年，灾害席卷全国，长江中下游和岭南地区受害尤重。

（二）水灾加剧、灾荒严重

嘉道时期灾荒出现的特有状况，成为清代灾荒演变过程的一个转折点。其主要表现有三：其一，黄河水患达到了前所未有的程度，为咸丰时期的大改道积累了条件；其二，长江水患出现了越来越严重的趋势，成为不亚于黄河的威胁；其三，作为全国经济中心的江南地区，在嘉道时期连续遭遇重大灾害的打击。

从嘉庆朝开始，黄河水患已经大大超过从前。统计嘉庆一朝，黄河共决口 13 次，前期集中在下游黄淮交汇地区，后期则逐渐移向中上游，为患更广。在道光朝前期，黄河一度颇为安澜，然二十一年至二十三年后期连续三年大决口，河患极重。以致直到咸丰元年（1851）之后，"祥符至中牟一带，地宽六十余里，长逾数倍，地皆不毛，居民无养生之路"（《清文宗实录》）。

长江水患在 18 世纪以前尚不甚烈，自乾隆末起则为祸日重。

自乾隆五十三年（1788）长江创下清代空前水位记录的大洪水后，此后长江流域内大水为灾状况即屡见不鲜。道光三年，长江首次发生全流域大水，中下游地区灾情尤重。从道光十年到十四年，长江流域各省连续四五年发生洪涝灾害。二十八年，苏、皖、豫、浙、鄂、赣6省发生大水灾，时称"东南六省大水"。二十九年，江苏、浙江、江西、湖北、湖南暨安徽等省再次发生大水灾，水势"为百年所未有"。经嘉道时期大水屡屡冲击之后，长江中下游向称鱼米之乡者，多为常年泽国。

以太湖流域为中心的江南地区，自明末奇荒打击下恢复元气之后，百余年间未遇大灾，社会经济持续发展，始终是全国经济中心。然进入嘉道时期，江南地区却连遇重灾袭击。经此打击，江南经济形势日趋疲弊。如林则徐曾向朝廷奏称："自道光三年水灾以来，岁无上稔（rěn，庄稼成熟），十一年又经大水，民力愈见拮据。"（光绪《松江府续志》）同治初，李鸿章奏请江苏减赋时亦称："至道光癸未（即三年）大水，元气顿耗，商利减而农利从之，于是民渐自富而之贫。"（陈其元《庸闲斋笔记》）由此可见嘉道时期江南地区灾害严重情形之一斑。

（三）开发过度、生态破坏

清朝统治稳定之后，特别是康乾盛世时期全国人口迅猛增长，至嘉庆二十五年，全国人口已达3.5亿，而道光十四年，更是突破4亿大关。人口暴增，最直接的问题就是人均耕地面积急剧减少，这就造成了极为尖锐的人地矛盾。在传统经济体系的制约下，清代仍然只能主要依靠大力发展农业生产来加以缓解。而这一发展，又主要是依靠扩大垦田面积、推广杂粮作物的种植等方式来实现的。尽管这两种方式对粮食生产起到了很大促进作用，但往往又造成了影响深远的生态破坏。

此种破坏的首要后果，是对山区、丘陵地带的盲目开发，致使广大地区的植被加速衰减。在大量快速增长的人口面前，平原地区很快开发殆尽，大批无地农民成为流民，流入原先人迹罕至的山区，伐林垦山。玉米等杂粮作为适于山地种植的作物，有力促进了此种垦山开荒活动。清初，全国森林覆盖率约为21%，主要分布在广大山地、丘陵地区。而主要因毁林开垦活动，18世纪成为植被加速衰减的转折点，到1850年，全国至少下降了5个百分点。祁连山区、秦巴山区、江南丘陵和南岭地区等原先森林主要分布区的下降，则更为剧烈。

其次，由于大量出现以填湖围垦为主的与水争田活动，对水域系统造成了大范围的破坏。嘉道时期，在广大水域地区，围垦之举在全国范围内出现了变本加厉的趋势，尤以江汉湖区、洞庭湖区、鄱阳湖区及太湖地区为甚。这种与水争田活动的结果是，各主要湖泊水域面积较前出现大幅缩减，从而严重影响了其作为天然水库的蓄泄功能。并且，与垦山破坏森林植被的情况相同，围垦破坏的水域系统也是一种不可逆的环境损失，其结果也往往陷入愈垦愈穷、愈穷愈垦的恶性循环。

由于缺乏规划的大量垦殖，不顾后果地进行掠夺性开发，给生态环境造成很大破坏。过度开垦加剧了水土流失，反过来又更进一步恶化了农业生产条件。山区丘陵地带本属生态脆弱地区，18世纪以来的开发又多属于掠夺性垦殖，凡被开垦之区，表土不久即损失殆尽，缺少植被的荒山秃岭长期无法恢复原貌，形成永久性水土流失问题。而山地丘陵水土流失加剧之际，对河湖滩地的围垦又降低了河湖水域的调节能力，以致河湖淤积的状况亦越来越普遍，从而导致洪水影响地区愈发广泛，甚至造成了不少平原良田肥力的下降。而这种生产条件的严重破坏，最终成为清中叶以后农田生产力明显减退的重要因素。

（四）瘟疫频发、恶疾流行

在人类抵御自然的力量发展到一定程度以后，与水旱等灾害一样，瘟疫的流行，既是环境恶化的表现，也是环境恶化的结果。整个清代，嘉道时期是瘟疫发生频次较高的历史时期，明显高于顺康和雍乾时期。就地区分布而言，几乎遍及全国各地，尤以山东、直隶、浙江、云南、广东和两湖等沿海、沿江及边疆地区为突出。此外，这一时期为害中国人的瘟疫名目繁多，除了常见的天花、伤寒等之外，影响重大的新瘟疫也开始传入国内。鼠疫虽在此时暂未产生重大影响，但也从乾隆后期起在云南地区持续流行。

疫病影响的加剧，其根源正在于嘉道时期社会经济和生态环境出现了重要转变。对瘟疫来说，社会经济一定程度的发展有助于改善社会的医疗卫生条件，从而起到抑制疾疫发生的作用；另一方面，也容易造成环境的破坏和污染，人口流动的频繁，人口规模的不断扩大，同样有利于疫病的滋生和流传。此外，在社会经济比较发达的地区，由于城市卫生机制跟不上人口发展的要求，致使城市污染日趋严重，这也是导致这一时期瘟疫泛滥的原因之一。

二、嘉道时期环境恶化的影响

嘉道时期环境恶化的趋势，对中国社会的诸多方面都产生了重大而深远的影响。

（一）环境恶化一方面与此前经济的非健康发展有关，而同时又反过来，成为导致道光时期经济萧条的一个重要因素

大约从 19 世纪 20 年代起，全国农业总收成出现了明显的下

行态势，粮食亩产量也出现了下降，农民收入相应减少。与此同时，灾荒的频发又对国家财政经济构成了巨大的压力。农业生产力的低迷和国家财政的拮据，是 19 世纪上半叶中国经济衰退的重要原因。正是这一时期，中国经济明显由盛转衰，结束了 18 世纪初以来的长期增长态势。据麦迪森测算，1820 年前一百余年，中国经济的年均增长速度甚至快于欧洲，而在 1820 年之后，中国经济在世界经济中的份额持续下滑，成为世界六大经济体中唯一人均 GDP 下降的地区。

（二）环境恶化在嘉道时期引发的剧烈社会动荡，复为晚清时期更大规模的社会动乱准备了温床

这种社会动荡的第一种主要表现，是小规模的日常社会冲突较康雍乾时期日益增多，并蔓延到广泛的社会层面。由于可利用资源有限的矛盾日益突出，以村落、宗族为单位的械斗、争讼事件，成为不少地方社会中长期难以解决的社会问题。而在灾荒背景下发生的民变、奴变、抢粮、抗捐、抗租、闹漕等现象，更在全国范围内愈演愈烈。

大量人口常因环境恶化导致的灾荒、瘟疫而被迫成为社会流民，又往往因无助、不安和恐慌，而易于接受散布"劫变"的秘密宗教之蛊惑，还有些人口在环境资源的争夺中被挤出了正常社会秩序，流为盗匪，从而成为嘉道时期秘密宗教盛行不衰、匪患丛生难以根治、社会动乱不断发生的持续性背景和社会根源。乾嘉之际的白莲教战争，嘉庆前期蔡牵领导的反清斗争，嘉庆十八年天理教起事，以及湖南、贵州、广东等地苗民、瑶民在嘉道时期的长期战乱，无不与环境恶化和灾荒激化的社会矛盾有着密切的关系。

道光末年酝酿、咸丰元年爆发的太平天国运动，其发生原因

中不仅即蕴含着长期环境恶化的后果，其之所以能够在长江中下游地区迅速发展壮大，同样与该地区在嘉道时期饱受灾荒挤压而形成的社会群众基础关系密切。就连看似与国内矛盾无关的鸦片战争，亦因战争进行期间，黄河连续大决口造成的水灾和财政压力，江浙地区连续遭灾及其引发的社会冲突，对清廷的战事决策产生了不小的影响。

（三）这一时期的环境恶化，对清代地方绅士力量的崛起和民间组织的逐渐活跃，也产生了影响

清朝在国家强力推动下建立起来的荒政制度，在国力全盛的 18 世纪达到巅峰，被称为"盛清模式"。在这一模式下，国家力量几乎无所不包，官府之外的备荒赈灾活动一般作用很小。而乾嘉之际以降，随着国力日衰、吏治日坏，环境恶化造成的备荒赈灾压力有增无减，"盛清模式"日渐难以为继。

反映在备荒方面，首先是仓储建设发生变化。康雍乾时期，备荒仓储体系在国家推动下得到空前发展。迨嘉道时期，官府掌控的常平仓、社仓和义仓日趋衰颓。因此，嘉庆帝、道光帝都转而瞩意于民力，屡屡谕令听民自建义仓、自卫经理，官吏不得经手。此番推动之下，以民力为主的义仓在嘉道时期得到长足发展，尤其是陶澍设计的官为倡办、民为经管的"丰备义仓模式"，成为清代仓储建设中的新气象。备荒方面的另一个明显变化，出现在水利建设之中。嘉道以前，水利工程无分大小，权限一般都操于官府之手，民间不过听命摊派而已。嘉道时期，国家力量集中于大江大河之治理，而小型水利，特别是江南、岭南一带，民力自主经办的情形日渐普遍。

在赈灾方面的一个重要变化，体现为民间赈灾力量日益活跃，作用亦越来越大。康雍乾时期，国家权力在赈灾过程中占据

绝对主导地位，民间赈灾力量一般只能起到辅助作用。大约从乾隆晚期开始，地方官府依靠当地绅士来办理赈务的情况逐渐增多。进入嘉道时期，朝廷、官府对地方社会赈灾力量日益重视，地方乡绅越来越多地介入到官赈事务之中，尤其在南方地区，民间自行赈济的事例亦呈增加之势，甚至出现了一批由中下层绅士、商人转化而来的慈善家。这些由地方人士主办的赈务，与国家开办的官赈相互补充，构成了一种官民共同参与的捐赈体系，进而又成为晚清时期新兴义赈事业的社会基础。

作者简介

朱浒，1972 年生，中国人民大学清史研究所所长、历史学院副院长、教授。主要研究方向为清代灾荒史、近代社会经济史和晚清史。著有《地方性流动及其超越：晚清义赈与近代中国的新陈代谢》和《民胞物与：中国近代义赈（1876—1912）》等。

黄兴涛，1965 年生，中国人民大学历史学院院长、教授，国家清史编纂委员会委员。主要研究近代中国社会文化史、思想史、中西关系史。著有《文化怪杰辜鸿铭》《"她"字的文化史——女性新代词的发明与认同研究》《文化史的追寻——以近世中国为视域》等。

晚清官僚士人的人际交往

赵晓华

官僚士人群体是传统中国知识分子的主体。本文拟对晚清这一群体的人际交往关系做简要的描述，进而从一个侧面阐释晚清社会生活状况及其变迁。

一

概括起来，晚清官僚士人的人际交往活动主要包括：

1. 饮宴应酬、吉庆丧吊及交游娱乐

这些属于官僚士人人际交往中最为频繁的活动。官僚士人之间的互访，除去私人间的交往之外，许多也是因为公事。晚清许多朝廷重臣都在家中办公："国初长官画诺，皆在公署，以其无日不入曹也。自乾隆以后，重臣兼职者多，遂不恒入署。而阅折判牍，移于私宅。且事繁，私宅亦不得见。往往追逐竟日，司官以为苦事。"（震钧《天咫偶闻》）在互访时，一定要遵循相应的礼节。比如，清代一般场合见面都要行请安礼。请安有双腿、单腿之别。屈双膝者为双腿安，凡臣见君、奴见主、卑属见尊亲都要行之。屈一膝者为单腿安，凡寻常相见，不论尊卑皆行之。

吉庆丧吊作为一种礼俗，也是清代官僚士人社交的重要场合。同年之间有人办红白喜事，一般就要集会饮酒，联络感情。同僚之间逢升任、出差及旧僚返京，也要举行宴会或出礼金，这在清代已成官场上的惯例。另外，交游娱乐也是晚清士大夫休闲活动和人际交往中常见的形式。许多年节集会、联谊团拜、红白喜事中都有戏曲来助兴。根据晚清官员、学者李慈铭的描述，同治末年，京中对戏剧的嗜好已达到了非常盛行的地步："都中有梆子腔（传统戏曲之一），惟舆隶贾竖（泛指卑贱的人）听之。一二年来，诸邸有好之者，士大夫遂相率盛行，其价顿贵数倍。衣冠宴会，非此不欢。"（《越缦堂日记》）

2. 诗歌唱和，以文会友

诗歌唱和历来是士人抒发传递情感的重要方式。崇尚以文会友的士人渴望以此交流学问，联络感情。晚清官僚士人诗歌唱和的渠道有很多。同年间的集会常要饮酒作诗，春秋游宴也要相聚会诗，平日间的送往迎来，各种节日庆典，都有诗歌唱和。此外，还有固定的诗社。诗社给士大夫们提供了一个"野寺观花，凉堂读画"的休闲场合和交流机会，在当时士人心目中实"为不可多得之盛事"。

为了防止出现明末士林结社干预朝政的局面，清廷严禁集会结社。与明代带有政治色彩的士人结社相比，在戊戌维新运动以前，清代文人结社多半以单纯的交流学问或举业为目的。为了参加科举考试的需要，许多青年学子取志同道合者立社，定期集会，作诗辞时艺，互相评阅以期提高水平。此外，参加过科举考试者还有按科分的集会，如北京就有常年存在的同年会。

3. 会馆活动

清代在北京及各省省会都设有会馆。会馆是同乡士人联络感情的一个重要场所，提供了多种联谊方式。首先是各种祭祀活动。各地会馆的祭祀对象和每年祭祀的次数不尽相同。如北京吉安会馆规定，每年以清明前三日、冬至前五日为期，知会内外籍在京的士绅、举贡、监生如期举行祭祀。这些活动成为联系乡情的纽带。曾国藩在京做官时，每月朔望都去湖南会馆进香。其次是每年的团拜活动。例如，晚清时浙江官场就有同乡团拜的惯例。各省在浙江做官的人，无论官阶大小，自佐杂直至府道司院，都要会集同乡在正月十五以前择一公所演戏饮酒，团拜费用一般照人公派。此外，会馆还有各种内容不同的庆典、祭奠活动以及送往迎来的宴会。如京官外放、新科进士的庆贺、新科举人进京等，会馆都会举行宴集，以敦乡谊。

二

在娱乐生活较为贫乏的晚清，官僚士人的社会生活基本依循着亲缘、地缘和业缘三大交往渠道展开。通过频繁的人际交往，官僚士人或切磋学业，加强友谊，或陶冶情趣，互利互助。维新运动期间，维新派兴办的各种学会虽然带有鲜明的政治色彩，但在形式上也与官僚士人传统的文人结社具有一定的相似之处。如强学会在形式上就采取了传统的"游宴小集"筹资结会的方式。但是，晚清社会，严重腐败的吏治使得官僚士人之间的交往弥漫着一种腐化堕落的征逐之风。人际交往从寻求友情、交流学问的方式已经更多地变成腐朽的士大夫阶层蝇营狗苟、请托钻营的手段。概而言之，主要包括如下几个方面：

1. 挥霍奢侈，纸醉金迷

晚清官场中花天酒地的宴请应酬早已成为权与利交换的场所。京师饮宴征逐之风之所以列天下之首，其中一个重要的原因就是京官以饮宴征逐作为生财之道，外官也借此作为与京官勾连的桥梁。对于外官而言，需要通过馈赠宴请而在京城广结声援，以求升转，这笔费用是庞大而惊人的。如张集馨任陕西粮道出京留别共费一万七千余金，任四川臬司（按察使）出京留别共费一万三四千金，任贵州藩司（布政使）出京花掉一万一千余金，调任河南藩司出京又花掉一万二三千金，年节应酬及红白事体尚不在其内。这样的应酬费用不可谓不高，难怪外官都视进京为畏途。对京官而言，频繁的应酬也需要十分充裕的收入来支持。然而对于普通的官僚士人而言，其收入又是有限的，有限的金钱多半用于应酬，日常生活中常常捉襟见肘，难以支持度日。以李慈铭为例，光绪三年（1877），他在京支付的饮宴、娱乐、应酬之费将近一百七十两，占其全年支出的一半还多，而他的弟弟是年却在家乡饿死。

2. 送往迎来，公务废弛

饮宴征逐成为晚清官僚士人日常生活中最为重要的部分，公务反而成为次要的东西，连道光帝都知道"文酒之会，为翰林积习"（张集馨《道咸宦海见闻录》）。其实，翰林院如此，其他各部各省也是如此。李慈铭在户部二十余年，很少入衙。户部尚书阎敬铭为求整顿吏风，实行上堂点名，李斥责他有辱士人身份，上书抗议，结果名也不点了。各级官员往往将多半精力忙于迎送，正常的行政事务，如阅公牍、理刑狱、勤操练、严监察等等，反而因为官员无暇顾及而束之高阁。在晚清官场上，送往迎来、酒肉征逐反而成为官僚士人日常生活中最重要的工作。张集馨任陕西粮道期间，凡遇过客皆由粮道承办。每逢过客到境，必然要传戏备席。戏筵散时，"无论冬夏，总在子末丑初"。然后是繁缛的感谢和送别礼节："群主将客送出登舆，然后地主逐次揖送，再著人持群主名帖，到客公馆道乏，又持粮道衔束，至各署道乏。次日，过客起身，又往城西公送，并馈送盘缠，其馈送之厚薄，则视官职之尊卑。"如此奢靡腐烂的生活，无怪乎连张集馨也认为"终日送往迎来，听戏宴会，有识者耻之"（《道咸宦海见闻录》）。

3. 胸无天下，不思进取

在中国传统社会中，士大夫阶层集知识文化角色和职业官僚角色于一身，始终占据着社会生活中的重要地位。与传统士大夫"如欲平治天下，当今之世，舍我其谁也"（《孟子》）的政治责任感相比，同样在国家事务中担当重要角色的晚清官僚士人阶层，则几乎为追逐权力、耽于逸乐的思想所役使。官场奢靡的生活习尚实际上折射出官僚士人阶层的不思进取和日趋没落："晚近士大夫习于声色，群以酒食征逐为乐，而京师尤甚。有好事者赋诗以纪之曰：'六部如砥电灯红，彻夜轮蹄西复东。天乐听完听庆乐，惠丰吃罢吃同丰。街头尽是郎员主，谈助无非白发中。除却早衙迟画到，闲来只是逛胡同。'"（徐珂编《清稗类钞》）与此同时，少数清廉的官吏反而显得与官场奢靡之风格格不入。如与李慈铭同时为官的李用清，安贫厉节，他自己拒绝饮宴，不收陋规，徒步扶榇（棺材）回家葬父，在京时以教授生徒自给。但这样的人却被李慈铭耻笑是"一无才能，惟耐苦恶衣食，捷足善走，生长僻县，世为农氓，本不知有人世甘美享用也"（《越缦堂日记》）。

三

晚清社会是一个处于新旧各种矛盾交替过渡的时代。在整个社会生活趋向近代化的过程中，人际交往的方式、观念等也在发生着变化。总体来看，近代人际关系表现出多样化、外向化、等级观念淡化和交往礼仪简化等特点。在新旧文化观念的冲突和对比下，官僚士人没落的人际交往方式也受到了先进思想家和新知识界的批判和挑战。

维新运动期间，谭嗣同从珍惜生命价值的角度深刻地指出：那种宾客不时、起居无节、酒食征逐、流连忘返于声伎戏剧的生活只能耗人之年。针对社会陋俗，谭嗣同发起成立延年会，订立《延年会章程》，规定了严格的作息时间，其中约定入会者"无故不得请客，无暇不得赴席，不赴不请，彼此皆不得见罪"；在请客筵席的规模上，"只准五簋八碟，不得奢侈无度"；在接待客人方面，约定了每日的见客时间，会客时规定只可言某事之本末，不得牵引他事及无聊闲谈，拖延时刻；在礼仪方面，若是至熟的朋友均不答拜，平时彼此往来，即使生客也不着冠带，只以便衣接待。另外，维新运动期间，维新派冲破禁令，发起各式学会组织七十多个，在观念上冲破了封建专制主义"君子不党"的教条。清末新知识界中各种性质的社团兴起，这些社团注重自由平等的理想追求，以培育国民、输入文明为主要目标，与传统官僚士人带有强烈等级观念、以扩张个人权力为目的交往和集会完全不同。

此外，许多先进的中国人在看到了中西礼仪的不同后，指出清代社交场合中普遍使用的跪拜礼不过是古代席地而坐的产物，历代统治者将其长期保存下来，用以维护其森严的等级秩序，实际上这种礼节不过是"奴隶仪式"，"虚伪习俗"。清末要求废除跪拜礼的呼声很高，并得到了社会各界的热烈响应。1906年1月24日，即光绪三十二年除夕，两广总督岑春煊对下属宣布，从次年正月起，广东、广西两省官员在下级晋见上级时不再跪拜，一律改用"长揖"。辛亥革命期间，广东军政要人在社交中已普遍采用了握手、鞠躬、鼓掌等现代礼仪。民国初年规定，在正式场合，男子礼为脱帽三鞠躬，女子为三鞠躬。非正式场合，男子脱帽致意为礼，女子鞠躬为礼。除此之外，当时的政治文化精英阶层也为革除封建的旧礼俗做了不懈努力。如宋教仁、蔡元培在《社会改良会章程》中列举了36条改良细则，除去上面提到的改革外，还包括："戒除拜门、换帖、认干儿女之习"；"在官时不受馈赠"；"一切应酬礼仪宜去繁文缛节（如宴会、迎送之类）"；"年节不送礼，吉、凶等事不为虚縻之馈赠"，等等。这些内容显示了与旧式官僚士人迥乎不同的人际交往观念。虽然观念的变迁需要一个长期曲折的历史过程，但所有这些表明，伴随着制度鼎革和社会发展，人际交往方式及其观念的现代化变迁已成为不可阻挡的历史潮流。

作者简介

赵晓华，女，1972年生，山西忻州人。中国政法大学人文学院教授。研究方向为中国近代社会史。出版《救灾法律与清代社会》《晚清讼狱制度的社会考察》《中国资本主义萌芽的学术研究与论争》等专著。本选题曾与李文海教授合作发表于《中国人民大学学报》，此次按照《清史参考》体例重新修订刊发。

晚清西餐的传入与中餐的发展

刘志琴

一、中国人接受西餐的过程

饮食在中国文化传承中是较稳定的领域，国有盛衰，代有兴亡，用筷子吃饭数千年不变，与宴饮相联系的某些礼仪程式也很少变化。盛行在西周的乡饮酒礼，上可追溯到三代遗风，下传至清朝道光年间，其敬老、尊长、咨询、议政的古风一脉相承，连酒会的程序：谋宾、迎宾、献宾、旅酬和送宾的礼仪也大同小异。

这种情况到晚清为之一变，一种完全不同于中华民族饮食习惯的西式餐饮开始进入中国。对这陌生的饮食风俗，人们起初是以好奇、猎新的眼光看待，一一记录在案。同文馆的学生张德彝是中国最早的译员，他在《航海述奇》的日记中详细记述吃西餐的程序：每日三次点心、两次大餐。早茶，午饭。清代笔记中屡屡记有怎样用西式餐具刀、叉、勺；入席的座次，男女主人必坐于席之两端，宾客坐两旁，以近女主人之右手为上；进餐的程序，主人执杯起立，相让而饮，继而进肴，终之进点心等等。这说明国人对西餐由陌生、好奇，到喜闻乐道，主要是从菜肴的口感、异味、新鲜着眼。

当时，能尝到西式餐饮的大都是官员、商人和士大夫阶层。追求美味、美食本是中国官场和士人的嗜好，食无禁忌，嗜好异味，是中国饮食文化的一大特色，西餐首先是在他们之中流行开来。

中国人对西式饭菜，初称为番菜，这是沿用"番邦"的传统称谓。到清末国力衰微，吃西餐的多是中外显要人士、巨商大贾和富家子弟，这使西餐成为权力、金钱、地位的象征，因此番菜又称为大菜。

其实，西餐进入中国比中国人吃西餐还要早。19世纪中叶广州、上海开埠后，为外国侨民服务的西餐馆即已开设，主理者也是外国厨师。在中国人看来，这餐具好像刀枪武器，并不欣赏。同治十二年（1873），上海虹口的生昌番菜馆在《申报》上刊载一则广告，广徕顾客，这才意味着西餐进入中国的饮食市场。

西式餐饮从为洋人服务到接待中国宾客，逐渐为国人熟悉，西餐业也随之发展，出身仕宦之家的孙宝瑄在《忘山庐日记》中自述吃西餐有七八次之多。光绪二十一年（1895）上海的番菜馆有吉祥春、万家春、一品春、张园等多家。西餐馆还兼营游乐，正餐、便餐，都很红火。

北京的西式餐馆几乎和八国联军一起踏进这古老的都城，当年数万联军聚集在东交民巷和西什库一带，供应他们吃喝玩乐的场所也相应而起，在兵营的对面就有法国人邦札和佩拉开设的西式小酒馆，不久即扩大门面并命名为北京饭店，后来又被意大利人卢苏收购，把酒馆改成有吃有住，酒吧、餐厅、娱乐俱全的新式饭店，其菜肴、酒水和服务完全按照法国标准，光绪二十九年迁往王府井新址，这就是当今北京饭店的前身。

西餐业真正面向中国市民，那已到20世纪初年。宣统二年

（1910），上海德大西餐社开张，这是为洋人兼为华人服务的德式餐馆，其当家菜"德大牛排"以外焦里嫩、鲜生适口的美味，享誉上海滩。

西式点心和糖果比西餐更早为中国平民接受。道光二十年（1840），上海徐家汇的德昌顺南货店按照洋人的配方，制作杏仁饼，供应教堂，成为招待宾客的上品。咸丰八年（1858），首家面包店在上海开张，为适应中国人的习惯，名为埃凡馒头店。糖果本是国人喜爱的小食品，西式糖果用机器生产，包装精美、卫生、芳香，便于储存携带，受到人们的赞赏。

与西餐配套销售的西式酒水、饮料也进入中国民众的生活。早在19世纪中叶，上海即已有外资公司经销汽水、啤酒、香槟、苏打水。啤酒、香槟初临中国市场时，被人们视为与传统白酒不同类型的别一种酒类，因此称为"别酒"，香槟为"香冰"，汽水则称"荷兰水"。"吾国初称西洋货品多曰荷兰，故沿称荷兰水，实非荷兰人所创，亦非产于荷兰也"（徐珂《清稗类钞》）。随着市场的扩大，中国人对西方商品的了解，对洋货的品牌和出产地才有所分辨。酒水的名称也逐渐规范，分别译为啤酒、香槟和汽水。

这些洋品牌一进入中国就大肆运用报纸刊登广告，广为宣传。光绪三十三年，站人牌啤酒商因为市场上出现冒牌货，不得不在《大公报》上刊登"紧要告白"，给假冒者以上法庭的警告。

二、西餐习俗对国人的影响

西餐无论从形式、内容到进餐的礼仪都与中国人的饮食习惯全然不同，它能顺利地打进中国市场，并不仅仅是崇洋思潮的影响，也因为它对中国人具有特殊的吸引力。

在古人的心目中，以吃喝为主要内容的宴饮，它的意义远在吃喝以外。用宴饮联络宾客、敦睦亲属、亲善友谊是中国人的传统，遇有婚丧喜庆、联谊、册封、庆功、结盟，无不以吃喝为特色。以吃交好，以吃释怨，以饮消愁，都以吃喝为高潮，吃喝成为中国人联络亲朋、整合关系的重要方式。

然而以中式宴饮为交往方式，除了三二知己小酌以外，大宴宾客都是群体性的活动，尊卑有序的程式，拘守进退的礼仪，并不便于宾客的自由交往，有什么私密话也很难避开别人的耳目，而西式冷餐会、自助餐比传统中餐的宴请提供了自由宽松的气氛，更便于交谈，增进联络。晚清以来社会交往扩大，外事活动增多，吃西餐成为待客的新方式。从清末开始逐渐成为中外官员、权贵显要聚会、谈判的重要形式。官场借助西餐酒会进行交际，民间也争相效仿，由官员士大夫和富商大贾带头，西餐馆很快在中国立足、生根。

西餐是对西方餐饮的统称，其实法式菜、英式菜、德式菜、俄式菜等各有千秋，无一不反映不同民族的喜好和特色，这对中国人又是见所未见之事。法国人对什么酒配什么菜都有讲究，海味要配白兰地，清汤需品葡萄酒，野味要与红酒相伴，色拉非得用甜酒，一道道酒配以一道道菜。西餐的口味、制作与中式餐饮大相径庭，但嗜好美食的中国人自古以来就有兼容各种美食的包容度，对西餐也是这样。西式菜很少用油盐酱醋烹饪，大多是原汁原味上桌，调味品主随客便，油盐、果酱、胡椒、芥末、柠檬等都由个人的嗜好使用，进食的宾客各不相谋，更无相互夹菜的习惯。

对这种分食制，人们由陌生而认同：

> 番菜馆为外国人之大餐房，楼房器具都仿洋式，精致洁净，无过于斯，四马路海天春、一家春、一品春、杏林春皆

是也。人各一肴、肴各一色，不相谋亦不相让，或一二人，或十数人，分曹据席，计客数不计席数……向时华人鲜过问者，近则裙屐少年，巨腹大贾，往往携姬挈眷，异味争尝，亦沾染西俗之一端也。（池志澂《沪游梦影》）

更重要的是，从"人各一肴、肴各一色，不相谋亦不相让"的食俗中体会到西方人尊重个体自主的生活方式。这种进餐方式还带来了社交中的平等意识，即使贵为王公贵族，在茶点会上也和宾客一样，都是站着进餐，来的都是客，不分贵贱，这在中国是前所未有的事。

宴请中的平等意识对中国男尊女卑的旧风俗是一大冲击。在西式酒会中男主人带夫人出席，在西方是一种礼貌，可在中国却为社会所不容。光绪四年中国驻英公使郭嵩焘偕同如夫人，宴请英国绅商仕女，在中国官场引起舆论大哗，认为身为朝廷大员携内眷赴宴，男女混杂，不成体统，指责郭公违礼放荡，为此《申报》发表专题评论《论礼别男女》一文，为其辩护说："礼之所以别男女也，泰西未尝泥之而能合礼之本，中人则无不知之，而徒存礼之末。"（1878 年 8 月 9 日）然而群情汹汹，攻讦不已，关键是官员的家眷能不能出席宴会？《申报》又发文《男女相见礼节辨》，盛赞西方妇女的社交礼仪说："中国男女之节至为严肃，以泰西风俗例之，几疑其有小家气，不若西人妇女落落大方也。"（1878 年 11 月 15 日）

直到 19 世纪末，中国还不断重申禁止良家妇女出入茶肆酒楼，成都规定年轻妇女不得进茶馆，后来有开设女座的，但进出之门要与男性分开。光绪十一年上海颁布《示禁浇风》说：

欲正人心，首端风化。妇女入肆吃茶，本干宪禁。……自此次晓谕之后，凡家有眷口者，务各父诫其女，夫儆其妻，毋得再至茶坊烟馆，啜茗吸烟，上遵宪令，下肃闺门。

该店主如遇妇女来肆，尤须引示相告，不令入门。倘敢阳奉阴违，一经查获，定即追提该夫到案，从重惩办。(《申报》1885 年 8 月 6 日)

从该文对妇女呼朋引类出入茶肆的指责来看，妇女在餐馆就餐饮茶已有相当多的人次，否则不会有此禁令。由此可见，西餐的引进对改进饮食风俗，冲淡餐饮中的女性歧视起了一定的作用。

与中餐的丰盛、靡费相比，西餐较为质朴，这对改进中餐的食风也有一定的影响。晚清的京师宴饮之盛行，吃请之繁多，已到了令人生厌的地步，有人以《京师宴会之恶习》为题，揭示："京师为士夫渊薮，朝士而外，凡外官谒选及士子就学者，于于鳞萃，故酬应之繁冗甲天下。嘉、道以前，风气犹简静，征逐之繁，始自光绪初叶。"

随着西式餐饮被中国人认可，与之相应的西方饮食的一套科学管理办法也在中国得到推广，光绪三十三年卫生局在《大公报》上通告居民：

为晓谕事：照得饮食中最要紧的是水。水不净则病生，水不开则腹泻。本局屡次出示，告知你们吃水的方法，想你们总晓得了。现在雨泽稀少，河水浅落，水中毒虫甚多，最好是吃自来水。但是吃河水的也不少，不得不将吃水的办法，重提一遍。凡吃河水，须用白矾澄清，过一昼夜，烧二十分钟，方可取用。要是不烧开了，轻的闹痢疾，重的闹霍乱。就是自来水，亦要烧开了再吃，要紧，要紧。所有开水铺的，做荷兰水的，皆是卖水的生意，务要遵照前法办理。如果用水不净，或而不开，此是有心害人，本局随时查验。一经查出，从重罚办。(1907 年 6 月 6 日)

装饰华丽、服务周到的各色饭店，其兼营吃住玩乐的综合经营在中国日益受到欢迎，西餐业的兴旺有力地推动了中式餐饮的革新。

三、餐饮业经营的旧俗与新风

晚清以来随着商品经济的活跃，各地区交往日益频繁，大量人口流向城市，生活需求趋向多样化，这给各种菜系的交流和竞争提供了前所未有的环境和机遇。现代广告、包装手段的引进，一批批新式酒楼茶舍的开办，促进了饮食业的兴旺。在首善之地的北京和经济繁荣的上海等地荟萃了苏、川、鲁、粤四大菜系，争奇斗艳，在饭馆、酒楼、茶舍密集的大都市首先突破单一的经营模式，吸收西餐的长处，对中餐进行改良，开创了饮食经营的新格局，这一新格局又扩大了人际交往和新风尚的传播。

海派菜的兴起与上海大都市的形成相得益彰。海派，本是指上海艺术界新流派，它以吸收融会其他艺术形式，丰富京剧的表演而见长。由于京派长期居于正统的地位，所以把这一新流派称为海派，最初还含有某种贬义。其实海派并不局限于文艺界，也是一代新兴城市的社会风貌在广大居民的物质生活中生动的表现。海派菜系是海派文化渗入民众的生活方式，并构成海派文化的重要组成部分。

上海开埠后，中外商人云集，饮食业迅速发展，有上海菜馆一二百家，到20世纪初已是遍地开花。

海派菜的特点是善于吸收各家之长，它以水乡的苏式菜和海滨的宁波菜为主，兼融本邦菜与风味菜于一炉，创造出不中不西、亦中亦西的新品种，在操作方式和调味用料方面都有改进。例如用西式方法烹制昌鱼、吉利明虾，既保持了西式菜的鲜嫩，又有中国菜的入味，这比一般的西餐更适合中国人的口味。别具一格的"和菜"更是上海餐馆的独创,它把冷盘、热菜、大菜和汤水组合在一起,按档次分组配套供应,价位可高可低,既有实惠又不少花样,从而满足了各种层次的市民需要。

快餐式的便饭经营有多种形式,如三餐可外送的包饭作、露天的饭摊、串街走巷的饭篮等。在大众消费中出现一批物美价廉的海派风味菜,如肉炒百叶丝、清炒鳝糊、腌笃鲜、草鱼粉皮等,还有一种盖浇饭,在饭上浇上带汤汁的时菜,按份出售,贫富皆宜,还有各式炒饭、炒面、生煎馒头等等。中餐、西餐、名菜、家常菜异彩纷呈,平民百姓的应季时菜月月翻新,上海因此被誉为是"吃的世界"。

中国人本是善于吃、精于吃的民族,但在这吃的世界里从明代以来就有一股为了满足口腹之欲而不择手段虐待动物的现象,古人称为"虐吃",如炙甲鱼、啖猴脑、烙鹅掌等,间有反对的,也很微弱。难能可贵的是,在清末民初的上海民谣中就有善待动物的呼声,一首《田鸡怨》道尽了田鸡的哀愁。

与上海邻近的南京菜、淮扬菜也受此影响,南京的金陵春模仿上海老一枝春,淮扬菜融汇南方的鲜脆甜嫩和北方的色浓、偏咸,在不同程度上做到中西兼味,南北相宜。尤其是时令水鲜的烹调鲜嫩清醇,淮扬菜肴用料的规矩是,醉蟹、风鸡不过灯(节),刀鱼不过清明,鲥鱼不过端午。取料精良,刀工细密,一条鱼可以整用,也可以切成块、片、丝,剁成茸,头、尾、中段、肚、肠、肝、舌、皮无不可烹制成佳肴。配菜讲究色调,春季多秀色,夏季主清淡,秋季多绚丽,冬季主浓彩,美味还配以栩栩如生的花卉、鱼虫、人物的镂刻,色香味具备,著名的蟹粉狮子头、拆烩鲢鱼头、菊花青鱼、翠珠鱼花、清煮干丝等等都脍炙人口。这些上品菜肴不论在大馆子还是小馆子,都有档次不同的制作,所以海派菜并非都为富人享有,它在制作上的精致化和大众化这两方面都有相应的发展，这是晚清市民饮食的一大变化。

北京菜的制作素以老字号著称，六必居的酱园创建于明嘉靖九年（1530），王致和创建于清康熙十七年（1678），烤肉宛在康熙二十五年，天福号的肘子始于乾隆三年（1738），月盛斋在乾隆四十年，鸿宾楼建于咸丰三年（1853），全聚德在同治三年（1864）。著名的饭馆有八大居、八大楼，如广和居、同和居、和顺居、恩承居、福兴居、春华楼、安福楼、正阳楼、致美楼等。这 16 家饭馆中鲁菜馆就有 13 家之多，鲁菜中又分胶东（东派）和济南（西派）两派，东派注重本味，西派专长厚味，两派都以汤鲜味美见长，在爆、炸、扒、烧、熘中兼有脆嫩清香的特色。京味菜中清真菜别有风味，其以回民菜为主，兼收其他菜系的制作方法，推出清真和菜系列，有八大菜、八小碗、十六碟之说，高中低档俱全。但是与南味食品北上相比，京味菜南下而成功的并不多，这与经济中心南移不无关系。

京味菜的改良也具有平民食品精致化的特点。以炒肝为例，它本是白煮的猪下水，这是北方的家常菜，后经《北京新报》负责人、美食家杨曼青的改进，精心烹制，用酱色勾芡，并请著名艺人捧场，打造了一个全新品种的小吃。北京平民饭馆有一个特殊的名称，叫"二荤铺"，即只售两种荤菜：猪肉或羊肉；或是肉与下水。汉民饭馆称"大教馆子"，回民饭馆称"隔教馆子"，价廉而物美。

运用新的管理机制，是饮食店增强竞争力的重要环节。北京鲁菜馆吉升馆的发迹，就是得力于经营者有一套严格的管理规章，同时又对店员的切身利益至为关切。菜馆的东家和掌柜每年新春都要对店员进行家访，预先供应全年粮菜和生活必需品，年终在工薪中结算，使店员无后顾之忧，安心工作，所有小费收入概入账柜，按月发放给厨师、账房、跑堂和伙计，东家和掌柜分文不取。此举深得人心，调动了从业人员的积极性，全店上下齐心协力，切磋技艺，周到服务。在经营方式上不拘一格，上得豪华店堂，下得平民厨房，不论是日常销售，承办筵席，送售订购，提盒卖饭，都能做到老少无欺，诚信不二。在常客当中，遇有人事纠纷，这里又成为诉讼调解的会谈之地，店家往往参与调停，缓和矛盾，平息风波，由此在社会上颇有好评，生意愈来愈好，名声远振，连京津、胶东和东北等地的同行都慕名来访，社会名流联翩品尝佳肴。

京城是首善之地，传统的饮食风俗有根深蒂固的基础，民间专操红白喜事的"大棚厨子"，在民众中的名声不在大饭店、洋酒楼之下。为了保持与同行的竞争，厨师中形成地域性的组织和一些特殊的帮规行话，如油称"漫"，香油即香漫；糖称"勤"，红糖即红勤；酱油称"沫字"，黑酱油即"黑沫字"；盐称"海潮字"；即使简单的数字如一、二、三、四、五、六、七、八、九，也用"日、月、南、苏、中、隆、星、华、弯"来代替，如要买 35 条鱼，就说成"混水字南中着"。厨师进了大棚，眼观六路，耳听八方，随时用行话与伙伴传递信息，如说一句"漫大联儿浪荡着点儿"，就是"炒这个菜油加大着点儿"；说一句"漫大联沫着点儿"，就是要"这个菜油小着点儿"；如说"这个人可娄"，就是说"这个人狗狗松松"，意思对这人要小心点儿；厨师若要大便了，说成"吊桥"，小便说成"碎呼碎呼儿"，据说这是为避开主人的刁难和趋吉避凶。还有什么祭灶吃会、拜师仪式、茶馆人市（劳务），都有成套的帮规行话，简直是一个小小的独立王国，由于缺少文字记载，早已鲜为人知（唐济泉《老北京的"大棚厨子"》）。

与京城相邻的天津津菜得益于商业大都会的地利，在清末民初发展到鼎盛，甚至超过北京。大型饭庄有 30 多家，高楼大厦，陈设华丽，远胜京师。津菜精于调味，百菜百味，各有千秋，尤其擅长煮汤，如用鸡鸭肉调制的三合汤；烹调白色菜品用焖白汤；清亮如水、浓郁鲜醇的高汤等等。

与海派地区不一样的是，京城是政治中心，饮食文化具有伦理政治化的传统，用菜名表述民众的好恶，别有一番情趣。唐代长安用炒三丝即乌鸡皮（黑色）、猪皮（白色）、海蜇皮（粉色）切成三丝，隐喻三个贪虐成性的暴吏：左台侍御史王旭、监察御史李嵩和李全交。南宋的油条又称油炸桧，以表示对奸臣秦桧的痛恨。在清末有所谓"总理衙门"的菜名，据周作人回忆说："民国前北京有一道菜叫'总理衙门'，其实就是蛋花汤，也叫木樨汤，意思是指混蛋，嘲讽清末总理衙门的官僚昏愦胡涂。"（《谈吃小录》）

京派、海派饭店、酒楼经营的新格局，对全国的饮食业起了示范的作用，对苏、川、鲁、粤四大菜系的制作、服务和销售都产生了一定的影响。

在西餐进入中国之际，中式饭馆在海外的发展也形成规模。早在乾嘉时期，18 世纪的欧洲就已兴起中国文化热，中国的园林、陶瓷、书画、漆器等工艺品倾倒了许多宫廷贵族，但真正达到雅俗共赏并普及到民间的当首推中国饮食文化。华人从移民美洲开始，多以开饭馆谋生。其菜肴大都是华人的家乡菜潮汕菜，在用料和制作方面力求适应西方人的饮食口味，如在配菜中除去西方人不习惯的黑木耳，仿效西餐馆的环境和装潢，有的还配以乐队伴奏。美国旧金山的中餐馆和烧腊店用贱价买进美国人废弃的猪下水进行深加工，做成美味的卤菜和各种烧粥，营业兴旺，几十年不衰。中餐馆在美国又称杂碎馆，这名称的由来，据说是李鸿章出使美国时，用中餐招待美国官员，其中有一道用肉和瓜菜煮的美味，大受称赞，引得美国人追问这是什么菜，李鸿章的随员随口说，这是中国人常吃的杂碎，从此就有了"杂碎"一词，并上了英文辞典。中餐在英国、法国、荷兰、意大利等国家也深受当地人的欢迎，不断扩大营业，生意兴旺。

中餐在东南亚一带发展很为可观，这里是华侨聚居之地，早在光绪五年英国旅行家伊莎贝拉就注意到在新加坡和半岛马来西亚的华人社会普遍依恋中国饮食，大量从中国进口猪油、粉丝、咸菜、腊肠、火腿、各种肉食罐头以及中式饮食器皿，在许多地方形成华人的"食街"，那里密集许多中餐馆，诸如鱼生粥、萝卜糕、炒面、椰肉丝等各式小吃都在市面上卖得很火。食随人行，中国人走到哪里，哪里就有中餐馆开张，中国的饮食风俗就传播到哪里。

中式餐饮对欧洲最重要的贡献是豆腐制作工艺的输出。豆腐是中国饮食中独特的创造，在西方作为正式营销并进行规模化生产的首创者是留法人员李煜瀛。他是清政府军机大臣李鸿藻的儿子，光绪二十八年留学法国，先后在巴斯德学院和巴黎大学从事生物研究。20世纪初欧洲奶牛爆发传染病，牛奶受到污染，奶制品价格猛涨，万国牛乳公会召开国际会议商讨对策，李煜瀛代表中国出席，提出以豆腐和豆浆作为牛奶代用品的建议，引起了与会者的兴趣。光绪三十三年，他在巴黎创办豆腐实验室，并申请到专利，次年成立欧洲豆腐公司，下设制造所立即投入生产。这时欧洲出现一些素食主义者，提倡"食植物者较食动物者寿长而体健"的观念，并开设了"植物食料饭馆"。欧洲人从嗜好肉食到重视素食观念的变化，给推广豆制品提供了难得的商机。传统的豆腐制作是用石膏或卤水点卤，有苦味，不适应欧洲人的口感，李煜瀛的豆腐实验室经反复实验选用西方制奶酪的技术，用乳酸菌制成新式豆腐，消除苦味，受到欧洲人的欢迎。这是中国人在 20 世纪初以先进的科学工艺改良传统食品进军欧洲市场而获得成功的创举。

所以，在西餐进入中国市场的同时，中餐也稳扎稳打地打开了世界市场，在晚清出口商贸中独树一帜。

作者简介

刘志琴，女，1935 年生，江苏镇江人，1960 年毕业于复旦大学历史系，现为中国社会科学院近代史研究所研究员，撰有《中国文化史概论》《晚明文化与社会》《商人资本与晚明社会》《晚明史论》《张居正评传》等论著，主编有《近代中国社会文化变迁录》以及《中华智慧集粹》《都市潮》《百年变迁》等丛书。

"中国红十字会"称谓的由来及其演变

池子华

一、1904 年之前即有"中国红十字会"之称

1904 年（光绪三十年）3 月 10 日，上海万国红十字会成立，标志着中国红十字会诞生。但"中国红十字会"的称谓，在此之前就已经存在。

1898 年 8 月 26 日，《申报》曾刊登《中国始创治修医学堂招考生徒兼创中国待成红十字会卫生学报》的广告，称中国虽然出现很多大中小学堂，但缺少医学堂，因而创设治修医学堂，培养医疗卫生与救护人才。又鉴于中日甲午战争中，"各国红十字会咸来救治阵伤兵士，堂堂中国仰面求人，有志者引以为耻"，因此拟联合各省"善人医士，创成中国红十字会"。这说明，中国红十字会的称谓，至迟在 1898 年 8 月就已经出现在报端。

1900 年，八国联军侵华战争爆发。为救助北方落难同胞，上海著名绅商、慈善家陆树藩等，于当年 9 月在沪发起成立了"中国救济善会"，声明遵循"外国红十字会之例，为救各国难民及受伤兵士起见"。同时，按照国际惯例，照会驻沪各国领事，得到认可，领有护照，受交战各方的保护。在救护行动中，不仅严

格遵照国际红十字会的基本精神行事，而且使用了"中国红十字会"的称谓。据报道："凡善会执事之人，登列名册，衣上有红十字记号，洋文写明'中国红十字会'执事人字样，外人不得仿照"。救助行动行将结束之时，陆树藩还起草了"筹创中国红十字会启"，拟"筹办红十字会，以垂永久"。虽然没能如愿，但"中国红十字会"的称谓，已渐渐广为人知。

二、并行不悖："上海万国红十字会"与"中国红十字会"

1904 年 3 月 10 日，为援救遭受日俄战争蹂躏的东北难胞，在沈敦和、李提摩太等慈善家奔走呼吁下，中、英、法、德、美五国驻沪代表在上海集会，发起成立上海万国红十字支会（"万国"，即国际之意，"支会"，即分会，以与瑞士总会相区别）。17 日，正式定名为"上海万国红十字会"。

上海万国红十字会虽然是五国合办，但因"在中国地方创始承办，中国遂永有红十字会主权"。中国红十字会由此诞生。

显然，"上海万国红十字会"是"合办"时期规范的称谓，但这并不意味着"中国红十字会"这一称谓的销声匿迹。

创建独立自主的中国红十字会，一直是中国有识之士的夙愿。因日俄战争事起突然，"仓猝不能成立"中国自己的红十字会，只能临时抱佛脚，"故用万国红十字会之名义"。1904 年 6 月 13 日，吕海寰、盛宣怀、吴重熹在致袁世凯电文称，将从政府所给帑银 10 万两中，拨出 5 万两，作为"开办中国红十字会经费"。同时，嘱沈敦和、任锡汾、施则敬等起草《中国红十字会章程》。7 月 12 日制定的《上海万国红十字会暂行简明章程》中称："至中国红十字会章程，应由华董另拟，呈候咨部核奏，请旨饬行，合并声明。"这个"合并声明"，毫无疑问，意在说明五国合办上海万国红十字会的同时创建中国红十字会的事实，不然，"另拟"《中国红十字会章程》，岂非多此一举？在红会历史资料中，我们也可以看到这样的记载："本会成绩昭著，中外同称，政府特发帑银十万两，以为补助，并特派驻英公使张德彝到瑞士，加盟于日来弗条约，本会至此改名为中国红十字会。"驻英公使张德彝受命赴瑞士"补签"《日内瓦公约》是 1904 年 6 月 29 日之事，虽然没有足够证据表明"上海万国红十字会"改名"中国红十字会"，但在与日、俄交涉中，使用中国红十字会名号普遍而寻常，如："俄使称中国红十字会在辽西所设医局，切勿用外国人"；日人小田切"来信言日前承面商上海中国红十字会，欲在满洲救护难民之事"；"复小田切信言，接奉来函，贵国于中国红十字会未能慨然允许，甚为怅然"，如此等等。作为经办人的盛宣怀 1911 年 10 月 25 日在追溯红十字会源流时也说，日俄战争期间，"臣正在沪选举董事，设立中国红十字会，邀集中西绅商，募捐筹款，并钦奉懿旨，颁发帑项十万两，饬令遴派员绅，赴东三省，将战地被难人民救援出险，分别资遣留养。"这里，盛宣怀所用名称为"中国红十字会"，而非上海万国红十字会。

在民间，同样有以"中国红十字会"为称者，如 1904 年 6 月 8 日《申报》报道："念中国红十字会创办伊始，爰将筵资洋一百元移助善举为诸亲友祝福等语。"同年 9 月 12 日《申报》还报道了"朱丽山用过生日收的礼金和准备请客的饭钱共一百元，进助中国红十字会善举"之事。甚至因上海电车屡酿伤人事故，1906 年 11 月上海商会致函上海道台，建议由中国红十字会设立救伤所，以便救治，函称："妥定章程，并商中国红十字会设立救伤所，实为德便也。"在这里，中国红十字会显然是作为一个"实体"而存在的。

换言之，上海万国红十字会某种程度上等同于中国红十字会，至少这两种称谓可以并行不悖。

三、中国红十字会的"自立"与"易名"

流行的说法，1907 年中国红十字会改名"大清红十字会"，这是一个误解。"易名"是有的，但不是 1907 年，而是 1910 年。

上海万国红十字会时期，"中国红十字会"的称谓虽然经常见诸报端及外交文献中，但囿（yòu，局限）于五国"合办"，其"独立性"未能彰显，直到 1907 年合办之局的终结。史料记载："洎乎一千九百零四年创立之万国红十字会解散后，中国会员遂于上海开会，议决另行组织中国红十字会，以为久远之计。适商约大臣盛宣怀驻沪，遂公推为会长。一千九百零七年盛大臣（盛宣怀）将组织会务情形奏达朝廷，当奉谕旨，准照办理，并派盛大臣为会长。其时本会并未请领敕旨书，亦未订立规章，故其范围未见推广。"这段史料来源于 1912 年中国红十字会向在美国举行的国际红十字会第九次大会提交的《中国红十字会中央部赴会报告》，抄件存于《吕海寰往来电函录稿》，属于追溯性质，但毕竟距离上海万国红十字会解散的时间不远，记忆"失真"的概率极小，因此可信度高。它说明：（1）上海万国红十字会解散后，上海绅商举行了专门会议，决定将已经存在的"中国红十字会"正式化；（2）因盛宣怀恰巧在沪，遂公推为会长；（3）组织会务情形由盛宣怀上奏朝廷，也就是 1907 年 7 月 21 日吕海寰、盛宣怀联衔上奏《沥陈创办红十字会情形并请立案奖叙折》，希望能够"立案"得到官方的批准；（4）因为没有订立规章，自立后的中国红十字会影响范围有限。不言而喻，上海万国红十字会终结之时，也就是中国红十字会"自立"之始。

《沥陈创办红十字会情形并请立案奖叙折》所称"今中国红十字会成立",毫无疑问是上海绅商为中国红十字会"正式化"所举行的专门会议,遗憾的是,具体时间不详,在没有确切的资料证实之前,我们不妨把 1907 年 7 月 21 日奏折上达之日作为中国红十字会转型走上自立之路的标志。不管怎么说,中国红十字会在上海成功转型,实现了"华丽转身"。

既然走上"自立"之路,"中国红十字会"作为被官方、民间广泛认可的正式名称而被接纳,冠冕堂皇,没有任何疑问。如1908 年《申报》发布的《中国红十字会招考医学生广告》、1910年《上海中国红十字会医学堂告白》《上海中国红十字会医学堂添招新生军》等,就是很好的说明。不过这种局面,在盛宣怀被朝廷正式任命为会长后被打破。

1910 年 2 月 27 日朝廷发布上谕"著派盛宣怀充红十字会会长"。盛宣怀因此又成为政府任命的首任会长。

盛宣怀出任会长后,做出"易名"的惊人之举,把中国红十字会这一传统名称,改名为"大清红十字会"。他为了迎合清政府,3 月 13 日咨行礼部,以中国红十字会系遵旨开办,应行奏请添铸"大清红十字会"关防(相当于官方印鉴),以昭郑重。4月 30 日,外务部咨复,告知"大清红十字会"关防已缮模具奏。6 月 5 日,"大清红十字会"关防正式启用。6 月 7 日,盛宣怀以"钦命红十字会会长"的名义,以关防启用照会驻华各国公使、领事。延续多年的"中国红十字会"由此改称"大清红十字会"。

四、回归"中国红十字会"

1911 年 5 月 20 日,盛宣怀与英、法、德、美四国银行团签定《粤汉川汉铁路借款合同》,出卖路权,激起民愤,酿成汹涌澎湃的"铁路风潮"。由此引发辛亥革命的风起云涌。陷于内外交困中的清政府视盛宣怀为罪魁祸首，10 月 26 日发布上谕，以"盛宣怀受国厚恩，竟敢违法行私，贻误大局"，革去包括大清红十字会会长在内的所有职务，"永不叙用"。

10 月 24 日，也就是盛宣怀被罢免的前二天，沈敦和抛开大清红十字会，重新回归"中国红十字会"的传统称谓，在上海发起成立"中国红十字会万国董事会"，不分敌我，以中立的立场，开展辛亥战事的救援行动。

11 月 13 日，也就是盛宣怀被罢免的第 18 天后，清廷颁发谕旨，"命前外务部尚书吕海寰充中国红十字会会长"。同样放弃了"大清红十字会"的名称，重新回归"中国红十字会"。这一"正名"，实际上等于对沈敦和此前抛弃钦定的"大清红十字会"另行组织"中国红十字会万国董事会"这一既成事实的承认，同时又可以名正言顺地对"中国红十字会万国董事会"施加影响。尽管清政府否定自我的"正名"有其居心，但有利于红会内部关系的调整。

辛亥革命推翻了清政府，建立了中华民国，翻开了中国历史新的一页。整个民国时期，虽然在名称上存在"中华民国红十字会"与"中国红十字会"之间的反复，但 1932 年 12 月 6 日国民政府公布《中华民国红十字会管理条例》，1933 年 6 月 3 日行政院长汪兆铭、内政部长黄绍竑、外交部长罗文干、军政部长何应钦、海军部长陈绍宽联衔以训令的形式颁布《中华民国红十字会管理条例施行细则》，之后"中华民国红十字会"成为规范的主流称谓。12 月 7 日，中国红十字会于上海正式启用"中华民国红十字会"关防。尽管在《中华民国红十字会章程》中有"定名为中华民国红十字会，简称中国红十字会"之规定，"中国红十字会"的名称仍在延续，但已经不是官方称谓。

1950年8月2日至3日，中国红十字会协商改组会议在北京召开，这也是新中国成立后中国红十字会第一次全国代表大会。大会通过了《中国红十字会会章》，9月6日中央人民政府政务院批准公布。《中国红十字会会章》，共六章25条，对中国红十字会的名称、性质、宗旨、任务、标志、会址、职权、责任、分会设置等做了明确规定。其中第一条明确"本会定名为中国红十字会"。自此，"中国红十字会"作为规范的称谓，一直延续至今。

这一名称的演变，是中国红十字会风雨历程的写照，跌宕起伏中折射出中国红十字事业发展的坎坷和不平凡。

作者简介

池子华，1961年生，安徽涡阳人。苏州大学社会学院教授、博士生导师，历史研究所所长，红十字运动研究中心主任。出版著作《中国近代流民》《曾国藩传》《张乐行评传》《晚清枭雄苗沛霖》《中国流民史：近代卷》《流民问题与社会控制》《红十字与近代中国》等20多部。

清末彪蒙书室与"实在易"白话文教科书

王　星

五四运动让白话文彻底改变了中国人的语言世界，而早在清末就有一个专业教育出版机构致力于用白话文编辑各类教科书。成也白话，败也白话，在教科书发展史上，彪蒙书室以其独特的编辑风格留下了浓墨重彩的一笔。

一、候选知县的愿望

世事多难，清末政权已经举步维艰。此时的杭州城里，一名候补知县举人的生活并不如意。钱塘施氏多为文学大家施耐庵的后人，此时的施崇恩时运不交，候补遥遥无期，只能在杭州城六克巷内的族学教学为生。即便如此，施崇恩身处沿海城市，得益于接触西方文化的先机，他已经认识到中西方之间的差距，"处此万国交通，学术竞争之时代，为我黄种谋生存，中国图富强，惟有通国之人相率入学读书而已"（《彪蒙初等小学国文教科书序》）。

因为资料缺失，我们并不知道早年的施崇恩在学堂里做了些什么，但是在光绪二十八年（1902），他所在的施氏彪蒙学校，已经不同于一般的学堂，在《拼句法》和《白话解字》的封面上，可以发现"新编各种蒙学课本发行""板经存案　翻印必究"的印章，结合书口"杭州蒙学课本"的字样，我们大致可以推断，这个学校已经为整个杭州城提供着蒙学课本。

《拼句法》和《白话解字》是什么书呢？我们不妨通过《拼句法》中的序言《作拼句法缘起》来了解一些真相。这篇施崇恩写于光绪二十八年四月的文字，今天读来朴实无华。"现在我们中国，各处开设学堂，把各种的实学，件件讲究起来。这是我们中国兴旺的气象。但是要讲究各种实学，总要先会看书。看书这句话，却不是容易的。就现在而论，莫说十岁左右的孩子，不能看书。就是那十三四岁的人，能够看得懂浅近书的也很少。此是什么缘故呢？仔细想想，等是没有文法书的缘故。我如今看到外国启蒙的法子，真好极了。"序言虽然还是竖排，但全文以白话写就，断句则以空格标示，全然不同于同时代的书籍行文。

《拼句法》作为启蒙课本，从两字拼句法到八字拼句法止。如两字拼句法"人　圣人　贤人　人品　人情"；八字拼句法"法　法则　变法则　改变法则　改变法则难　改变法则不难　要改变法则不难　如要改变法则不难"。这是在教授学生组字成词、组词成句。施崇恩以电报与信局、自来火（火柴）与火刀火石做比喻，表明自己编写书籍的目的："我做这种文法书，就是这个贪图快霎便当的意思。下次还要想出一个法子，把虚字的真义讲他出来，使小孩子习几个月，便能明白。我的主意，总要使十岁里的孩子，能够看书。到了十岁外，便可讲究各种实学，使人人都成大有用的材料，把中国兴旺起来。到那时候，我们中国，岂不是大有体面么？"（《作拼句法缘起》）

大约半个世纪后，茅盾先生在《我的小学时代》中写道："回想起《速通虚字法》编者和画者实在了不起：它的例句都能形象化并且有鲜明的色彩。例如用'虎猛于马'这一句，来说明

'于'字的一种用法，同时那插画就是一只咆哮的老虎和一匹正在逃避的马；又如解释'更'字，用'此山高，彼山更高'。这么一句，插图便是两座山头，一高一低，中间有两人在那里指手划脚，仰头赞叹。"而这一本《速通虚字法》，正是施崇恩发愿"下次还要想出一个法子，把虚字的真义讲他出来"的杰作，他甚至还在封面上印上"二十日可通中国文法书"的字样。

大约在 1903 年前后，施崇恩在杭州正式成立了彪蒙书室，专门从事蒙学用书编辑。不久后，又在上海棋盘街开设了总发行所。这里是当时国内新式教育出版机构的集中地，彪蒙书室能立足于此，可算在全国的蒙学书籍出版界取得了一席之地。

二、鸿篇巨著"实在易"

彪蒙书室正式成立后，以编辑出版"最初级各种蒙学要书"为己任。由于有杭州施氏彪蒙学校的基础，很快就有各类出版物上市销售。一炮打开市场的作品，是《绘图识字实在易》。最早版本的《绘图识字实在易》出版于光绪二十九年，封面都有绘图，洋洋二十期，每期都不一样。这套书有着明确的编写目的：凡例第一条，"做这种书的人，因为我中国识字的人很少，便想出一个容易识字的方法，要使我中国的男男女女大大小小，无一个人不识字，无一个人不知道字的用处"。

作为识字书，作者认为"中国的字，约有数万。其实有用的字，不过数千，最常用的字不过数百。这种书中所拣的字，仅仅三千有零，均是有用的，凡生僻古怪无用的字，一概弃去"。另外，基于编写的需要，所有字还分为实词和虚词两个大类，其中虚词中"至于然而所以之乎者也"等，专门归出，编辑成《速通虚字法》一书。因此，在该书中，虚词较少。因为实词虚词作为基本分类，《绘图识字实在易》的编辑体例就不能够与其他同类识字课本类似，借用语法动词、名词等分类，而是按照"天""地""人""物"分成四类，按期分别编写。

《绘图识字实在易》售价并不低，每册需大洋一角二分。后来所出的合订本，二十册打折后仍需大洋两元。即便这样，《绘图识字实在易》还是销售火爆。不久后，经京师大学堂管学大臣鉴定，此书得到了"启蒙开智，具见苦心"的八字批语，成了官方认定的蒙学堂识字用书，被列入全通行教材，市场销售更是火爆。《绘图识字实在易》几乎页页有图，凡例说"字不画图，不容易明白。但画图这要识字的人看得懂，亦不必太深。这种书上的图，所以最浅最显，遇有难画的物事，这在他的用处上画出，因为画他的来历，反不容易懂了"。基于这种理念，所配的图片，较之以前流行的识字课本如《澄衷蒙学堂字课图说》等更加贴切、生动。更大的特点则是注释。全书采用白话解说和文话解说两种，图文在一起的是白话解说，更容易让学生理解。而每册书后，对每一个字又附有文话解说，保存了古文古义，且按照《说文解字》，注上了反切音释。

《绘图识字实在易》立足在白话的简易，以"实在易"占领了市场，紧接着又推出了一系列同类课本。在教科书出版历史上，彪蒙书室成了一家特立独行的机构，其课本不以"教科书"或"课本""读本"命名，而是"实在易"！到1909年，施崇恩依托彪蒙书室，先后出版《速通虚字法》《造句实在易》《论说实在易》《虚字实在易》《习字实在易》《算学实在易》《地学实在易》《商务写信实在易》《蒙学卫生实在易》等蒙学用书，迅速发展为上海滩上一家较有实力的出版机构。根据学者钩索，彪蒙书室共出各中小学用书不少于75种，绝大部分都以白话文为特色。

三、是非成败皆“白话”

彪蒙书室的成功，是一种课本编写新理念的成功，对当时教育的影响较为深远。多年后，朱自清先生给《文心》作序时提及：“记得在中学的时候，偶然买到一部《园课蒙草》，一部彪蒙书室的《论说入门》，非常高兴，因为这两部书都指示写作的方法。”《论说入门》是继《论说实在易》之后更贴合学制需要的课本，仍然坚持白话文，前后共出了四集，达 12 册。

“白话”课本的成功，给施崇恩带来了更强的信心。《绘图中国白话史》和《绘图外国白话史》也被编写出来，较之以艰深的古文，这两种书上市之后，受到了清末学堂的欢迎，流传极广。一系列的白话课本在全国流行，越来越多的小出版机构开始盗印彪蒙书室的书籍，鉴于此，施崇恩向清政府请求对书籍进行版权保护。光绪三十一年五月开始，彪蒙书室的书籍上出现了版权示谕。在这篇文字里，清政府对彪蒙书室的书籍多加肯定，“如《绘图识字实在易》一书，上年呈请京师大学堂鉴定印行，销售各埠。其余如《速通虚字法》《中国白话史》等均已风行蒙小各学堂”。

作为一个传统的儒士，尝到成功喜悦的施崇恩，对经典书籍具有特殊情感。加上《钦定学堂章程》颁布之后，对经学又有所重视，于是对传统四书五经的再加工被提上了彪蒙书室的出版日程。1905 年仲春，彪蒙书室正式发行《绘图四书速成新体白话读本》，全书共 16 册，作为蒙学修身及读经科教科书。在该书的“白话序”中，编者认为：“其实四书句句是教做人的法子，能够明白他的道理，真是终身受用不尽。”“若是一味呆读，全不讲解，从何处见得好处呢？”“我们做这种四书的解说，不过借此开些风气，实际用开导顺势的法子。我想要开我国的风气，还是顺了他的势做去，或者可望成功。并不是一定要劝人呆读四书呢！"

显然，施崇恩在序言中已经注意到四书的实际作用，他并不是要按照统治者的目的去背死书，而是通过新的编辑方法，学习四书中有益于修身的内容。在八条凡例中，编者更是表露出希望借新编经学教科书宣扬西学的目的。细读书中内容，很多东西被巧妙进行了处理。例如解释《大学》中"在明明德"的"德"字，编者将之解释为"德律风的德"，所谓"德律风"实际就是电话机，书中还专门配上了打电话的图片。将四书内容与当时较为先进的电话技术相连，几乎可以说是奇思妙想了。

《绘图四书速成新体白话读本》将西学知识融入经学释义，解读经义时附会新的知识学说，这样的做法颇受开办新式学堂的人士欢迎，此书一出版，全国各地新学堂大都选用，据资料记载，奉天辽阳州所属小学堂读经一科甚至皆用该读本教授。开始时，清政府也将此书列入版权保护行列。然而，随着学部成立，旧学宿儒成为教科书审查的主力。他们通读此书，渐渐发现不对味。他们发现，新式学堂用这类白话教科书，孩子所学多以西学为填充，远非传统经学经典本意，所教内容甚至可以被称为是离经叛道。1909 年（宣统元年），学部再次审查全国教科书，在审查彪蒙书室所提交的白话文教科书时，认为这些书籍是维新派曲解经义的做法，"实足误学童而滋谬种"。该年 6 月 3 日，学部正式咨照各省督抚，查禁除《绘图蒙学卫生实在易》之外，彪蒙书室编纂的所有教科书，成了当年轰动一时的禁书案。

由于绝大部分教科书被查禁，彪蒙书室损失惨重，经此打击，之后的几年，几乎一蹶不振。即便如此，彪蒙书室所编写的白话文教科书正版书无法存世，各地的盗版却查禁不绝，依然被各地新式学堂所采用。没过几年，清政权轰然倒塌，从此彪蒙书室的白话文教科书也便无所谓查禁了。民国之后，彪蒙书室将一些白话课本进行了改编，再次出版，仍然行销各地。新文化运动兴起，白话课本逐渐成为小学主流，彪蒙书室缺乏创新，日渐衰微，最终湮灭于历史舞台。

作者简介

王星，笔名郑重。1980 年生，江苏无锡人。毕业于淮阴师范学院中文系，现任教于江苏省太湖高级中学。主编《高中语文读本》《志鸿优秀教案》丛书。

清末女子修身教科书：燃起腐朽
帝制下女性解放火种

王世光

19 世纪末，随着"男女平等""女性教育"等文明观念的传入，近代意义上的女子教育，在清末的中华大地上缓慢萌芽，中国人自办的女子学堂在民间逐渐兴盛起来。于是，一系列专门为女子学堂打造的新式女子修身教科书应运诞生。直到 1922 年，中华民国政府确立了不分性别、男女同校的单轨学制，女子修身科也随之废除，女子修身教科书才基本上淡出历史舞台。

一、千呼万唤始出来

面对重视女子教育的呼声，1902 年（光绪二十八年）清政府颁布的第一个学制"壬寅学制"无动于衷。直到 1904 年，"癸卯学制"才第一次有了回应，有了相关的条文。但它把女子教育限定在家庭教育范围，实际上仍将女子教育排除在正式的学制系统以外。不过，它明确提出了"刊布女教科书"的做法，要求各省学堂从《孝经》《列女传》《女诫》《女训》以及《教女遗规》等书中摘取"最切要而极明显"的内容编辑成书，每家散发一本。这种"女教科书"虽然不是在学堂使用，但有两点值得注意：一是主要取材于传统女学读物；二是其内容以修身为主。

显然，这种做法不能满足女子教育发展的需要。一些女子学堂纷纷依照新学制设置课程，其中就包括了修身课程。众多出版机构也积极为这门"新课程"量身打造了女子修身教科书。在一浪高过一浪的朝野呼吁下，也为了有效控制业已蓬勃发展的女子学堂，清政府于1907年颁布了《学部奏定女子小学堂章程》和《女子师范学堂章程》，才第一次将女子教育正式纳入国家学制系统。章程对女子修身课程进行了规范，并明确规定师范学堂的修身教科书，必须根据经训并荟萃《列女传》《女诫》《女训》《女孝经》等书。它还规定，如果参考、借鉴外国教科书，吸取的内容不能违背中国风教。依据日本教科书编译的作为《女子师范讲义》丛书之一的《修身学》，大概就是在这样的背景下产生的。学部不但对民间编的女子修身教科书进行审查，而且还命令其下设的学部编译图书局编辑出版了代表官方立场的《女子初等小学修身教科书》。

二、犹抱琵琶半遮面

尽管清末女子修身教科书拥有一个看起来很时髦的名称，这张面纱依然无法遮掩传统女学读物的容颜。有些女子学堂直接采用传统女学读物作为修身教科书。如锟记书局出版的《绘图女学修身教科书》，就是古代《女儿经》中的一种，只是换了带有"修身"字眼的书名，加上插图，个别字句做了改动。甚至像《女子二十四孝图说》这样以轮回果报为基础的充满迷信色彩的劝善书，也曾经作为修身教科书使用。即使那些以宣传新思想、培养新女性为目的的女子学堂，在相当长一段时期内也采用传统女学教科书。显然，要编纂出新式的女子修身教科书，并不是件能一蹴而就的事情。无论从编著者们自身的学养积淀，还是从社会大众的观念更新，都需要一段时间的积累。

当然，还要考虑当时整个社会大环境的因素。我们说，学校课程和教科书其实就是明天的社会，它必须回答"教育要培养什么样的人"的问题。而在清末的中国，"女权"这个话题才刚刚进入人们的视野。无论家庭分工，还是社会职业结构，当时女性的实际地位与以往相比并没有实质的变化。所以，清末的女子修身教科书仍然要面对传统女学读物所要解决的问题，即培养什么样的女儿、妻子、母亲，以及女子应该具备什么样的品格（德），应该怎么说话（言），应该如何举止、打扮（容），应该做什么（功）。既然这个社会主题没有发生根本改变，女子修身教科书想要有大的改观，也是不太可能的。

从教科书内容的编排来看，清末女子修身教科书要么以人物为中心来编排，要么以德目为中心来编排，这两种基本的编排方式，至少可以分别追溯到《列女传》和《女诫》。一些教科书的逻辑结构也明显受传统女学读物的影响，比较典型的是邵廉存编的《官话女子修身教科书》，这套教科书共三册，主题依次是"女教""妇道""母仪"，这也是传统女学读物常见的逻辑结构。

三、青山遮不住　毕竟东流去

虽说如此，大清末年的女孩子们手捧的那本修身教科书，还是有与众不同之处。毕竟，这是腐朽帝制摇摇欲坠的最后一刻。毕竟，"维新"与"革命"的春雷已经唤醒了女性解放意识。这些意识，也丝丝缕缕地散落在清末女子修身教科书中，使之开始摆脱传统女学读物的羁绊。

与传统女学读物相比，清末女子修身教科书有了新的变化。一方面，教科书设置了一些反映时代要求的新德目，如"公德"

"尚武"等。另一方面，教科书在素材的选择上不再局限于中国，最为典型的是许家惺编的《最新女子修身教科书》，其中有"拿破仑之妹""法孝女路意慈善养盲父""英女王维多利亚""西国女孩爱物之习惯"等内容。同时，清末女子修身教科书也或多或少带有清末女性解放思潮的印记，主要表现在以下几个方面。

首先，重视女性教育。清末女子修身教科书对女性教育重要性的认识一般都写在序言或凡例当中，不过也有教科书直接写在课文当中。例如，谢允燮编的《最新女子修身教科书（官话）》，头两课课文《女学原因》《兴女学》就强调了女性教育的重要性，认为"女子为国民的母"，"有了好母，方有好子"，"女学兴，人材就多了，人材多，国就强了"。又如，许家惺在其所编教科书的首篇课文中宣称"女子教育为国家存立之基础"。这就把女子教育的重要性上升到保种、保国的高度。

其次，主张废除缠足。废除缠足的呼声古已有之，清末女性解放思潮再次呐喊"废除缠足"。即使比较保守的教科书，也受到这一思潮的影响。例如，《绘图女学修身教科书》虽然不过是一种改头换面的《女儿经》，但其中个别字句的变动值得注意，以前广为流传的"裹了足，不因好看如弓曲，恐他轻走出房门"悄然变成了"不裹足，裹了足儿伤身体。从前裹足因何事，恐他轻走来拘束"。有的教科书还运用历史故事来说明缠足的危害。例如，谢允燮就举例说，明末张献忠破四川时把女人的小脚割下来堆积成山，这是女子脚小奔逃不及的缘故。这种说教颇有些吓唬小女孩的味道。

第三，鼓吹婚姻自由。随着西方自由思想的传入，自行婚配的观念也影响到中国，并渗透到清末女子修身教科书中。例如，谢允燮在教科书中对比了中西方不同的婚姻观，并说到婚姻自由的好处："我们中国旧俗结婚，全凭媒人做成，爹娘作主。西国没有这个道理，听凭男女自己择配，谓之自由结婚。倘对中国人自由结婚，人家就以为无耻。但细想起来，自由结婚的男女，各自情愿，又彼此知道脾气，似乎容易和睦些。"当然，这种倡导婚姻自由的言论在清末女子修身教科书中比较罕见，冒有一定的政治风险，因为清政府认为，婚姻自由的主张是"放纵自由之僻说"，"务须严切屏除"。

第四，呼吁男女平等。在男女平等尚未成为常识的情况下，让人们认同它需要有充分的理由。当时的教科书一般从生理结构上寻找男女平等的依据。例如，许家惺在教科书中就指出，"男女脑质无优劣"，在思维上，男女各有所长，"男长于推理，女长于速悟；男长于任艰巨，女长于理繁密"，并强调一些女子的智慧还超过男子。有的教科书则指出男女不平等的重要根源之一就是女子缺乏教育，而不是男女智力上有差别。例如，邵廉存在教科书中说道："我们中国的女人，除会些刺绣习点烹调外，其上等的，亦不过懂几句诗词，所以识量狭小，往往不明大义。那知女人心思材力与男人同，难道男人要求学问、明道理、干事业，女人可不必吗？"这些表述无疑都凸显了男女平等的主题。

最后，倡导经济独立。清末女子修身教科书不仅重视人格独立，更重视经济独立。例如，沈颐、戴克敦编的《女子修身教科书》有《自治》一课，谢允燮编的教科书有《女子宜自食其力》《自立》两课。这方面最为典型的大概是何琪编的《最新女子初等小学修身教科书》，其中《谋生》一课说："妇人多坐食，此为最恶习。蚕吐丝，蜂酿蜜，鸡犬尚知自觅食。女子犹是人，人可不如物？"这套教科书不仅讲妇女自立的道理，而且讲妇女自立的故事，如课文《刘凝之妻》《吴彩鸾》。这两位妇女自立的途径已经超越了传统女学读物的藩篱。刘凝之妻是通过做生意来实现自立的，而吴彩鸾更是凭借笔墨谋生。经济独立是人格独立的基础，教科书编者敏锐地抓住了女性解放的钥匙。

和当时其他修身教科书一样，清末女子修身教科书大多也都是一些薄薄的小册子。这些小册子就像千层饼——传统女子教育思想以及洋务派、维新派甚至革命派的女子教育思想按照不同比例层累起来。也可以说，这是不同思想力量在女子教育领域博弈、妥协的结果。例如，许家惺编的教科书原本三册，《学部奏定女子小学堂章程》颁布后，他不得不依照章程增编一册，其中近半课文都是讲贞操节烈的内容。清政府对教科书内容的严格监控，削弱了新思想对女子修身教科书的渗透。

"青山遮不住，毕竟东流去。"清政府也无法完全拒斥代表时代潮流的新思想。在维护稳定的前提下，部分新思想写入女子修身教科书也为官方所接受，如禁止缠足、反对坐食、提倡公德等，只是婚姻自由、参政议政仍在严禁之列。尽管教科书中的新思想在措辞、论述上还显得十分稚嫩，甚至有悖学理，但是，就是这些薄薄的小册子，将女性解放的火种撒播到学堂，让人在帝国斜阳中看到了新的希望。

作者简介

王世光，1975 年生，满族，辽宁宽甸人。历史学博士，人民教育出版社副编审。

《清代北京竹枝词》史料新识

李 乔

"闲谈不说《红楼梦》，读尽诗书是枉然。"读过《红楼梦》的人，特别是研究过《红楼梦》的人，都知道这句脍炙人口的诗，也知道这句诗反映出清朝人喜读《红楼梦》的情况。但这两句诗是我们通常所说的"古典诗词"的"诗"吗？不是的。准确地说，它是竹枝词。其出处，是清朝人得硕亭写的竹枝词《草珠一串》。由路工编选的《清代北京竹枝词》（含十余位作者的十三篇作品，北京古籍出版社出版）收入了这篇《草珠一串》。

自古及今竹枝词的数量不知凡几，但汇编成书的并不多，季羡林曾说："有关竹枝词的专著或论文数量极少，引以为憾。"关于北京的竹枝词也出版得不多，王灿炽编纂的《北京史地风物书录》仅录有二十余种。路工的这本竹枝词史料价值相当高。

一、一部清代北京社会风俗史料集

人们熟悉的唐诗宋词，从内容上说可谓包罗万象，似乎宇宙和人世间的方方面面都可以入诗，但竹枝词的内容却有自己的侧重。《都门杂咏》的作者杨静亭谓："竹枝词者，古以纪风俗之转移，表人情之好尚也。"词家唐圭璋说得更具体：宋元以降的竹枝词，"内容则以咏风土为主，无论通都大邑或穷乡僻壤，举凡山川胜迹，人物风流，百业民情，岁时风俗，皆可抒写"（邱良任《竹枝纪事诗·唐序》）。

竹枝词作者的目光多在社会中下层的凡人俗事，然也兼及军国大事的侧影和波澜。翻览《清代北京竹枝词》，凡人俗事及军国大事会一起跃入眼帘，但从史料学上说，这些竹枝词主要是一种社会风俗史料。若用民俗学的眼光看，它还是上好的民俗学资料。史家瞿兑之谓，竹枝词描写时世风俗，"最为社会史料珍品，独惜散漫未经整理耳"（《北梦录》）。《清代北京竹枝词》是一本整理过的竹枝词，亦即一部清代北京社会风俗史料集。

试举几例。杨静亭《都门杂咏》将所吟社会现象分为若干"门"，有"风俗门""对联门""翰墨门""古迹门""技艺门""时尚门""服用门""食品门""市廛门""词场门"等，每"门"之下包括多首竹枝词，分咏不同的事物，如"市廛门"含"大栅栏""花儿市""东西巷""茶叶店""灯市""雀儿市"等多首。这些"微观史"题目的竹枝词，涵盖了社会风俗史的许多方面，是研究这些方面历史的有价值的史料。"大栅栏"一首云：

> 画楼林立望重重，金碧辉煌瑞气浓。箫管歇余人静后，
满街齐响自鸣钟。

可见当年大栅栏商业繁华之盛况。佚名《都门竹枝词》云：

> 公会筵开白昼间，嗷嘈丝管动欢颜。新排一曲《桃花
扇》，到处哄传四喜班。

可见晚清"四大徽班"之一的四喜班在京城演出《桃花扇》的盛况。《桃花扇》是一出包含浓厚"亡国之痛"情绪和"夷夏之防"思想的戏剧，能在天子脚下大演特演，可知晚清朝廷对防范"夷夏之防"思想已远不如清初时严厉。这既是一条珍贵的清代演剧史料，也是一条满汉关系史和清代政治史的珍贵史料。

二、帝都史之留影

清代北京是帝都，竹枝词也带有浓厚的帝都色彩，这是外方竹枝词所不具备的。这些竹枝词可谓"帝都史之留影"。

京城在天子脚下，气派恢宏，所谓"无人不有，无物不有，无事不有"。《草珠一串》云：

> 帝京景物大无边，梦笔生花写不全。时尚土风朝暮改，年年沧海变桑田。

言帝都之气象与帝都之变迁。

北京万方辐辏，有"人海"之称，杨米人《都门竹枝词》云：

> 晴云旭日拥城闉，对面交言听不真。谁向正阳门上坐，数清来去几多人。

此为典型的京都景象，人山人海，摩肩接踵，即使对面交谈，也听不清对方在说什么。

北京是官宦和各省科考士子汇聚之地，同乡会馆（试馆）云集。《燕台口号一百首》云："团拜同年兴便增，传单分子乐应承。长安会馆知多少，处处歌筵占绍兴。"同年科举考中的士大夫每逢喜庆团拜之日，便在会馆里大张宴席，观剧庆贺。这种会馆里的官宦风习，为京师所独有。

京官穷，俸禄不敷生活之用，便设法捞钱，此为清代官场一大怪现状。佚名《都门竹枝词》云：

> 最是长安居不易，京官一例总清贫。算来还是郎曹好，到底多分印结银。

京官总体清贫，但侍郎、郎中一类官员，毕竟还能多分一点"印结银"（给同乡签署担保书获得的收入）。

以上这些吟咏京师独有事物的竹枝词，是典型的"帝都史之留影"。

京味竹枝词有一个重要特点是政治气息浓厚。史家顾颉刚在《北平歌谣续集序》里说："北平是旧日的国都，这地方的人民和政治的关系比较密切，感触稍多，所以常用时事编入歌谣，不似他处的不知有国。……如曹吴段张的打仗，如执政府的接活佛，都已编入歌里。"（李素《北平的歌谣》，载梁国健编《故都北京社会相》）顾先生所说的虽是民国时的北平，但清代北京的情况也一样，因为成因相同。

清代北京人，包括士大夫和一般平民，对于宫廷政治、国家政情的知晓，有一种"近水楼台"的便利，长期的耳濡目染，使他们对政治时务比较敏感，这种特点反映到竹枝词作者笔下，便是北京竹枝词中有许多吟咏国家政情的篇什。例如，佚名《都门竹枝词》几乎全是写官场，《都门纪变百咏》全是写义和团和庚子国变，《京华百二竹枝词》几乎全是写维新变化。

三、清代时尚的记录和讥刺

记录和讥刺流行时尚，是竹枝词的一大功能，是其词吟咏风土的一项重要内容。调侃、谐谑和嘲讽，是竹枝词常用的笔调。清代北京竹枝词的这种笔调要比外地的竹枝词浓重。

同是写时尚内容的作者，怀抱的志趣可能不同。有的只是为自娱，有的则怀有移风易俗之志。后者的作品常用嬉笑讥刺笔调，写出来有点像讽刺诗。《都门杂咏》的作者杨静亭、《草珠一串》的作者得硕亭，都属于后者。写吟咏时尚的竹枝词，必须眼光敏锐，善于观察，擅长写这类竹枝词的作者，多少都有一点新闻记者的潜质。

《清代北京竹枝词》收录了很多记录时尚的竹枝词，如《京华百二竹枝词》集中记录了清末维新、"西风东渐"的景况。开篇词云：

> 大清宣统建元年，事事维新列眼前。闲写竹枝词百二，可能当作采风篇。

明确说这一百二十首竹枝词，是以朝廷的维新措施及所带来的社会变化作为采风、吟咏对象的。如咏新军军服：

> 定章军服精神好，旧式冠裳可弁髦。试看知兵两贝勒，不穿短褂与长袍。

谓新军穿上了西式军服，军威雄壮，掌兵的两位贝勒爷穿上新军服后面貌一新。咏新女性：

> 或坐洋车或步行，不施脂粉最文明。衣裳朴素容幽静，程度绝高女学生。

维新后的京城女性，特别是女学生，人身更加自由，服饰趋向淡雅，封建礼教的束缚开始被挣脱。

杨静亭《都门杂咏》专门设置了一个"时尚门"，吟咏京城流行的各种时尚。"眼镜"一首云：

> 方鞋穿着趁时新，摇摆街头作态频。眼镜戴来装近视，教人知是读书人。

因戴眼镜的多是读书人，读书人受尊敬，所以有人便假装近视眼，也弄来一副眼镜带着。"行医"一首云：

> 满墙贴报博声名，世代专门写得清。怂恿亲朋送匾额，封条也挂御医生。

墙上贴满宣传自己是名医后代的广告，请亲友当"医托"送匾额，还自夸当过御医，这是当时民间医生的生意经。

四、慷慨忧愤的响箭

读《清代北京竹枝词》的作品，感到不少作者是忧国忧民、愤世嫉俗的人。社会的不平，腌臜的世相，当道的腐朽，外敌的侵凌，都在他们笔下有所揭露、嘲讽和抨击。

有的竹枝词作者颇具胆量，讥刺之笔直指官府衙门。《草珠一串》云：

> 衙署如林认弗全，缙绅未载数千员。就中岂乏丝纶选，
> 不尽庸庸费俸钱。

谓衙署太滥，冗员太多，单是《缙绅录》漏载的官员就达数千之众。又谓官员中并非没有人才，但庸碌素餐之辈实在太多。又云：

> 做阔（原注：京师名学大气派者曰做阔）全凭鸦片烟，
> 何妨作鬼且神仙。闲谈不说《红楼梦》（原注：此书脍炙人口），读尽诗书是枉然。

这是一首学界风气讽刺诗。讽刺京城有些大牌学者摆架子，吸鸦片，虽看着像神仙，实则离鬼不远矣。又似暗讽士人中流行的一种风气——以能侃《红楼梦》为逞才的标志，而正经诗书读得好却不算本事，似有一点"读红别忘读诗书"的劝学味道。

吾庐儒的《京华慷慨竹枝词》充满了慷慨激昂的情绪，一首首带刺的竹枝词，像是响箭，刺痛污浊，警醒世人。"外务部"一首云：

> 犹冀功高曹利用，谁言心似张邦昌。勋名直越史弥远，
> 忠爱何如石敬瑭。

讥讽晚清政府的卖国嘴脸，谓外务部的官僚，貌似想学拒绝割地，促成"澶渊之盟"的曹利用，实则心肠犹如卖国求荣的张邦昌、史弥远和石敬瑭。

清末兴起了不缠足运动，但北京的妇女偏于守旧，放足行动迟缓。兰陵忧患生《京华百二竹枝词》云：

> 坤鞋制造甚精工，争奈人多足似弓。庚子已过尚依旧，几时强迫变颓风。

注文云："以北京首善之区，放足之风，仍未大开。庚子岁以缠足致累，尚在目前，事过辄忘，积习中人，一深至此。"作者忧患意识极强，感叹本是首善之区的北京，庚子国变之后放足风气仍未大开，以致制作精良的新式女鞋卖不出去。词中强调"庚子已过"，是感叹京城妇女明明在事变中因缠足加重了伤亡，而事变过后，却仍是三寸金莲。诗人叹息、忧愤，对卑劣之习深重的国民抱以深深遗憾。

五、义和团史料一束

《都门纪变百咏》是专门吟咏义和团运动和庚子国变的专题作品。从中可看到许多在正史中难见的历史细节，特别是能看出一般北京居民对义和团的一些感受和看法。作者在每首词后面都加了注文，有助于深入了解史实。

开篇词云：

> 初起山东号义民，忽延保定忽天津。俄惊辇下纷纷遍，真似神仙会驾云。

注文云："团民起于山东、直隶接壤之处，延及保定、天津，今年三月间，流入京师，胁从益众，踪迹飘忽，相传有驾云之术。"不须读专门史书，单从这几句简略的诗句和注文中，便可约略了解义和团的起源地、发展路线、迷信状态和朝廷反映。

又词云：

> 才过杨村半日程，一千精锐泰西兵。赴援无计通前路，

陷入重围不放行。

注文云："西员续调救援使馆之洋兵，由天津入京，行至杨村左近，被团民围住，不能前进，仍回天津。"从天津驰援北京使馆的上千名精锐西兵，被英勇的义和团包围、吓退了，这是义和团的一次大胜利。这次战斗在义和团史料中不乏记载，但记入竹枝词，则易于流传，能起到鼓舞人心的作用。

又词云：

> 洋气须教一例除，先烧电线火轮车。琉璃河接长辛店，此是鹏程发轫初。

注文云："五月一日，拳民……焚拆琉璃河、长辛店一带铁路，并毁电杆。"此为义和团盲目排外的情况，凡带洋味的东西，都要毁掉，京郊琉璃河、长辛店一带的火车、电线，首先被毁。

又词云：

> 烧香供水喊连天，白混青皮一气联。吓杀人家小儿女，纷纷罗拜大门前。

注文云："自五月十六日起，每至夜分，满街喊声大作，令各家烧香供水，其势汹涌，居民大惧。"此言团民命令京城居民为自己提供饮水，并焚香为神拳事业祷祝，但他们说话粗野，呵斥百姓，吓得百姓直下跪，一些地痞流氓也跟着起哄捣乱。这种细致入微的历史记录，在义和团史料中是稀见的，特别是京城百姓对团民行为的反应，更是少见的史料，因而十分珍贵。

人们多知义和团团民中有红灯照，其实还有黑灯照。

> 军中有女气难扬，天使神兵便不妨。寡妇娇娃齐奋勇，红灯挂后黑灯张。

注文云："团中有所谓红灯照者，均以十四五岁闺女充之，衣履皆红色，相传能避火炮。黑灯照，则皆青年嫠妇也。"红灯照、黑灯照，皆女性团民，红灯照由未婚女子组成，黑灯照由青年寡妇组成。一般认为，红灯照得名于其手提红灯笼，那么黑灯照便是手提黑灯笼了。黑灯笼不多见，然确有之。

六、鲜为人知的史实

好书必须细读，细读《清代北京竹枝词》，可以发现不少鲜为人知的史实。这些珍贵史料，许多掩藏在诗句后面的注解中。若诗、注兼读，所记历史情况可以一目了然。试举《京华百二竹枝词》里的几例。

其一，今日的正阳门外，楼宇新造，马路平阔，惜无树木花草，清末则于大道两旁植杨柳，种马缨花，似成一林荫道。词云：

> 正阳门外最堪夸，王道平平不少斜。点缀两边好风景，绿杨垂柳马缨花。

注文云："正阳门外，马路平坦，两旁栽种杨柳、马缨各树，红绿相间，映带鲜新，往来行人，乐而忘倦。"清末正阳门外的这一景象，若非写入此词此注，恐怕早已湮没无闻了。当时市政当局竟有如此绿化之举，难能可贵。

其二，现代交规不许违章停车，清末北京似已有此萌芽。词云：

> 一平马路真如砥，信步行来趣更奢。眼底耳根两清静，从今不见破骡车。

注文云："马路既修以后，车辆不得任意停放，从前骡马驴诸车，不得复见，两边车马之声，遂绝于耳矣。"马路一修好，便规定畜力车不许随意停放路边，因之行人走马路更加通畅，噪声之类问题也有了改观。

其三，北京何时开始有公厕？何时开始有清理污秽的环卫车？清末也。词云：

> 粪盈墙侧土盈街，当日难将两眼开。厕所已修容便溺，摇铃又见秽车来。

注文云："各街遍修厕所，不准随意便溺。街巷禁止倾倒秽物，备有车辆，装载居民粪土，以摇铃为号，人皆便之。"北京居民古时习惯在墙根儿便溺，在街道上随意倾倒粪土垃圾。清末市政当局在北京普遍修建了公厕，设置了清污的"环卫车"，随意便溺等状况遂有了改善。

其四，谁都知道菜市口是清代京城刑场，戊戌六君子便殉难于此。此刑场是何时废弃的？为何废弃？词云：

> 当年弃市任观刑，今日行刑场筑成。新旧两般都有意，一教警众一文明。

注文云："自前明即在菜市刑人，本朝仍之。每遇刑人于市，行者观者，动为塞途。今于斗鸡坑地方建筑刑场一所，门墙室宇，颇为高宏，既益卫生，复合文明之举。"废弃菜市口刑场后，建筑了一座新式刑场，封建性的杀鸡吓猴的"弃市"，进化为相对文明的行刑。这是中国法制从野蛮走向文明的一个重要事件。

上述这类鲜为人知的史实，书里还有一些。何以会出现这种珍贵史料被忽略的情况？我想，这与人们对竹枝词的史料价值估计不足有关，更与对这本《清代北京竹枝词》史料价值的认识和利用不够有关。应当重视瞿兑之所说的竹枝词"最为社会史料珍品"这句话，重视《清代北京竹枝词》的珍贵史料价值的揭橥和利用。

作者简介

李乔，1954年生于北京，1982年中国人民大学历史系毕业。

《北京日报》理论部原主任、编委，高级编辑，北京市政协委员。著有《书旅》《读史滋味长》《行业神崇拜——中国民众造神运动研究》《中国的师爷》《清代官场图记》等。

清末民初的讼师与律师

刘　芳

清末民初，传统的讼师与新兴的律师同时活跃在司法舞台，二者的冲突与融合，凸显了法律近代化和政治民主化的进程。

一、讼师与律师的产生

讼师在中国历史久远，最早可追溯到春秋时期。清末民初是讼师最后繁荣的时期，然后渐渐消失，退出历史舞台。

讼师的工作内容多样，主要有提供法律咨询、代写呈词、与胥吏衙役交涉、帮助当事人搜集证据等。他们参与的法律活动也远非写状词而已，甚至可以在某种程度上影响法律的天平。讼师利用各种手段帮助当事人打赢官司，代替诉讼者与胥吏、衙役交涉，所谓"恣弄刀笔，布成陷阱，甚者通同胥吏，高下其手"（《［乾隆］马巷厅志》），说的就是这种情形。

与普通百姓相比，讼师打官司的优势明显，他们一般具有超群的文笔，通晓为官和法律之道，并与官员建立良好的关系，这些都为取得诉讼胜利添加筹码。虽是"地下"职业，但讼师专业性强、门槛很高。其收入通常有赖于讼师的"自由裁量"，无统一的标准，"或千余金，或数百金，约定不贰"（蓝鼎元《鹿州文集》）。大部分讼师能够获得养家糊口的资本，甚至过上相对较好的生活。由于常与官府对抗，许多讼师伎俩与行为都不为法律所允，讼师在中国古代的地位很低，受到国家律令和地方官员的多方打压。

律师产生于清末民初，当时西方律师制度开始传入中国。一方面清政府为挽救危机四伏的统治而进行变法，1906 年（光绪三十二年）修订完成的《大清刑事民事诉律》首次规定了律师制度，随后《刑事诉讼草案》《民事诉讼草案》以及夭折的《律师法草案》都对此做了进一步的规范。至 1912 年，北洋政府公布实施《律师暂行章程》，标志着律师制度在中国正式建立。另一方面，外国律师出现在通商口岸设立的领事法庭，刺激了近代司法机构的建立及本土律师的产生。清朝末年，各地法政学堂兴起，与此同时清政府开始筹备设立高等、地方和初级审判厅。辛亥革命后，各地审判厅和检察厅陆续建立，开始有了首批律师。

近代律师与讼师形成的土壤不同，发挥的社会功能有着很大的差别。首先，律师拥有讼师最为渴望的权利，他们身份公开，于民事诉讼可为代理人，于刑事诉讼可为辩护人。除了出庭辩护和代理之外，民国后期还有一些工商业者聘请律师顾问，这是近代律师适应新兴的经济业态而产生的新业务。而且，律师的业务比讼师规范与合法，他们既有执行职务的权利，也有自己的风纪、惩戒。虽然律师没有固定工资，只收取业务报酬金，但律师公会有规定的收费标准，既保障了律师的基本收入不致太低，又避免了讼师那样的乱收费。此外，对于一些无钱聘请律师的刑事被告，民国政府设置了公设辩护人，之后又在律师公会建立了一般平民法律扶助制度。讼师从未得到过制度层面认可，这些制度在讼师行业是完全不可能实现的。律师比讼师更能承担起联系一般民众与法律体系的职责。

二、讼师与律师的关系

随着法政专科毕业生大量流向律师行业，讼师开始面临巨大的"饭碗"竞争。律师最终取代讼师，则是在清末民初，经过了一个复杂的转变过程。

首先，讼师与律师长期共存。律师制度建立以后，并非人们通常设想的讼师落后、律师先进，律师兴起，讼师很快就没有市场了。相反，20世纪前期讼师仍活跃在许多法院、审判厅，出没于附近的酒馆茶楼，向当事人兜揽生意。律师人数上的劣势使得其无法满足百姓所有的诉讼要求，要填补这种空白依然要靠讼师。而且，绝大部分律师只集中于少数大城市，一些稍小的市镇也只有为数不多的几名，遑论广大的农村地区；反观讼师则能够遍及城乡各地，他们仍旧掌握了大量的诉讼事务。

其次，讼师与律师相互斗争与勾结。由于北洋政府依然大量援用清朝法律，在知识结构上讼师更为适应；司法机构官员也大多为清朝故吏，是当地讼师的旧相识。相较而言，作为舶来品的律师在与中国传统社会的融合上困难重重，土生土长的讼师一开始占有"地利"优势，外加一项"绝招"：庭外和地下的功夫十分了得，仅凭"舞弄刀笔"就能轻松有重金入账，更说明了他们赚钱的方式不只在法庭上，门路愈宽，其生命力也就愈顽强。

讼师与律师往往存在相互勾结与利用的情形。讼师在处理案件过程中，许多地方都得仰赖律师帮助，尤其是一些文件需有律师签名才具法律效力。因此，讼师对律师极尽逢迎、巴结，希望对方在办案中能多行方便。律师对讼师，也非一味打压排挤。因为讼师能够不计颜面，三教九流无所不交，恰好弥补了挂牌律师囿于身份、碍于面子的不足，有的律师就让讼师兜揽案子再给一笔介绍费，或者由律师出面，讼师做幕后工作，再按比例分配报酬。在律师们的"利用"下，本该淘汰的讼师继续有着一定的"用武之地"。

再者，讼师与律师相互影响。律师的出现，让讼师的生存受到了威胁，他们往往采用更加卑劣的手段，处事更加大胆，"时闻不法之徒，有匿居法院附近，以包揽为生活，假名以诈财"。例如，在泉州有一个臭名昭著的讼棍吴清濂，"他是泉州范志神麯祖铺的老板"，与检察官吴朴认同宗，吴朴他调后，又迎合地方法院院长曾壁垒，"上至院长、推、检，下至员警……甚至连高分院的推、捡也和他搭上关系"，"经常以酒、色作诱饵，三日小宴，五日大宴"。他利用平日与法检官吏的关系暗中操纵词讼，到了"任何天大的案情，或许是败到底的官司，只要找吴老板就可以万事大吉"的地步，以至于安溪县长吕德超草菅人命都可以"逃之夭夭"。很多富裕的诉讼人为了先赢为快，不用律师，托讼棍包办，说明当事人遇到诉讼案件时，既可以请律师，也可以请讼师，他们多会考虑胜诉的几率以及费用，并不在意二者的身份。

通过与某些讼师的长期接触，近代律师多少学会了庭外活动、勾结官吏等诉讼伎俩。国家虽然对律师资格要求严格，民国时候还是有许多靠"关系"成为律师的情况。品学兼优者不能充任律师，文字纰缪、法理不通、遗祸人民之徒，则因与法院有私交混入律师队伍。律师素质不高，伪造证据、教唆词讼、包打官司的现象也就很多。甚而有执法者兼做地下律师包揽诉讼，利用此法赚了不少"外快"，成为巨富。

讼师虽多有种种恶习，但历史上好讼师也是存在的，打抱不平、为民申冤的好讼师无意中行使了中国最早的法律援助使命。以福建为例，畲族状师钟九公、庄三、连先生、赵老先生等人的事迹在当地世代相传，他们秉承的是中国传统的侠义品质，利用聪明才智帮助弱势对抗强权，少收或不收取费用，甚至出钱扶助乡里。这种传统侠义之道同西方律师"依法保障人权，实现社会公平与正义"的理念，共同融入了近代律师群体的血液，形成中国现代律师独特的信念追求。

总之，从讼师到律师，经过了几代人的漫长转变。在传统向现代转型过程中，讼师和律师表现了两种制度、两种法律文化之间的冲突和碰撞、继承和发展。

作者简介

刘芳，1988 年生，福建漳州人，北京大学历史学系博士研究生。研究方向为中国近代史、近现代中外关系史。

晚清民国香港的护士培训

罗婉娴

"护士"在现代医疗过程中，扮演着举足轻重的角色。除了是医生的助手外，护士亦是病人在接受治疗过程中重要的照料者和关怀者，为病人提供合适的护理，观察病人的身心变化，让他们可以安心接受治疗。

早年，在中国的医疗体系中，"护士"的职责一般由家中的女眷承担。与西方医院体系不同，中国人患病时，多是在家中接受治疗和休养，所以护理病人的工作由家中的女性担当。护士作为一种职业，是随着西方医学在中国的发展被引入的。以香港为例，护士专业发展可以追溯到 19 世纪下半叶，那时香港已有西医医院，但这些医院缺乏护士，对病人的护理亦较为忽视。从当时医官的报告来看，1850 年（道光三十年）虽然建立了一所公立医院，但院中照顾病人的工作是由华人工人负责，他们没有接受过专业的护理训练。

直至 1887 年（光绪十三年），伦敦传道会在华人何启的资助下，开办了雅丽氏纪念医院。雅丽氏纪念医院为香港华人提供免费的西医治疗，推动西医在香港的发展。华人妇女关太在雅丽氏纪念医院任护士长，关太即关黎氏——华人牙医关元昌的妻子，懂得英语。她任护士长期间，培训了另一名华人黄太担任其助手。不过，这里所谓的培训并不正规，缺乏卫生常识的教授。后来，关太因健康理由离职，伦敦传道会委派接受专业护理训练的史蒂芬夫人（H. Stevens）到港，接任雅丽氏纪念医院的护士长之职。

史蒂芬夫人到任后，在雅丽氏纪念医院和其"姐妹医院"那打素医院开设正式护士训练课程，对香港护理业产生了深远的影响。她让华人有机会接触西方的护理专业，为西医在香港长远发展打下了良好的基础。首位接受训练的见习护士是华人妇女阿桂，后来她还前往英国接受妇产科的训练。不过，由于华人对"护士"的认识不多并且受到传统观念影响，所以报读见习护士专业的人数有限，至1897年仅为4人。

除了委派培训，港英当局还直接从英国聘请护士长到香港，在医院提供专业的护理服务。至1895年，医院共聘请了9名英国护士长。她们实行三班制，在正常情况下运作良好，但若其中一人请假或离职，即出现工作量增加、人手不足的问题。这种情况在当时十分常见，因为根据合约规定，护士长在完成为期6年的合约后，将享有半年的有薪假期，所以医院实际上长期面临护士长不足的问题。护士长们也常投诉休假的时间太短。她们在休假时通常返回英国，而如果扣除往返的交通时间，她们实质上只能在英国逗留4个月。

于是，港英当局开始训练18至19岁的本地欧亚混血女孩担任护士，月薪为5元，以暂时代替休假的护士长，协助其他护士长工作。这样不仅可以减省人力成本，而且欧亚混血女孩一般都懂英语和中文，可以方便与病人沟通。再者，训练本地的护士，从长远看有利于香港医疗体制的发展。但部分医护官员和英国护士长却反对在港训练护士，他们认为当地医院设施不足，未能给予见习护士足够的训练。她们的护理资格和水准，都不及英国的护士，所以必须在英国护士长的监督下工作，故此不能减少从英国聘请护士长的数目。而且，从薪金角度看，给私人护士的酬金相对较高，可能导致一些受训的欧亚混血女孩中途停学，或者毕业了也未必愿意留在公立医院工作。

最终，港英当局在1895年5月批准了训练本地护士的计划。首位见习护士是一名欧洲药商的遗孀，其后共有16名见习护士接受训练，但只有5人继续学习。其中，仅3人完成了3年的实习，她们中的1名为华人，后在港当私人护士，另外2名为英国人，分别前往伦敦深造及前往马尼拉从事护理工作。虽然见习护士流失率高，但港英当局仍然继续开办护士训练课程，以便在将来增加香港护士的数目，并增加这些女孩的就业机会。同时，为了吸引护士留任，当局决定根据年资加薪和升职，同时改革训练课程，提升护士的专业资格，还提供宿舍，以吸引更多人从事护理行业。

踏入20世纪，本地护士人数渐渐增多，充实了香港的医疗体系。例如，在1911年（宣统三年），雅丽氏纪念医院与那打素医院共4名见习护士毕业，其中2人获港英当局聘用，1人任私人护士，1人在东华医院当护士（此人是东华医院首位华人女护士）。随着护士增多，雅丽氏纪念医院于1912年兴建护士宿舍，以便招收更多的见习护士。而且，医院训练将护士课程与助产士课程结合，护士受训2年后，再前往妇产科医院接受助产士的训练。如在1915年，雅丽氏纪念医院共有16名见习护士受训，其中8人接受了妇产科训练。到1931年，医院有25名见习护士受训，其中6人是妇产科护士，19人是普通科护士。

当时，也有男士从事护理工作，但人数不多。1922年的何妙龄医院报告指出，医院迫切需要男护士——那时香港的护理工作深受中国传统观念影响，"男女授受不亲"的观念难以打破，导致华人妇女不肯照顾陌生的男性病人，而男性病人也不愿接受女护士的帮助。然而，懂得英语的华人男性可以在港从商，赚取更多的金钱，很少有人选择从事护理工作。加上华人医院同样急需男性护士，而那些男性护士不需要经过培训就可以入职，薪金又比何妙龄医院的高，所以该院要聘用受训的男护士极为困难。

至1931年，香港通过了《护士登记条例》，成立了护士局负责执行此条例。条例规定，凡在港执业的护士，均须登记，而其资料如实习的医院、毕业日期等，将会在《香港宪报》刊登。护士局负责审核申请者的资格，及惩罚未经登记就执业的护士，以此提升护士的素质，提高香港的护理水平，使病人的生命更有保障。

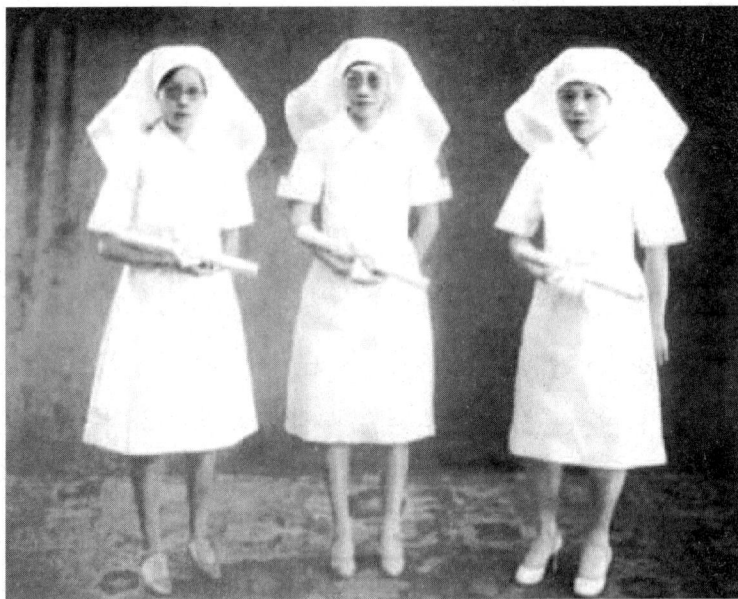

香港养和医院首届护士毕业生

从1934年和1937年《香港宪报》刊登的注册护士的资料，可以发现护士人数从1934年的214名，增加到1937年的254名。从事护士工作的男性人数也有所增加，如1934年只有16名男护士，至1937年增至18名，但总体占比仍很低。大部分注册的护士都是在港英当局的医院、雅丽氏联合医院、广华医院和东华医院接受训练，也有一部分在私人医院接受训练，如养和医院和山顶医院。在注册的护士中，除了在港受训的之外，还有在广州、加拿大、英国、澳洲等地受训再前往香港执业的护士。

作者简介

罗婉娴，女，1977 年生于香港。哲学博士。香港浸会大学近代史研究中心研究员，历史系讲师。研究方向为香港史、新加坡史、东亚医学史。

清代宗室起名的违规与处罚

孙　昉

　　清军入关后，广泛吸收汉族传统文化和生活方式，这种变化也体现于宗室成员的起名上。后金及清初，宗室成员的名字多用满语音译，如莽古尔泰、多尔衮、阿济格、多铎、豪格等。后来逐渐汉化，按照辈分取固定用字。乾隆年间，皇六子永瑢画了一幅《岁朝图》，进献孝圣皇太后钮祜禄氏。乾隆帝弘历在该画上题诗，内中有"永绵亦载奉慈娱"诗句。后来，弘历取其中的"永绵亦载"四字为近支宗室的字辈，并将"亦"字改作"奕"。道光五年（1825），道光帝旻宁又钦定"溥毓恒启"四字，接续"载"字辈。咸丰六年（1856），咸丰帝奕詝定"焘闿增祺"四字，作为"启"字以下的字辈。这样，宗室辈分的取字，前后计有十四字"胤弘永绵奕载溥，毓恒启焘闿增祺"。

　　清代宗室不仅确定了辈分用字，并且根据亲疏之别，对第二字的偏旁也做出了明确的规定。自康熙朝始，对宗室成员取名用字的偏旁有较为严格的规定。如康熙帝玄烨诸子之名第二字均用示字旁，如胤禛、胤禟等；乾隆帝弘历诸子则用斜玉旁，如永琪、永瑆等。另一方面，远支宗室取名均不得采用与近支宗室相同的偏旁字样，以免混淆亲疏。

　　不难看出，这时宗室取名已经基本上不再采用满语音译的方式，而是直接用汉语取名，除了姓氏尚保留满族文化特征外，名字已经愈来愈汉化了。然而，随着宗室人口的繁衍，宗室成员起名出现了违规现象，并引起了皇帝的关注和相应处罚。

其一是同名现象。人口众多，同名现象自然难以避免，但是在宗室群体中，同名就有可能带来尊卑长幼失序的问题，甚至冲犯皇帝的圣讳。康熙三十二年（1693），针对宗室同名现象制订了处理办法。规定自王以下，至闲散宗室，如有同名者，"令卑者、幼者改"，并且更换诰册（《光绪朝大清会典》）。

乾隆十一年（1746），乾隆帝弘历给刚刚出生的七阿哥起名为永琮。岂料第二天，弘历在西苑瀛台举行宴会时，发现一个出席宴会的宗室成员也叫永琮。甚感扫兴的弘历为此责问宗人府和敬事房，为何没有将有宗室成员起名永琮一事及时上报，并要求将所有永字辈的宗室成员人名进行检查，看有无重名。遵照前述康熙三十二年制定的成例，那个名叫永琮的宗室由于身份卑于七阿哥，故不得不改名，弘历将其改名为永常。余怒未消的弘历还要求宗人府"嗣后外闲起名，不得复用内廷拟定字样"（《钦定大清会典事例》）。

尽管乾隆帝屡次降旨申明，但是同名现象仍时有出现。甚至出现了低级官员、兵丁与王公大臣同名的现象。嘉庆年间，嘉庆帝颙琰发现即将升任迪化知州的昌吉知县景安，与时任湖南巡抚景安（钮祜禄氏）同名。颙琰认为此事"殊属不合"，并无可奈何地说："从前有与王公大臣同名者，经皇考高宗纯皇帝屡降训谕饬禁。今官员兵丁内，与王公大臣同名者甚多。此皆该管大臣平素并不留心，一任属员兵丁等率意命名所致。"颙琰下令将景安之名按照满文语义更改，又命令宗人府、吏部、兵部、八旗、内务府三旗"查明宗室觉罗旗员兵丁内，有与王公大臣同名者，俱著更改，毋令与王公大臣同"（《钦定大清会典事例》）。

这些禁令并没有彻底根除同名现象。到了咸丰、光绪朝，宗室溥字辈甚至已经有与末代皇帝溥仪同名者。此溥仪系载堪之第七子，其祖父是奕勋。咸丰十一年，载堪卒，溥仪遂承袭奉国将军。光绪九年（1883），溥仪死，其子毓秀承袭奉恩将军。光绪十二年，毓秀死，身后无嗣（《清史稿》）。就在这个名叫溥仪的宗室成员去世的当年，宣统帝溥仪之生父载沣方才出生。载沣之子命名时，内务府没有发现溥仪这个名字已经被人起过。在民国初年，清史馆的前清遗老们也没有注意这个冲犯"今上"圣讳的问题，直接写入《清史稿》中的宗室年表中。

其二是用字偏旁不当。前面已提及近支宗室人名第二字的偏旁亦有严格规定，但有些宗室成员取名用字并未严格遵循。嘉庆十一年（1806），近支宗室多罗荣郡王绵亿，其长子和次子均属奕字辈，故其名第二字应用糸字旁的字样，但是却分别起名为奕铭和奕镕。嘉庆帝大为光火，认为绵亿未经奏请，即自行为两个儿子命名，实属非是，而且又不用糸字旁，故将此事交宗人府议处。嘉庆帝还质问绵亿："私用金字偏旁，为伊两子取名，不似近派宗支，自同疏远，是何居心？"并宣布："伊既以疏远自恃，朕亦不以亲侄待伊。"结果，绵亿被革除领侍卫内大臣之职，退出乾清门。奕铭和奕镕也分别被改名为奕绘和奕缤。绵亿面对如此严厉的处分，纵有百口，也无法申辩，唯有接受而已（《光绪朝大清会典》）。

有些远支宗室取名用字与近支宗室偏旁相同，造成亲疏难辨。嘉庆十三年，远支宗室成员绵瑚取名用斜玉旁的"瑚"字，而他的哥哥绵开和弟弟绵卞都没有用斜玉旁字。嘉庆帝知悉此事后，认为绵瑚取用斜玉旁，"大属非是"，并指责所属总管王公、贝勒、族长怠玩疏忽，下令将其改名为绵胡，并谕旨重申："嗣后各宗室中，遇有命名不合者，随时饬改，以符定制，不得再有

疏漏。"（《钦定大清会典事例》）

其三是未遵照辈分用字原则。乾隆十一年，弘历在一次宴席中发现一个名叫诸尔杭阿的宗室成员，系庄亲王永瑺之子，论辈分系弘历之孙，却依照满语音译取名。为此弘历谕旨："昨入燕宗室内，有名诸尔杭阿者，乃朕孙辈，已令改名绵庆。著传谕履亲王、庄亲王等，朕初次见孙，以后永字下辈即用绵字。并将朕此旨载入玉牒。"（《清高宗实录》）

其四是有过度汉化之嫌。尽管入关已久的宗室成员已经深受汉文化的影响，习用汉语，可是清朝皇帝又处处防范过度汉化，以鄙薄的语气称汉文化为"汉人习气"，要求宗室不得沾染。为此，乾隆帝和嘉庆帝等曾屡次在宗室起名问题上重申这一原则。

乾隆三十二年，吏部带领一个叫满吉善的宗室成员入宫接受引见。满吉善系闽浙总督满保之子，而且又属于正黄旗下。结果，乾隆帝大为不悦，认为此人取名满吉善，是以满为姓。为此，他将其名改为吉善，并在谕旨中斥责道："吉善乃系觉罗，甚属尊贵。吉善竟不以觉罗为尊，以满为姓，照依汉人起名。是何道理？似此者，宗人府王公等，理应留心查禁。今竟不禁止，王公所司何事？恐尚有似此等者，著交宗人府王公等查明俱行更改，将此严禁。嗣后不可如此。"（《钦定大清会典事例》）然而，到了嘉庆朝，嘉庆帝在刑部呈进的题本内看到有一个叫"觉罗太"的人名，质问此名"是何取意，竟染汉人习气矣"。为此，颙琰下令将觉罗太"交宗人府即令按照满洲语意更改其名外，并著该衙门及八旗满洲蒙古都统，通行查明。如有似此指姓命名者，俱著饬禁，均令按照满洲语意，另行更改，毋得再行指姓命名，致蹈汉人习气"（《钦定大清会典事例》）。

嘉庆十三年，颙琰在宗人府呈交的一个题本内，发现奉恩将军英智之次子名叫清永泰。颙琰认为此名也属违规。为此，他在谕旨中指出："向来满洲命名，除清语（即满语）不计字数外，若用汉文，止准用二字，不准用三字。今清永泰之名，几与汉人姓名相连者无异，殊乖定制。"为此，他命令清永泰改名为永泰，并将管理宗人府的王公予以罚俸三个月的处分，清永泰本人的族长、学长也受到罚俸六个月的处分（《清仁宗实录》）。

道光三年，道光帝旻宁将一名叫永恒泰的宗室佐领改名为永恒，认为永恒泰之名"并非满洲成语，殊属不合"。但他并未处罚其他人员，仅是重申道："嗣后宗室有似此命名者，著宗人府于呈报时，即行饬改。"（《钦定大清会典事例》）

既用汉字取名，却又认为宗室取三字名是沾染汉人习气，这种论断显然带有主观随意性，令宗室难以适从，也极大限制了他们取名用字的范围。前所述及的先后两个溥仪重名的现象，正反映了宗室取名用字日益受限的困窘。

作者简介

孙昉，1973 年生，陕西西安人。历史学博士，商务印书馆编辑。主要从事晚清外交史、中国近代社会史和文献学研究，著有《西北哥老会与辛亥革命》。

清代内务府的房产经营

滕德永

内务府是服务于皇室的机构,它"奉天子之家事",管理宫禁事务,在维护清朝统治和专制皇权方面起到了非常重要的作用。该府属员众多,机构庞大,下设七司三院等衙门 50 余处。内务府的经济相对独立,拥有专属的财源,以减少对户部财政的依赖。清代康熙、雍正、乾隆等皇帝将盐政、税关等诸多财源纳入内务府的管辖之中,以满足内廷经费需求。此外,内务府还有诸多经营,如开办当铺、放贷生息等,以滋生银两。其中,房产经营是重要的组成部分。

内务府房产概况

清代内务府的房产情况较为复杂,在不同时期有着不同的变化,但总体而言,随着皇权的集中及皇室事务的不断扩展,内务府的房产来源趋于多元,其数量不断增长,用途也逐步增多。

自乾隆朝始,内务府的房产情况经常见之于记载。乾隆六年(1741),内务府在京城内外有房产 45 所,1471 间。乾隆二十七年,内务府则有房产 8067 间。乾隆四十六年,内务府计有房产 11220 间,地基 118 块。嘉庆二十四年(1819),内务府计有房产

12943 间。由此可以看出，内务府房产数量并非一成不变，而是呈动态变化。

内务府房产的分布相对集中，另一个角度看又非常分散。相对集中是指这些房产主要集中在较为发达的商业区，及主要街道的两侧；非常分散是指这些房产分布的区域遍布五城各处，有的甚至在通州等地。

内务府房产来源具有多样性。首先，自行建造是其房产的最主要来源。清代帝王非常重视内务府的财务状况，并千方百计扩大其财源。兴建房屋，以为招租之用是其手段之一。如乾隆三十年，管理工程处在正阳门外空地建盖住房 1087 间，铺面房 158 间，后交内务府管理。其次，购买民房亦是内务府房产的重要来源。崇庆皇太后七旬万寿时，内务府即购买了西华门至西直门御路两旁所有 4500 余间房屋。再次，抄没家产是内务府房产的又一来源。嘉庆四年，权臣和珅被抄家，内务府抄得和珅及其家人房屋 1171 间。最后，官员的房屋抵补是内务府房产的重要补充。内务府官员承应各项差使，经常因为种种原因而该欠内务府银两。一些官员因为不能偿付所欠款项，而被迫以其房产充补。如道光末年，原长芦盐政普琳该欠内务府银 31980 两，结果将其东安门外大街房屋 294 间入官。

内务府房产除自用外，还衍生出诸多新的用途。赏赐是其中之一。清朝皇帝经常将内务府的一些房产用于赏赐，以笼络人心。如乾隆帝即赏赐大学士朱轼内城房产一所，并准其仍然保留原赏之外城房产，以示优奖。嘉庆四年，嘉庆帝赏赐朱珪前宅胡同住房一所 52 间。但无论是内务府衙署自用，还是清帝的恩赏，其所用房产有限，对于掌控大量房产的内务府而言数量甚微。为此，内务府又寻求新的途径，将其运营盈利。

内务府房产经营方式

内务府的房产经营发端于清初，至康熙年间逐步形成制度。康熙六十年（1721），内务府设立专管房产经营的官房租库。该机构负责内务府房产的经营及按时巡查、奏修等工作，其设立便利了内务府对所属房产的管理。

内务府的房产经营主要有三种形式：租赁、售卖、开设铺面。其中，租赁与售卖是其房产经营的主要形式。

1. 房屋租赁

房屋租赁是内务府房产经营的最主要业务。内务府房产主要包括两种：铺面房屋和住宅，均多用于出租。至于房屋租价的制定，内务府既考虑了租赁房屋的面积，也兼顾了位置的因素。根据档案记载，"房产租价，按檩征租。凡七檩房每间租银二钱，六檩房每间租银一钱五分，……如无原租，视其坐落冲僻，酌量征租。"（《大清会典事例》）

内务府对于房屋租赁人亦有一定的限制，这主要是针对住宅租赁者。在内务府租赁的房屋之中，铺面房占据多数。对此，内务府并无太多限制，但对于租住住宅者，内务府限定为驻京的汉人官员。汉官租赁内务府房产住宅，需向户部申请，遇有职务调动出京，再由内务府转租。

内务府的房屋按月收租，统一汇总至官房租库。其中，汉官租金征收稍有复杂，有两种情况。其一，按月将现银交予房产租库。其二，由户部按季从俸禄中扣除。

2. 房产出售

内务府出售的房产以自成院落的住宅为主，其销售业务开展较早。雍正八年（1730）以前，内务府即严格规定了售卖房产的价格。其中，九檩房每间价银 70 两，八檩房每间 60 两，以此递减至三檩房每间 10 两。雍正八年，内务府将其房产按檩数各分五等，并将价格下调了 1/3。至嘉庆七年，内务府实行了按檩分等售卖的制度，而且提高了价格。其九檩一等瓦房每间作价银 100 两，八檩一等瓦房每间 90 两，七檩一等瓦房每间 80 两，二等至五等每间均各按次递减 10 两。

内务府房产售卖的对象主要是在旗官员。这些自成院落的房产主要来自抄家或者官员抵补而来，房间一般较多，面积也较大。官员要购买内务府房产，应先具呈呈请，经内务府核实之后，交价认买。

内务府房产售卖实行分期付款。由于承买人员全额支付有困难，鉴于这些房产主要售予有官职俸禄之人，所以内务府准许他们购买之时交纳一半现银，剩余银两从其俸禄中分年扣除。"如价在千两以上者，先行缴价一半，交纳广储司库，其余定限八年扣俸完缴。如价在千两以下者，定限五年完缴，计俸不敷，仍著先完半价，余照例完缴。均移咨户部，按限扣俸，转纳内库。"（《大清会典事例》）若逾期不能结清欠额，其所购房产将被内务府收回，重新变价。至于先付之款，则被视为房租，而不予退还。

3. 开办店铺

早在雍正年间，内务府已经开设了当铺。至乾隆朝，该府开办的当铺数量不断增加，一度多达 30 余家。因经营不善，内务府先后关闭当铺若干，其余继续经营至光绪初年，方因收益甚微而终止。

除开设当铺外，内务府还经营钱铺。道光时，京中流行使用钱票。内务府认为此中存有极大风险，不利于金融市场的稳定。为此，该府奏请开设官银钱号，先后开设了 5 所银号。

内务府的房产经营，无论是租赁，还是售卖，以及开设店面都是其滋生银两、获取收益的手段，但其最终所能取得的效果则还要视其经营情况而定。

内务府房产经营状况

北京是明清两代的都城，是全国的政治中心，经济发达，商业繁荣，人口众多，因此，京城房屋的租售业务较为兴旺。内务府地位特殊，且拥有为数甚巨的房产，这极大地便利了其房产经营业务的开展。

以房产租赁为例。内务府拥有的铺面房多位处要冲街道，是商人的首选之地。乾隆十一年，内务府共有房产5715间，其中铺面房3737间，约占总数的65%。而在西华门至西直门街道两侧，内务府即拥有铺面房5396间。这些铺面房较受欢迎，出租率较高。乾隆四十四年，约有4930间铺面房成功租出，约占其总数的91.3%，仅有466间无人租赁。

内务府房产虽然价格较高，但由于其销售对象主要是有俸禄的在旗官兵，这使得其销售收入较有保证。更为重要的是，指俸认买极大地减小了购买者的经济压力，有助于提高购买积极性。乾隆五十三年，内务府出售房产41所，计房1300余间，得银4.5万余两。这还不是内务府房产销售的最高纪录。乾隆四十七年，内务府售卖房产70所，共计2480余间，得银7.5万余两。

内务府对于其房产所开设店铺均要求按一分计息，但经营状况却令人大为失望，这些当铺之中每年所获利银达至一分者甚少，多为七八厘、五六厘不等。为了改变现状，内务府要求获利不足的当铺，其缺额由各当铺的管理官员赔补，但经营亦未有改观。乾隆十七年，内务府又规定各当铺每年统以8厘起息，并由此形成定例。

房产经营是一种商业行为，它要受到经济规律的制约。但内务府的经营人员来源具有较强的封闭性，主要是皇帝的包衣奴仆，他们未曾受过商业经营的训练，多不具有这方面的才能。在顺境之时，他们尚可应对，但面临逆境，则不能灵活运作，以致经营困难。乾隆十一年，内务府共有房产5700余间，但只租出4100余间，尚有1500余间多年无人问津。此种情况并非偶尔有之，而是经常存在。乾隆四十一年，内务府出租房产内700余间无人租赁，有的甚至空闲三五年之久。更有甚者，房产经营日久生弊。乾隆四十年，正阳门外汉人官员租住之房屋，由于租价较低，一些人将其房屋转租他人，以获取利益。办理租赁人员亦有舞弊情形。嘉庆十九年，御史申启贤奏称，京城南城外铺面房产，因管理人员需索，人民畏惧，不敢租赁，以致这些房屋多有损坏。

不仅租赁房屋经营有困难，售卖房屋亦有问题。嘉庆五年至七年，共计24人认买内务府房产，但旋有12人退出。其原因内务府虽未言明，价格肯定是重要因素。因为正是这一年内务府从新厘定了房产价格，保存完好者售价大幅提升。至道光时期，由于诸多房产无人认买，年久失修，内务府奏请将这些房产降价出售。

至清季，内务府的房产经营已经日趋艰难。光绪三十三年（1907），鉴于商人困苦，内务府将租金降低了四成。其实，由于房产租售收入有限，早在光绪十五年，内务府即奏请由户部每年拨银3万两接济。此后，户部（后改为度支部）的拨银成为房产租库的常项经费。这标志着内务府房产经营的终结。

结　语

内务府房产经营发端于清初，终于清季，几与整个清王朝相始终。此间，其经营虽有波折，但未能影响其存在与继续发展。在两个多世纪的历史中，内务府的房产经营曾为其获取了丰厚的收益。

内务府的房产经营亦是皇权至上的结果。内务府所属房产，尤其是临街店铺，相当一部分处于垄断地位。如西华门至西直门一带御路两侧，地安门一带，正阳门门前等。这些店铺所处区域商品经济较为发达，是经商营业的理想地段。内务府能够实现垄断，皇权发挥了至关重要的作用。乾隆帝命在正阳门外空闲地方修建铺面房屋，并将之交付内务府收租一事，即是明证。

内务府的房产经营还是该府银两生息思想的实践。清代的财政由户部财政和内务府财政组成，两者相对独立，而又有所联系。其中，内务府财政属于皇室财政，有其专门的财政来源，并负责皇室的各项支出。为了获取更多的经济收益，自康熙时起，内务府即推行"生息银两"制度。这一制度为雍正、乾隆等皇帝所继承，并不断发展，成为内务府的一项重要收入来源。内务府房产经营即是这一思想付诸实践的成果。

总之，房产经营在内务府财政体系中扮演了重要角色，对于协调宫中用度有十分重要的作用，亦是内务府财政收入的重要来源之一。随着清王朝经济的衰败，其经营亦走向衰落，并最终消亡。

作者简介

滕德永，1979年生，历史学博士。故宫博物院副研究馆员，主要从事清代政治军事历史、清代宫廷文物与历史研究。

畅春园与康熙帝的"居园理政"

颜　军

畅春园是康熙帝在北京西郊为自己营建的一个新的起居和理政空间，反映了其与传统不同的施政理念。作为一座皇家园林，畅春园的建成和运转，开启了此后清朝君主"居园理政"的模式。

"居园理政"之出现

畅春园建成前，清朝统治者主要活动于紫禁城。该城是明朝定都北京后兴建起来的，它遵循"天子居中、前朝后寝、左祖右社"等营建原则，体现了皇权至上、等级森严的礼法要求。为对抗北方游牧民族的侵袭，紫禁城突出的是防御性，表现的是封闭性。

然而，重垣环绕并不能强化王朝统治。历史证明，面对辽阔疆土，宫墙之内的君主依靠官僚系统，不但不可能巩固王朝江山，也不利于自身身心健康。深居宫禁这种封闭的统治和生活方式，并不符合驰骋入关的清朝统治者的需要，也不符合康熙帝的个性和要求。

作为康乾盛世的开创之君，康熙帝具有非常宝贵的开放心态。在其统治期间，他孜孜求治，多次出巡，并与海外世界进行交流，表现出开拓进取的态度。正是这种开放，促成了此后清朝的兴盛，也决定了康熙帝不可能拘泥于深居宫苑的生活和施政方式。而"居园理政"正是他在实践中对既有模式的一种改造。

畅春园建成后，康熙帝曾撰写《畅春园记》，以此向天下臣民解释他走出紫禁城、兴建畅春园的缘起、过程和宗旨等。在文中，他以自己"烦疴乍除"、"会心斯远"、省耕观稼等经历和感受，论述了园居生活对君主身心健康、治国理政的重要价值。在他的描述中，皇家园林不再是传统政治文化所抨击的那种奢靡之地，而是君主顺时宣滞、听政问学、体察民情、承颜致养的修身理政之所。经过康熙帝的诠释，"居园理政"被赋予了"文武之道，一弛一张"的积极内涵，成为清朝君主新的施政和生活模式。

畅春园之建设

兴建园林是王朝政治中的敏感问题，孟子将"弃田以为园囿，使民不得衣食"视为暴君行为；杜牧在《阿房宫赋》中，更是将君主修建宫苑与王朝覆灭相联系。因此，康熙帝虽然推崇"居园理政"，但他没有大兴土木，而是本着"永惟俭德，捐泰去雕"的原则，将明代外戚李伟的清华园加以改建利用。正如他自谓："若乃秦有阿房，汉有上林，唐有绣岭，宋有艮岳，金釭碧带之饰，包山跨谷之广，朕固不能为，亦意所弗取。"字里行间，着意将自己的所为与奢侈享受划清界限。

畅春园附近，有著名的勺园园主米万钟及其家族墓地，畅春园改成皇家园林后，米家准备将墓地迁移。康熙帝得知后，"特传旨，令勿迁，仍许岁时上冢如常"。这一举动，为他赢得了

"上之曲体人情如此，真盛德也"的赞誉。

改建后的畅春园，包括园区主体和西花园两部分。园区主体呈长方形布局，南北长，东西短，"缭垣一千六十丈有奇"。整个园林布局，据《日下旧闻考》所述，分中、东、西三路。从功能上看，园内建筑可以分成以下几类：

其一，政治空间。即康熙帝处理政事的场所，包括听政、观耕、选馆、引见、阅武、赐宴等活动的空间，如九经三事殿、稻田、马厂等。其二，信仰空间。即园中所建各类寺庙，如龙王庙、府君庙、关帝庙、娘娘庙等。其三，生活空间。即康熙帝及其亲属的起居空间，如清溪书屋、讨源书屋等。其四，休闲空间。除了上述东、中、西各路建筑景致和西花园外，最值得一提的是园内的两湖三堤。两湖指的是位于畅春园中心、南北相连的前湖和后湖。以两湖为中心，园中分布着大小六七处湖域，加上环绕园内外的河流水系，形成了一派水乡泽国的风貌。三堤指的是前湖南部的丁香堤、兰芝堤和桃花堤。三堤蜿蜒于湖面，既丰富了水面景致，又连接了园内交通。春暖花开之季，百鸟穿梭其间，漫步于堤坝之上，清风拂面，花香袭人，令人心旷神怡，流连忘返。

总之，与紫禁城内封闭、僵硬的起居感受相比，畅春园开阔而动态的湖面，四季丰富的景色变化，给居住其间的人提供了无限生趣，成为康熙帝执政期间的重要活动场所。

"居园理政"之实践

二十三年（1684），畅春园启建，康熙帝于二十六年二月二十二日首次驻跸。此后，他每年都在此频繁出入，长期居住，举行各种活动，直到六十一年十一月十三日病逝于园内寝宫。由此开启了清朝"居园理政"的新格局。

入驻畅春园前，康熙帝的起居范围和生活节奏是相对固定的，即主要以紫禁城为中心，根据政治、节令等情况以及礼制的安排，举行大朝、常朝、祭祀、耕耤、视学、经宴、日讲以及出巡等活动来实施统治。

"居园理政"开始后，这种局面发生了变化，如康熙帝非常重视的乾清门听政便逐渐转到畅春园内门、澹宁居、澹泊无为殿等处举行。为保证朝臣及时赴朝，京城各门也调整了开放时间。一些按典制在紫禁城举行的活动，如上元节保和殿赐外藩宴，从三十年开始，也改到畅春园内含淳堂、万树红霞等处举行。康熙帝还在园内及附近接见外藩，开展阅武、演兵等活动，使畅春园逐渐成为紫禁城外一个新的政治中心。

除了日常政务外，省耕观稼、考察民情是康熙帝"居园理政"的重要内容。康熙帝非常重视农业生产和民生疾苦，他曾说："朕在宫中，无刻不以民间疾苦为念，恐遇旱涝，必思豫防"。在畅春园内西垣一带，南有菜园数十亩，北有稻田数顷，这是康熙帝为"临陌以悯胼胝，开轩而察沟浍"而特辟的场所。为增进对民情的了解，三十多年间，他"每巡历郊甸，必循视农桑，周咨耕耨，田间事宜，知之最悉"。通过与民间社会的直接接触，康熙帝在畅春园做出了"滋生人丁，永不加赋"等一系列重要决策，不但促进了社会经济的发展，也使其获得了巨大的政治声望。五十二年，因感念康熙帝"爱民如子"，全国各地上千老人自发进京，庆祝皇帝六十大寿。为与民同乐，康熙帝特谕在畅春园举行"千叟宴"，成为清朝历史上的盛事。

在畅春园内，康熙帝还广置书籍，并把求学问知作为"居园理政"的重要内容。他曾说："学问者，百事根本……存心养性，非此无以立体。齐治均平，非此无以达用。于是孜孜焉日有程课，乐此忘疲。"除博览中国典籍外，他还任用白晋、张诚等传教士讲授欧洲算学、几何、医学、哲学等知识，并在园内亲自应用实践。康熙帝的好学，特别是他对西方科技文化的吸纳，不但使其个人"增长见闻，克益神智"，也让清王朝从中获益匪浅。传教士制造的火炮，参与编绘的《皇舆全览图》等，为康乾时期的开疆拓土提供了重要的帮助。

作为施政中心，畅春园也是康熙帝培养皇位继承人的重要场所，这座园林也由此见证了王朝的权力争夺与传承。

康熙帝很重视皇子培养，强调"为人上者，教子必自幼严饬之始善"。畅春园建成后，他便令诸皇子在园内读书，并经常亲临督查，希望他们成材并各就其位，"元良国之根本，支庶国之藩附"。然而，让康熙帝始料不及的是，诸皇子随后结党成群，对皇位展开了激烈争夺。

先是皇太子胤礽被立为储君后，骄横跋扈，引起康熙帝的不满与警觉。四十一年，康熙帝在畅春园下旨拘禁其同党索额图。四十七年八月，康熙帝行猎围场，发生胤礽夜窥幄城事件，这让康熙帝大为震怒，于该年九月颁诏天下，废黜皇太子。这又引起了胤禔、胤禩等皇子对皇位的觊觎，两人的所为让他更难以容忍。十一月十四日，康熙帝在畅春园召诸大臣，意图复立胤礽。然而，让他痛心的是，胤礽复立后，继续勾结党羽，阴图谋取皇位。五十一年十月，康熙帝在畅春园以胤礽复立以来，狂疾未除，断非可托付祖宗基业之人，再次将其废黜禁锢，并颁诏天下。

康熙时期的皇储之争，对当时的朝局形成了巨大冲击。诸皇子勾心斗角、骨肉相残；许多大臣因卷入其间而被清洗；康熙帝本人虽有雄才大略，但在王朝权力传承问题上也近乎束手无策，并因此而身心俱疲。

六十一年十月，康熙帝于南苑打猎，因风寒身体欠安，回到畅春园后病情加重。十一月十三日，在这个他一手改建，伴随他度过大半人生的西郊园林，走完了生命的最后旅程。胤禛则在绵延不绝的质疑声中继承了皇位，完成了与康熙帝的权力传承。不久，他在畅春园附近扩建起规模宏大的圆明园，继续其父开启的"居园理政"。

作为清朝历史上的重要君主，康熙帝不但为清朝开辟了"康乾盛世"的局面，也为清朝创设了"居园理政"的模式，自此以后，皇家园林成为清朝历史发展中的一道独特风景线，并成为王朝兴衰的一个重要晴雨表。

作者简介

颜军，1971年生，历史学博士。中国人民大学清史研究所讲师，曾发表《明清时期徽州族产经济初探——以祁门善和程式为例》《胡适清代思想史研究浅议》《"自治"与"官治"：从地方自治改革看清朝的灭亡》《从中华革命党看孙中山"以党建国"思想的形成》等论文。

乾隆帝兴建圆明园银库

阚红柳

在乾隆朝的内务府财政管理系统中，有三座重要的银库，分别为广储司银库、养心殿造办处银库、圆明园银库。这三座银库都是为支付乾隆帝个人及皇室庞大的开销所建，前两座银库位居紫禁城皇宫之内，圆明园银库则建造在京城西郊的皇家园林——圆明园，三者共同构成乾隆帝的荷包。

一、兴建原因

兴建圆明园银库的主要原因是为了解决圆明园在兴建、维修以及日常运转过程中出现的巨大财政需求。乾隆朝以前，内务府并无圆明园银库这一机构，皇帝园居引起的相应财政支出统一由内务府广储司银库负责解决。但随着皇家园林在清帝日常生活和政务活动中的地位日益重要，京城西郊皇家园林财政独立的需要逐渐显现。与此同时，清帝也相应采取了一些措施来缓解财政问题。雍正帝命在圆明园经营皇当——圆成当，利用皇家当铺发商生息，此外，雍正三年（1725），皇帝曾命内务府广储司拨银30万两作为圆明园专项经费。这些情况表明，皇帝园居需要配备相应的财政支持。至乾隆朝，更大规模的圆明园兴建工程开始，经费缺口巨大。从史料中可以看出乾隆帝为修建圆明园颇费苦心，采取多种手段，利用各种渠道筹措资金。乾隆五年，贪官安图家中挖出大量赃银，皇帝灵机一动，趁便要求内务府将赃银 4 万余两交付圆明园工程使用；乾隆十二年（1747），从两淮盐政解交的盐税节省银中扣下 8 万两交圆明园，次年，又扣下 10 万两。这种临时挪用有偶然性，不易接续，长此以往还容易影响其他两座银库的管理，对需要大量经费投入的圆明园修建工程来说，属于杯水车薪，显然不是长久之计。而且，从正规经费渠道来说，圆明园工程费用固然可以经由广储司银库销算，但毕竟远在紫禁城，至少两个半时辰方能抵达，远水解不了近渴，为核计、汇报及支付、销算苑囿建设开支而产生的人力、物力投入过多，资金的使用安全也缺乏保障，总之各种经费使用不便的问题日益暴露。此外，乾隆帝园居时间愈来愈长，皇帝及皇室的园居开销增多，圆明园自身的日常维护也需要独立的财政管理。为此，乾隆十四年，乾隆帝建在皇家园林的金库——圆明园银库宣告建立。经济独立与政治地位相依相傍，圆明园银库的建立，不仅意味着圆明园财政在内务府财政系统获得了独立身份，而且也标志着皇家园林圆明园的地位不断提高。

二、收支状况

乾隆一朝，圆明园银库可谓日进斗金。据现有史料可知，该银库数额较大的资金来源包括：内务府广储司拨付银，如乾隆二十一年，因库存银两不敷使用，皇帝令圆明园银库向广储司领取 20 万两，二十四年，领用广储司银 10 万两；两淮盐商的公捐银，一度也成为圆明园银库来源的大头，乾隆二十年，盐商程可正捐银 100 万两，其中 25 万两拨交圆明园银库，二十二年，盐商黄源德等捐银 100 万两，其中 30 万两交圆明园银库。数额居中并逐渐成为定例的资金来源包括：内务府管辖之下的山海关、张家口、杀虎口等处关税盈余银，淮关余存办公银和节省下来的养廉银，两淮、长芦盐政额外盈余银等，这些资金每笔在数千两到数万两不等，成为支撑圆明园银库的稳定来源。数额较小但也比较稳定的经费来源包括：圆明园内稻田、菜园、果木、莲藕等种植经营所得收入，出粜丰益仓米所得银，圆明园地租银，内务府发卖库存人参、器皿、衣物等经营所得拨付圆明园使用银，圆明园当铺发商生息收入等等，这些资金数额不大，但也比较稳定。此外，处罚官员的赎罪、分赔、议罪银也有部分交付圆明园银库收贮备用。总之，大大小小的各种资金令银库日益充盈。

据清查资料统计，圆明园银库在乾隆五十九年的库存银为 70 余万两，鉴于银库存银随入随花，但要保持一个底限储备额，这一数字体现的应该是该银库在乾隆时期年度存银的最低数额。根据学者的相关研究，乾隆帝在位 60 年，三座银库总收入在 8000 万两以上，大约是清代国家两年的田赋税收，其中广储司银库总收入约 6800 余万两，占 85%，养心殿造办处银库总收入约 800 万到 900 万两，占 10%，那么，圆明园银库总收入大约为 400 万到 500 万两，占 5%，在三座银库中更显袖珍。上述数字是按照乾隆帝在位 60 年三座银库收入的总体情况估算的，在某些年份数字缺乏的前提下，取平均值计入。鉴于乾隆十四年之前圆明园无银库，并且，自乾隆十四年到六十年间，每年银库存银有很大变动，可以预估，圆明园银库收入所占比例的实际数字会略高于 5%。

值得注意的是，圆明园银库的收入并不完全等于圆明园兴建费用。首先，银库建于乾隆朝初期，而圆明园的兴建早在康熙帝统治时代就已经开始，前期投入的经费不在银库收入的数字范围之内。另外，圆明园银库的库存银使用范围并不局限于圆明园，还包括周围的静明园等其他皇家园林，甚至距离稍远的钓鱼台行宫乃至更远的避暑山庄的营建，都曾动用该银库的库存银，挑挖周围河道的施工费用也偶从圆明园银库报销。并且，乾隆一朝，圆明园营建及皇帝园居所产生的费用并不完全从圆明园银库支出。故而，该银库仅可作为透视圆明园兴建经费总额的局部窗口，而非全部。

三、管理制度

圆明园银库虽小，但关涉国家重要财政事务，乾隆帝非常关注，自建立之时即已制定了相关管理制度。在《总管内务府现行则例》中，有银库官员的任命与考察、银库管理章程、安全巡查制度等方面的详细规定。银库始设六品库掌一员、七品委署库掌一员、库守六员。六品库掌任职在圆明园郎中、员外郎、主事、委署主事之下；七品委署库掌任职在六品库掌、六品苑丞之下。为防止银库官员侵吞自肥，三年一轮换，并委派官员协理库务，以作监督。乾隆帝要求候补库守官员出身官宦，家道殷实，并强调其在任要勤勉谨慎，奉公守法。乾隆十四年原额设库守六员，后因事务庞杂，不敷使用，又于四十六年"添设十二名。俱有顶戴，食二两钱粮"。于是，圆明园银库库守增至 18 名，"已足敷差委"。乾隆朝施行严格的人事考察制度，以防银库官员渎职。银库官员，遵照内务府官员之例，分别优劣，编入京察，"不称职役者，即行斥革；平等供职者，视其行走年份归班升补外，如果有才堪办事，行走勤慎，迥出寻常者，照京察一等注册之例，不拘年份，即行注册，与应升人员一体录用"。

乾隆二十八年十一月，还制定了圆明园银库的管理章程，具体规定了管理要求和资金的一般性使用原则。第一，银库官员应详细登记每笔款项，每年年底将圆明园银库旧管、新收、实际使用钱款数目逐条缮写入黄册，以备查考；第二，银库资金的管理，每年收入银两以库平存库，如动支后有剩余，归入正项；第三，圆明园银库每年收入房、地租银约计500余两，作为园庭内岁修专用经费，如有不敷，方可动支正项；第四，每五年奏请皇帝派员查库。为保障银库资金安全，乾隆二十七年规定，圆明园银库库掌、库守等俱令在银库院内轮班值宿。每班派库掌一员、库守一员，带领园户六名值宿专管，并令银库值年郎中等不时稽查。每日令千、把总一员带领绿营兵十名协同值宿之库掌等巡察看守。

乾隆一朝，圆明园银库享有特权，遇有库存不足，皇帝就发动户部、广储司拨款，或通过其他渠道特批予以解决，而在资金使用方面，银库出银则相对专款专用，故资金来源多而出口较为单一，有效保证了资金充盈。嘉、道之后，随着清朝财政经济状况转衰，圆明园银库逐渐失去了往日地位。资金收入的常规渠道有时被皇帝截留，转作他用；户部、广储司银库存银不足，反需圆明园银库拨借协济，于是，该银库逐渐入不敷出。至咸丰十年（1860）圆明园被焚前，银库仅存正项银100余两、银钞2万余两、大钱500余文，另存油饰银、滋生银等共计900余两，银钞300余两，制钱500余文，乾隆时代的风光已一去不再。劫火过后，圆明园沦为一片废墟，银库只剩下银钞1万余两，档案也惨遭焚毁。乾隆帝建立起来的圆明园银库随之消失，退出历史舞台。

作者简介

阚红柳，1973年生，辽宁朝阳人，历史学博士，中国人民大学清史研究所副教授。主要从事历史文献学、清代史学史等方向的学术研究。著有《清初私家修史研究——以史家群体为研究对象》等。

颐和园与海军衙门

王道成

梁启超在《瓜分危言》一文中谈到慈禧太后修颐和园时曾写过这样一段话："吾尝游颐和园，见其门栅内外皆大张海军衙门告示。同游之人，皆窃窃焉惊讶之，谓此内务府所管，与海军何与？而岂知其为经费所从出也。"如果对北京皇家园林兴建的历史作一番考察，对此问题我们会有更清醒的认识。

满族统治者喜建皇家园林

满族统治者崛起于白山黑水之间，祖祖辈辈以狩猎为生，与大自然有着非常密切的关系。定都北京后，他们不断修建皇家园林。

乾隆帝即位的时候，清王朝经济的恢复和发展，为其大兴土木提供了雄厚的物质基础。他先后改建和扩建了康熙、雍正年间在北京西北郊兴建的畅春园、圆明园、静明园、静宜园，又借疏浚当地西湖的机会修建了清漪园。这就是人们常说的"三山五园"中的"五园"，"三山"则指香山、万寿山和玉泉山。其中，畅春园是侍奉皇太后的场所，圆明园是皇上听政的御园，清漪园、静明园、静宜园供皇室闲暇时游玩。

清漪园修葺假借他名

咸丰十年（1860），英法联军侵略中国。在对圆明园进行疯狂抢掠之后，又野蛮地纵火焚烧。于是，这座被欧洲人誉为"万园之园"和"一切造园艺术的典范"的一代名园以及附近的畅春、清漪、静明、静宜等皇家园林都被侵略者烧成一片废墟。次年，慈禧太后等从避暑山庄回到北京，以垂帘听政的名义登上了最高统治者的宝座。慈禧太后曾数次想修复圆明园，但因内忧外患，加之遭到统治集团内部的竭力反对，修治圆明园不得不宣布停止，改修西苑（一称三海，即北海、中海、南海）。

为了使慈禧太后归政后有一个颐养天年的地方，同时也为她的六十大寿兴建一处举行庆典的场所，醇亲王决定修葺清漪园。清漪园的大报恩延寿寺，是乾隆帝为其生母孝圣宪皇后六旬庆典而修建的。此后，又在这里举行她的七旬和八旬庆典。清漪园的规模虽然不如圆明园，但它是在真山真水的基础上修建起来的，自然景色在北京的皇家园林中可以说是独一无二。

但是，修葺清漪园并不像修西苑那样简单。西苑的建筑未被焚毁，清漪园则已成废墟。修葺清漪园不仅经费难于筹措，而且在民穷财尽之时大兴土木，必然会像同治年间修圆明园一样遭到激烈的反对。于是，奕譞利用创办海军、抵抗帝国主义侵略的名义，行修清漪园之实。光绪十一年（1885）九月，清政府设立海军衙门，派奕譞总理海军事务。十二年八月，奕譞奏请恢复昆明湖水操。大臣翁同龢在日记中写道："海军衙门会神机营奏，在昆明湖试小轮船，复乾隆水师之旧。"乾隆年间，曾在昆明湖"设战船，仿福建、广东巡洋之制，命闽浙千把教演"，"每逢伏日，香山健锐营弁兵于湖内按期水操"。但是，昆明湖毕竟不是练水师的地方，不久就陆续裁撤。现在，居然要在昆明湖练海军，岂不是天大的笑话。其实，"复乾隆水师之旧"，只不过是为修葺清漪园打掩护。原来恢复昆明湖水操，就可以用"恭备皇太后阅看水操"的名义修葺清漪园。水操恢复之日，也就是清漪园工程开始之时。

光绪十二年，翁同龢在日记中写道："盖以昆明（湖）易勃海，万寿山换滦阳也。"勃海，即渤海。滦阳，即地处滦河之北的避暑山庄。昆明湖代替了渤海，万寿山代替了避暑山庄。这清楚地告诉我们，清漪园工程在统治集团的一些人中已经不是秘密了。

为了掩人耳目，又设水师学堂于昆明湖。该学堂分为水操内学堂和水操外学堂。水操内学堂开学之日，主持开学典礼的官员又主持了为慈禧六旬庆典而兴建的排云殿的上梁仪式。次年，以光绪帝的名义发布上谕，将清漪园工程公开并将清漪园之名改为颐和园，那时园中的许多工程都已经开工甚至完成了。

颐和园重建经费从何而来？

在光绪十一年至二十一年间，北京有两大皇家园林工程，一个是颐和园，一个是西苑。颐和园由海军衙门承修，西苑则由奉宸苑负责。承包的单位不同，经费的来源也不一样。颐和园的经费由海军衙门分放，西苑工程有时经费困难，也请海军衙门垫放。分放不需归款，垫放则需筹还。所以，颐和园经费和西苑经费是不能混为一谈的。

从现有材料看，颐和园经费主要有三个来源：

一是从海军经费中拨给。光绪十七年，庆亲王奕劻在奏片中说："颐和园自开工以来，每岁暂由海军经费内腾挪三十万两，拨给工程处应用。"但是，颐和园开工究竟是从光绪十二年算起，还是从光绪十四年算起？持续了几年？拨了多少？由于资料缺乏，还很难断定。

二是海军巨款息银。海军衙门成立后，奕譞等感到困扰的一个问题就是海军经费历年拖欠，进出多有不敷。颐和园工程又给海军衙门增加了负担。为了备海军要需，同时也为了颐和园的修建，奕譞想出了一个主意，"筹一大笔银款，存诸北洋生息。本银专备购舰设防一切要务，其余平捐输二款，另款存储，专备工作之需"。光绪十四年冬，奕譞将这一想法函告李鸿章，要他转商两江、两广、湖广、四川、江苏、湖北、江西各督抚，量力认筹，共银二百六十万两。这就是人们所说的"海军巨款"。这笔巨款自光绪十五年二月起至十八年五月上，陆续解往天津，汇存生息。"所得息银，专归工用"。但是，这笔巨款究竟生了多少息银？用于颐和园的有多少？由于资料缺乏，就不清楚了。

三是新海防垫款。海防捐的开设始于光绪十年中法战争期间。十三年黄河郑州段决口，改为河工捐。十五年，海军衙门因筹款紧要，奏准将河工捐停止，仍改为海防捐，这就是新海防捐。十七年二月十六日，总理海军事务大臣奕劻等在奏片中说，"每年拨工（指颐和园工程）之款原属无多，各省认筹银两，亦非一时所能解齐。钦工紧要，需款益急。思维至再，只有腾挪新捐，暂作权宜之计。所有工程用款，即由新海防捐输项下暂行挪垫。一俟存津生息集有成数，陆续提解臣衙门分别归款"。这一经费来源，不同于海军经费拨款和巨款息银，这是"暂行挪垫"，是要用存津生息的海军巨款息银陆续提解归款的。由于资料缺乏，由新海防捐挪垫了多少？如何归款？也不清楚。

尽管如此，对于颐和园的修建经费，我们仍然可以得其大略。

根据档案记载，乾隆朝修建清漪园，历时十五年，共用银四百四十万二千八百五十一两九钱五分三厘。颐和园仅修复了清漪园的前山、前湖部分，历时八年。颐和园的修建经费，虽然没有像清漪园那样的完整记录，但是，根据皇家工匠"样式雷"家藏资料，颐和园五十六项工程，共用银三百一十六万六千六百九十九两八钱三分三厘。这五十六项工程，占颐和园全部工程的一半以上。由此推算，颐和园的修建经费当在五百万至六百万两之间。过去流传的二千万两、三千万两、五千万两、六千万两、八千万两诸说，都是事出有因，查无实据的。

颐和园工程，开始于光绪十二年，即海军衙门成立的第二年。光绪二十年，中日甲午战争爆发，北洋海军全军覆灭。次年，裁撤海军衙门，颐和园工程也随之停止。此工程可以说是和海军衙门相始终。既然颐和园工程由海军衙门承修，修建经费由海军衙门分放，就不能说颐和园与海军衙门无关。颐和园"门栅内外皆大张海军衙门告示"，也就不值得惊讶了。

作者简介

王道成，1933 年生，四川高县人。中国人民大学清史研究所教授、博士生导师，主要从事清代政治史、文化史的研究。现任北京市北京学研究基地顾问，中国圆明园学会常务理事、学术委员会副主任。著有《红楼梦与清代封建社会》（合著）、《颐和园》（合著）、《圆明园》、《科举史话》、《慈禧太后》以及论文80 余篇。主编《近代京华史迹》《圆明园：历史·现状·论争》《圆明园重建大争辩》等。

清朝以法治边的经验得失

林　乾

　　清朝在中国统一多民族国家形成和发展史上占有重要地位，与以往王朝相比，它所面临的边疆民族事务更为复杂，解决的难度也更为艰巨。在继承并积极拓展以往治边政策的同时，它将边疆民族管理纳入法制化、制度化轨道，乾隆《大清会典》将其表述为"酌定律例，以靖边徼"。换言之，清朝治边并不囿于策略、政策以及技术层面，而是提升到法制的高度，这也是其区别于以往所在。从这种意义上说，其治边的成功与其说是政策的，毋宁说是法制的。

　　清朝早在关外作为地方性政权时期就设置了管理民族事务的机构——理藩院。康熙帝即位之初，将其从礼部独立出来，并以其"职司外藩""责任重大，非明朝可比"，"凡官制体统应与六部相同，理藩院尚书照六部尚书，入议政之列"。自此，理藩院成为列名六部之后的重要中央机构。至乾隆朝，更将理藩院视为同吏、户、刑三部"均属紧要"（《清高宗实录》）的重要机构。

　　理藩院设有理刑司、则例馆等下属机构，负责制定边疆民族地区的法律等事务。其制定并颁行的《蒙古律例》《回疆则例》《理藩院则例》等特别法，与作为普通法的《大清律例》一并成为清朝有效管理边疆民族事务的基本法典。由理藩院作为主体奏请制定的各种则例、条例、章程等带有强制约束力的法律法规，极大丰富并拓展了中华法系的内容和内涵，也是其提高治边效果的最有效工具，其经验得失值得认真总结。

一、从俗从宜与统一法制

清代各少数民族大多生息在离中原腹地较远的边疆地区，这些边远地区经济发展水平很不平衡，原有社会结构以及风俗习惯也大异其趣。许多地区或部族沿用传统习惯法调整民、刑纠纷。如何将边疆民族地区的习惯法与国家的制定法统一协调起来，既是清朝统治者面临的重大难题，也是提高其管理效能，以法治边必须解决的现实问题。就总体而言，清朝比较妥善地处理了从俗从宜与统一法制相协调的关系。具体而论，有以下几个方面。

一是按照从俗从宜的原则，尊重、维护少数民族的习惯法，并将其合理部分纳入国家制定法中予以承认。

清朝统治者一再强调"其习俗既殊，刑制亦异"的重要性，并将"因俗制律"作为制定边疆民族地区法律的一项基本原则，雍正帝就明确提出其立法要坚持"从俗从宜，各安其习"的原则。乾隆朝加以继承，并以国家法典的形式予以肯定。乾隆《大清会典》在规定理藩院理刑司职能时，开宗明义，指出"国家控驭藩服，仁至义尽。爰按蒙古土俗，酌定律例"。理藩院在编纂则例的奏折中，也一再强调"其事理与内地不同，往往以因地制宜，须随时通变"，"蒙古现行原例与回疆则例之中，均有因时制宜、变通办理之处"（《续修则例原奏》《现修则例原奏》）。

统一新疆伊始，大臣们一度认为"今为我属，凡事皆归我律更张"（《西域地理图说注·职官制度》），但现实使之很快认识到，"办理回疆事务，宜因其性情风俗而利导之，非尽可以内地之法治之"（《清高宗实录》）。乾隆末年，清朝政府在总结治藏法制经验的基础上，也制定了承认其习惯法的专门条例。

二是根据少数民族接受中原地区生产生活方式的程度不同而适用不同的法律，表现出边疆民族立法"从宜""因时"的特点。

清朝统治者往往将是否毗邻汉族居住区，以及"归服"时间的先后，而将一些民族或居住地区不同的同一民族区分为"生""熟"之别，如将台湾土著居民分为"熟番"和"生番"。对于居住在云、贵、川、粤、湘等省的僮、傜、黎、彝等民族，清朝统称之为苗民，对其也有所谓"生苗""熟苗"之区别，因而法律适用也不尽一致。也就是说，将国家制定法施行到民族地区，要采取因势利导、渐进的办法。而法律上的"因时""从宜"，最终要以是否有利于稳定边疆为依归。

三是边疆民族地区的特别法，具有优先适用的地位。乾隆七年（1742）定：嗣后八旗游牧察哈尔蒙古偷盗牲畜，及犯别项罪名者，皆照《蒙古律例》，如《蒙古律例》所未载，再照刑部律例办理。

四是边疆民族地区的立法权掌握在清朝中央政府。立法权和司法管辖是构成治权的最基本内容。在清代，有关边疆民族的立法主要通过理藩院（部）来行使。在嘉庆十九年（1814）首次按六部编纂则例之制，制定《理藩院则例》之前，理藩院主要通过修纂《蒙古律例》来行使立法权。《理藩院则例》初次编纂，例文由乾隆末年的 209 条，增加到 713 条，道光七年（1827）第二次修例，已激增为 1454 条，这与《大清律例》最高条例数目 1892 条相比，仅差 400 余条。而后者的 1892 条例文中，尚有 100 余条属于边疆民族的立法，由此可见清朝在边疆民族立法上的成就之大。

五是最高司法权，尤其是死刑判决权掌握在清朝中央政府。《蒙古律例》规定："凡应拟绞斩之蒙古人犯，由诸扎萨克处审讯，声叙罪情报院，由院会同三法司定拟具奏请旨。"《钦定回疆则例》规定：一切重案必须报理藩院会三法司核拟。

二、规范内地与边疆民族之间的法律关系

内地与边疆、汉族与少数民族以及少数民族之间的关系处理得如何，直接关系到边疆地区的稳定与发展，也是确保清朝统治基础稳固之所在。清朝打破了传统治边的政策及技术框架，更多地通过法律手段规范、调节内地与边疆、汉族与少数民族之间的关系。《大清律例》中的100余条边疆民族法律中，大多数是调整内地与边疆、汉族与少数民族以及少数民族之间关系的。它既有刑事法律，也有大量的民事经济法律。其内容大体包括以下几个方面：

一是申严边禁，激起边疆民族地区事变的，按"引惹边衅例"从严治罪。清朝对前往边疆民族地区从事贸易活动以及佣工生产者，均实行严格的印票制度，边禁极严。法律规定，内地汉民前往回疆各城觅食佣工者，如无原籍、年貌、执业印票及人票不符，即行递解回籍，倘回户私自容留，查出治罪。雍正七年（1729）所定盘诘奸细律规定：私通土苗，借骗财物，引惹边衅，或潜住苗寨，教诱为乱，贻害地方者，除实犯死罪外，俱问发边远充军。

二是对边疆民族地区的官员，实行法律责任制度。清朝统治者"历观往代"，认为"中国筹边所以酿衅，未有不由边吏凌傲姑息，绥驭失宜者"，指出"此实绥靖边隅、抚驭外人之要务"（《清高宗实录》），因而在慎择边吏的同时，立法惩治不法。凡

是边疆民族地区发生"生番滋事""苗蛮扰害"等案件，专管兼辖各官均将受到严厉惩罚。

三是保护边疆民族地区的基本权益。为稳定边疆，清朝立法的重点在"不扰边""不生事"，同时带有权益保障的色彩。如严禁内地汉人潜入粤东黎境放债盘剥，有违照私通土苗例严惩。严禁赊买、拖延、骗勒远人，以及在甘肃、西宁等处逼令减价。"禁止商民重利盘剥穷回例"规定：商民借给"回子"银钱，只准三分行息，不准转票，利上加利，亦不得将房地贱价折偿负欠，商民如有重利盘剥者，该阿奇木伯克查出即行呈报本城大臣，照例治罪。

四是逐步放宽内地与边疆地区的财产交换。清朝前期，出于对边疆民族地区赖以生活的保障性财产的保护，严禁田产交易。法律还规定，田土财产只能在本地区本部族间交易，严禁同一部族跨地区交易。但自乾隆时起，随着人口压力的加重，以及经济的活跃，逐渐放宽内地汉民与少数民族之间的田土交换。《户部则例》规定，对于客民迁移回籍所遗产业，苗民无力收买，准售与有业汉民；其所当苗产，许苗民呈明取赎。如是客民垦荒成熟，酌断工本。表现出了法律既保护苗民田产，也照顾了客民的权益。除一般禁止汉民置买苗产外，对汉民典种苗土，汉民前往苗地贸易、放债等均不在禁止之列，而且在法律上予以保护。尤其是法律承认汉苗间的租佃关系。

五是从刑罚执行上，力图避免同罪异罚。对于少数民族之间的案件，除普通法《大清律例》有规定者外，一般适用习惯法以及特别法裁决，并采取属人主义原则。如在蒙古地区蒙古人有犯，首先适用《蒙古律例》。而普通法《大清律例》对蒙古、民人交涉案件，采取属地主义原则。

三、宗教立法以安边抚众为重点

清代以前，由国家制定的成文法很少涉及宗教的内容，而生息在边疆地区的民族，尽管宗教信仰有所不同，但大多宗教意识较强，宗教活动颇盛，有的地区实行政教合一制度，宗教势力很大。宗教问题处理得如何，事关边疆稳定大局和国家统一大业。清朝宗教立法有以下几个特点。

一是确立国家对宗教的管理权。清朝借鉴了"元朝尊重喇嘛有妨政事之弊"（乾隆帝《喇嘛说》）的深刻教训，其宗教立法的首要特点是确立国家对宗教的管理权。对于拥有广泛社会基础的宗教，清朝从法律上将其置于国家的管理之下。康熙帝多次说"本朝为护法之主"（《卫藏通志》），只有清朝政府才具有"总持道法""以道法归一为要务"（《理藩院则例》）的国家管理职能。因此，清政府是喇嘛教的最高保护者，不允许宗教领袖包括大喇嘛在内置于政权之上。

清朝宗教立法的第二个特点是限制、削弱达赖等大喇嘛的世俗行政权力。乾隆十五年清朝平定珠尔墨特那木扎勒之乱后，于次年颁布的《善后章程》中，明确废除封授郡王（藏王）制度，实行由驻藏大臣和达赖喇嘛共同管理藏政的行政管理体制。这是此后乾隆五十八年用法律形式确立驻藏大臣总揽藏政的重要步骤。《钦定西藏章程》颁行后，"达赖、班禅拥掌教之虚名，无统治之实际，此实政教分离之渐"（许光世、蔡晋成《西藏新志》）。

三是通过活佛转世制度的确立，将宗教职务纳入国家行政管理系统。活佛转世是藏传佛教有别于其他宗教和佛教其他派别的独特传承方式，即在大活佛圆寂之后，寻找一名被认为是其转世再生的，具有灵异特征的幼童，作为其继承人，蒙古语称作"呼毕勒罕"。17世纪中叶，由于清朝中央政府的册封，形成了达赖喇嘛和班禅额尔德尼两大活佛转世系统，其转世按约定成俗的办法，即大活佛圆寂后，其转世灵童，往往由布达拉宫四大护法（吹忠）喇嘛降神指定。乾隆帝以"吹忠附会妄指"甚多，蒙藏地区上层僧俗贵族，往往利用活佛转世谋取政治、经济利益，"吹忠或受贿恣意舞弊，或偏庇亲戚妄指"，因此转世呼毕勒罕"或出自族属姻娅，或出自蒙古汗、王公等家，其与蒙古王公、八旗世职官袭替相似"。这是造成蒙藏地区动荡不安、纷争不已的一个主要原因，因此，乾隆帝仿抽签任官办法，建立了金瓶掣签制度，并于乾隆五十八年颁布的《二十九条章程》中，以法律的形式固定下来。其后在《理藩部则例》中又加以具体化。金瓶掣签制度，通过法律的形式，将指认达赖、班禅和大活佛宗教职务继承人选，纳入了国家行政管理的轨道，加强了国家对宗教的管理，有利于防止蒙藏上层贵族通过夺取宗教权膨胀政治势力，也有利于克服地方势力之间和宗教派别之间为争夺转世灵童而造成的矛盾和斗争，从而有利于蒙藏地区的安定和发展。正如乾隆帝所说："辑藏安边，定国家清平之基于永久，予幸在兹。"（《喇嘛说》）

除佛教外，在中国西北等地影响甚大的是伊斯兰教。清朝也加强了这方面的立法。《回疆则例》有多项法律规定。

四是彰明法律，惩处不法。清朝统治者认识到，宗教首领不管地位多高，在法律上"与齐民无异"，因此，如果有分裂国家、叛逃等行为，也必置于法。乾隆五十五年，廓尔喀侵入后藏时，仲巴呼图克图先期逃避，大喇嘛济仲、札苍等，托占卜之词，以其不可守，以致众喇嘛等纷纷逃散。事平后，乾隆帝令将为首之济仲拿至前藏，当众剥黄正法，其余札苍及仲巴呼图克图，俱拿解至京治罪。

总体上看，清朝通过宗教立法，改变了西藏、新疆等地政教合一的体制，限制了宗教势力对行政权力的干预，将宗教管理纳入法制化轨道，遏制了宗教分裂势力的渗透，维护了国家主权的统一和完整。这些都是必须充分肯定的。

从以上论述的三个方面，足以说明清代以法治边取得了很大成功。直到新疆建省前，哈密亲王迈哈默特还称《回疆则例》是"世守历代册宝"，因"遭兵焚毁，遇事无可稽查"，请理藩院"补行颁发"（《清德宗实录》）。光绪三十四年（1908）六月，因"各处纷纷咨取"《理藩部则例》，致使这部法典不敷所用，理藩部遂按照聚珍版印刷二百部，以付急用。辛亥革命后，北洋政府在西北民族地区仍部分使用这部法律。

清朝以法治边取得巨大成功的同时，也必须指出，其消极防范、限制甚至阻碍边疆民族地区发展的立法，负面影响也不可低估。越界有禁，越旗有罚，长时期法律上的封禁和隔离，无疑阻止了清代中国各民族之间交流和融合的历史步履，也影响了边疆民族地区的经济发展和社会进步。随着时间的推移，尤其是当西方殖民主义挟其坚船利炮叩开中国大门的时候，其危害性就更加凸显出来。

作者简介

林乾，1959 年生，中国政法大学法律史学研究院教授，博士生导师。著有《中国古代权力与法律》《康熙惩抑朋党与清代极权政治》等。

清代治疆经验谈

周卫平

清代新疆政局发展的基本轨迹可以概括为"治—乱—治"，乾隆至嘉庆朝末年为统一、创设阶段；道光朝至建省前是动乱跌宕阶段；建省后是平稳发展阶段，这期间新疆几乎未发生任何变乱事件。从清统一新疆（乾隆二十四年，1759 年）到辛亥革命之前，清政府先后任命的治疆大吏（包括伊犁将军、总理回疆事务参赞大臣、乌鲁木齐都统、新疆巡抚）共百余人。面对民族成分复杂、宗教氛围浓厚、气候条件恶劣、地瘠民贫、远离中央的客观因素，以及民族内部纷争、周边邻邦间续窜扰等诸多人为因素，百余年间长期驻守在此的历任治疆大吏在履行职责过程中，为后人提供了大量可资借鉴的宝贵经验。

经验之一：因俗而治只是过渡，与内地一体化才是目标

因俗而治、分而治之的统治政策是清廷统治者在统一新疆过程中，根据新疆维、哈、蒙等少数民族地区的社会发展状况以及新疆的实际情况而制定的，它是清王朝建立统一多民族国家过程中形成的边疆民族政策的重要组成部分，它适应了当时的形势，对巩固国防和维护边疆稳定起到了重要作用。清朝历任治疆大吏

清楚，只有对新疆进行更为严密的直接控制，才能保证新疆的长期稳定和维护国家领土主权的完整，这种思想在新疆建省后得以实现。

建省后，在行政管理体制方面，清廷取消伯克制、札萨克制，在全疆推行单一的郡县体制。各级政府大多由清廷命官控制。原来由当地少数民族头目管理的民政事务，统一由道、府（州、厅）、县各级地方政府掌管。新疆建省是清王朝高度专制主义中央集权在地方上的反映，同时也是清政府对新疆进行直接控制的标志。建省后的新疆巡抚事权归一，不仅有利于中央政令的贯彻执行，而且有利于新疆建设的组织和发展；对防止外来侵略、维护祖国统一和领土完整起了十分重要的作用。

经验之二：守边之要首在熟悉疆情

所谓疆情，指疆内疆外社情民意，治疆大吏不仅要熟悉外藩和内藩的风俗习惯及其专长，还要全面了解各部落势力的强弱，部落内部的政权形势及官制承继的情况，以便确定不同的内外方针，达到抚驭控制的目的。

曾三次奉命担任回疆参赞大臣的璧昌深知边境外藩情况，在守边治边岗位上，他始终强调"熟悉夷情"的重要性。例如他对于浩罕的历史如数家珍，因而对抵御浩罕及其支持下的和卓犯边充满信心，并多次击退外藩的侵犯活动。在道光十年（1830）爆发的玉素普和卓之乱中，璧昌对驻疆官兵所处环境有清醒的认识：当地少数民族倘被外藩蛊惑，对清驻军形成内外夹击之势，更难抵挡。在清军孤悬塞外、民众意志闪乎不定的政治氛围下，不如调动一切力量，将敌之可能为用的力量转变成能为我所用的力量，与当地民众团结一心，彼此互助，必能变不利为有利。同时，他注重发挥阿訇在回众中的影响，对阿訇晓之以理，让阿訇传知民众共守回城。最终玉素普和卓之乱在 3 个月之内被平息。

经验之三：屯田兴废关系新疆治理成效

地域辽阔、人丁稀少和远离中原是新疆的一个显著特点，因此屯垦在治理西域过程中具有重要作用。清朝统一新疆后，历任伊犁将军如明瑞、阿桂等均在北疆大范围实施兵屯和民屯，有利于开发当地土地资源，促进当地经济发展，供用军粮兵饷及维护社会稳定，但这一时期清朝在南疆的屯垦只限于吐鲁番地区。清政府最高决策者出于民族隔离管理的原则，严格限制内地汉人进入南疆，即便允许也是少数商人在严格审批下领取路票前往，更不许携带家眷。这种隔离政策的实施大大阻碍了南疆与北疆、新疆与内地一体化进程。张格尔之乱后，伊犁将军长龄奏请在喀什噶尔地区屯田，先由回兵和当地民众试垦，待成功后，再从内地招募民人进行屯垦，对内地汉人开放。最终在屯垦的基础上，南疆驻防实现从换防兵制到携眷兵制的过渡，达到驻防长期化和当地化。然而该制度在短暂实行后，由于多方阻挠，加之为避免产生民族矛盾，道光帝最终撤销了喀什噶尔垦区，民屯就此搁浅。此后，在阿古柏入侵爆发大规模战争时，兵源、兵饷的补给相当困难，南疆全面失守。新疆建省后，为了尽快恢复和发展农业生产，首任新疆巡抚刘锦棠根据新疆的政治经济形势，开始大力恢复发展屯田。刘锦棠的民屯章程对内地无地少地的农民产生了比较强的吸引力，被裁撤的官兵和携带家眷的遣犯在新疆屯田既解决了生计问题，又扩大了屯田规模。总之，屯田导致移民的增多和荒地的开垦，而这些为重新征收田赋、充实军饷提供了可能。

经验之四：注重中华传统文化教育至关重要

新疆建省后，为了在郡县制的基础上更为深入地推进新疆与内地的一体化，清政府在收复新疆后就将在少数民族中推行教育提上了政策日程。左宗棠最先提出在新疆各地设立义学，他要求各善后局和防营多设义塾，并以《千字文》《三字经》《百家姓》等为课本，教育少数民族儿童学识汉文。在学生具备一定汉语基础以后，他进一步推广《孝经》《小学》等儒学初等教育课本，上述计划都完成以后，再颁行《六经》。

刘锦棠也赞同左宗棠在新疆发展教育的观点，他建议将内地的儒家教育制度搬来新疆并予以变通。在他的敦促下，新疆各地纷纷设立义学，值得指出的是，刘锦棠并不是单纯地鼓励回童学习汉族文化，更把汉官学习回语也提上了日程。刘锦棠在各地建立义学教授回童汉语知识的同时，还试图在郡县制的行政框架中加速回汉官员的融合。最终，他在各地建立以义塾为形式的教育网络，此后的新疆巡抚一直不断推行中华传统文化教育，在清末新疆实施新政、改行西式教育以前，义学已普及到全疆各地的道厅州县。中华传统文化的教育在新疆遍地开花。

作者简介

周卫平，女，1973 年生，新疆伊宁人。中国社会科学院中国边疆研究所副研究员，主要从事边疆史研究。著有《清代新疆官制边吏研究》《中国新疆的治理》等。

从乌什事变、张格尔之乱谈清代治疆的教训

周卫平

清代新疆政局发展的基本轨迹可以概括为"治—乱—治"，乾隆至嘉庆朝末年为统一、创设阶段；道光朝至建省前是动乱跌宕阶段；建省后是平稳发展阶段，这期间新疆几乎未发生任何变乱事件。在这个过程中，由治而乱的转折点当属道光初年的张格尔之乱，变乱一度使清朝丧失了除阿克苏以外的全部南疆地区，打破了新疆长达六十余年的安定局面。这次动乱延续八年之久，清政府耗资 1100 万两白银才得以平息叛乱。此后的新疆政局始终处于动荡之中，先后历经五次和卓之乱及农民起义，直至新疆建省。本文旨在通过乌什事变、张格尔之乱，审视清代在新疆治理方略上的经验与教训，以期对今天的新疆治理有所借鉴。

教训之一：驻疆官员素质与新疆稳定休戚相关

清代新疆较之边疆其他地区有较为特殊的地缘政治格局、历史文化环境及复杂的民族关系和宗教问题，就外在因素而言，外来敌对势力和割据势力往往利用民族问题和宗教问题挑动事端，制造动乱；就内在因素而言，驻疆官员的素质直接关系到国家对新疆治理的好坏，他们的政治素质和道德素质的优劣与新疆的稳

定休戚相关。

发生于清廷统一新疆不久之后的乌什事变（发生于乾隆三十年，1765年），其原因就是乌什办事大臣素诚和阿奇木伯克阿不都拉恣意奴役和压迫当地民众，招致了包括中下级伯克在内乌什人的强烈的憎恶和反感，最终导致民众揭竿而起。而张格尔之乱（发生于嘉庆二十五年，1820年）的导火索就是喀什噶尔参赞大臣斌静，荒淫无度奸污少数民族首领之女，以致民变。虽然道光帝在案发伊始就怀疑张格尔作乱必有缘由，应当是"激变"所致，多次谕令伊犁将军庆祥严查。但庆祥对斌静所作所为极力掩饰，欺骗朝廷，袒护斌静。正是由于斌静的恶劣行为，庆祥的护短，清政府没有做出正确有效的处理，民众在失望之余对清朝的这种好坏不分、赏罚不明的做法更加怨忿难平、民愤汹涌，这次动乱由小变大，由轻变重，愈演愈烈。张格尔首次入卡（指卡伦，边疆哨所）作乱时，领队大臣色普征额率兵败之，张格尔仅余二三十人，舍骑步逃。本可以将之擒获的色普征额却因想参加斌静的中秋节晚宴，并未趁胜穷追，张格尔最终得以逃脱。

教训之二：疆吏的应变举措对新疆动乱产生影响

疆吏在处理突发事件时应变过激会致使事态人为扩大，而过缓则是消极应对，本想息事宁人，往往适得其反。应变过激多半发生在基层，其失误一般是战术性的；而应变过缓则是高层决策中的问题，其失误往往是战略性的，后果可能更加严重。

乌什事件起初起事者仅几百人，且最初仅仅是反抗乌什的阿奇木伯克和办事大臣的贪淫暴虐，清兵赶来时乌什民众还开城门相迎。但清兵在阿克苏办事大臣卞塔海指挥下开炮轰城，遂致全城造反。乌什事变爆发后，乾隆帝令伊犁将军明瑞速往平乱，回疆参赞大臣纳世通不想让明瑞插手南疆事务，不断寻找借口阻止其前来。明瑞因过分谦让，并没有率兵直奔乌什，而于阿克苏与乌什之间安营扎寨以候消息。这使得本可以迅速平息的动乱愈演愈烈，在纳世通无法控制后明瑞方才出兵，花费巨资后平息动乱。

再如张格尔自嘉庆二十五年入卡作乱，起初一直是在边卡上的小规模骚扰，追随者也仅数百人。可到道光五年，清朝军官巴彦巴图领兵追捕张格尔未果，却将当地柯尔克孜头人亲属及许多无辜牧民杀害，谎称遇贼杀敌。这场滥杀的后果是把大批柯尔克孜人推向张格尔一边，叛乱人数大大增加，事态急剧恶化。

教训之三：应慎重对待少数民族官员

新疆统一后，清朝对和卓后裔进行了清查和安置，错漏了张格尔之父萨木萨克，伊犁将军松筠在萨木萨克死后谎报其无子，并对查访和卓后裔的黑山派少数民族首领玉努斯打击报复将其下狱。不明真相的清政府因此禁止伯克与浩罕来往，这造成清政府于浩罕的信息近乎陷于隔绝，以致嘉庆二十五年在毫无预警的情况下，张格尔第一次入卡作乱。直到张格尔进犯时，清政府才清醒过来，认识到玉努斯案是一件冤案，最终为玉努斯平反。玉努斯后来在抗击张格尔之乱的战役中牺牲。

黑山派是清朝统治依靠的宗教力量，张格尔之乱前，黑山派阿訇孜牙墩因反抗阿奇木伯克的压迫而起事，驻疆官员在未了解事实的情况下，不等嘉庆帝谕旨，就自行将孜牙墩与布鲁特首领图尔第迈莫特一同凌迟处死，后经查证这是一件冤案。对孜牙墩及其追随者的血腥屠杀，削弱了黑山派的力量。事实证明，在张格尔叛乱期间，黑山派贵族和平民始终站在清朝一边反对张格尔，甚至暗中准备行刺张格尔。另一方面，冤杀布鲁特首领图尔第迈莫特，造成了边境内外的布鲁特人对清廷的怀疑和怨恨，张格尔利用这一点，使布鲁特人充当了他入侵叛乱的急先锋。嘉庆二十五年，布鲁特人首领苏兰奇和张格尔共同入侵喀什噶尔地区。苏兰奇曾经受过清廷奖赏，他帮助张格尔除了宗教上的原因外，与同族首领图尔第迈莫特的悲惨下场有很大的关系。而图尔第迈莫特的堂弟岳哈西第更是毫不犹豫地站到张格尔一边，参加了张格尔发动的入侵南疆的叛乱。一件冤案将众多布鲁特人推向了张格尔一方，成为张格尔叛乱的依靠力量之一。

教训之四：南疆基层社会治理是长远之计和固本之举

清朝统一新疆后，出于"因俗而治"的考虑，在南疆设立参赞大臣和各城设立办事大臣进行管理，而把社会基层管理交给各级伯克。一方面"因俗过重"限制了清政府对南疆基层社会的治理，造成基层社会管理严重缺失，而伯克们的权力则愈来愈强化，"民穷"问题日益严重，官民矛盾、民族矛盾和社会矛盾交错叠生，从而为张格尔作乱提供了社会基础。另一方面，管理失控和矛盾聚集则使和卓势力乘虚而入，在民众中的影响日益扩大，在张格尔起事时一呼百应。

那彦成和长龄在张格尔与玉素普之乱后，力图就南疆基层社会治理的诸多弊端进行改革，强调驻守重兵，允许内地民人进入南疆屯垦，强化对基层官员的管理和对伯克的监督等。这些"强化内治"的手段，实则是淡化南疆的"特殊化"，而更多强调将新疆与内地一体化。然而不幸的是此建议遭到了最高决策层的否决。南疆诸多矛盾不断积累，最终在同治朝末年总爆发，致使清政府在南疆的统治陷入崩溃。收复新疆后，治疆大吏们重新反思新疆"因俗而治"的诸多弊端，奏请新疆建省。新疆建省加快了与内地一体化进程，对新疆的社会稳定、经济发展和西部边疆安全产生了重大而深远的积极影响。

教训之五：战略要地各自为守不易形成合力

喀什噶尔、英吉沙尔、叶尔羌、和阗等南疆西四城地接外藩，虽然四城在地域上连成一片，但四城的军政中心彼此却相隔较远。加之清政府在治理新疆战略上"重北轻南"，南疆各城驻兵为数甚少，一旦遇事，自保尚属困难，更难论及相互援助。四城不论哪城出现骚扰，其余各城则只能是闻警自保，以防遭其侵犯。战事规模扩大，援兵近则调自伊犁、乌鲁木齐，远则调自陕西、四川、黑龙江等省，如此窘状，使清政府一筹莫展。平定张格尔之乱后，方在南疆始设民屯，民屯于兵源、兵饷的补给稍有裨益，但其提供的补给仍不足以应对大规模的战争，阿古柏侵占南疆七座城池即为例证。如何解决南疆战略要点分散、不能互援的问题，始终是驻疆官员的心病。结果清政府深恐边疆主要军政人员专权自重、势力作大，所以始终未能就地建立一支能够灵活机动、四处救援的军事力量，以即时应对南疆各城突发的侵扰事件，此当引起后人深思。

从《大清会典》看清朝对西藏的施政

赵云田

《大清会典》系清朝康熙、雍正、乾隆、嘉庆、光绪五朝所修会典的总称，是记载清朝官署职掌及相关制度的政书，其中的"理藩院"部分，记载了清朝对西藏的施政情况，是研究清代西藏史的重要资料。

一、对达赖喇嘛封号的记述

顺治十年（1653），在五世达赖喇嘛进京觐见顺治帝后返藏途中，清政府对其册封，这是清朝对西藏施政的重要举措。在乾隆朝内府抄本《理藩院则例》，乾隆朝《大清会典则例》，嘉庆朝、光绪朝《大清会典事例》的"理藩院"中，记述的比较详细，达赖喇嘛的封号是"西天大善自在佛，领天下释教普通瓦赤喇怛喇达赖喇嘛"。但是，档案、《清实录》、藏文《五世达赖喇嘛传》中的记载是"西天大善自在佛所领天下释教普通瓦赤喇怛喇达赖喇嘛"，多了一个"所"字。有学者认为："所"字藏文中的意思是"在很大的范围内"，"所领天下释教"是专指蒙藏地区的佛教，不包括汉族地区的佛教。因此，有了"所"字，"领天下释教"的范围就有了一定的限制。既然如此，为什么乾隆朝内府抄本《理藩院则例》等在详细记述达赖喇嘛的封号时，都没有这个"所"字呢？原来，在古汉语中，"所"字有"处所""地方"的意思。在清政府给五世达赖喇嘛的封号中，"西天大善自在佛"中的"西天"，已经包含了区域所指，所以在整个封号中不再有"所"字，也不会使人们产生歧义。这和五世达赖喇嘛所理解的"让我管理西方众生"是一样的。

二、对驻藏大臣的记述

设立驻藏大臣是清朝在西藏施政的又一重要举措。乾隆朝《大清会典》《大清会典则例》，嘉庆朝、光绪朝《大清会典》《大清会典事例》中都有记载，主要内容是：雍正四年（1726）议准，西藏事务以贝子康济鼐为正，以贝子阿尔布巴佐之，原令其会同众噶布伦（西藏地方政府主管官员）等和衷办公。若发生不睦，后起衅端，应遣大臣前往，驻扎照看。其大臣更换，皆由特简。乾隆四年（1739）议准：驻扎西藏办事司官、笔帖式，照驻扎哈密、瓜州司官、笔帖式例，定为二年一换，不必交错更替，俟新去之司官、笔帖式到后，旧驻扎之人留驻三月，将旧事交待明白再回京。乾隆十年议准：驻扎西藏大臣、司官、笔帖式，均一体定为三年更换。置驻藏大臣以统前藏后藏，管理喇嘛之事。驻藏大臣二人，所属本院司官一人，笔帖式一人。又于四川省同知、通判、知县、县丞内派粮员三人，成都驻防内派书清字马甲八人，又于唐古特内派识廓尔喀字帖写一人，晓廓尔喀话通事一人，以办理藏务，正其官族，治其营寨，练其兵队，固其边隘，核其财赋，平其刑罚，定其法制，以安唐古特。五十六年谕：西藏戴琫（意为箭官）、第巴（本义为部落酋长、头人）缺出，由驻藏办事大臣会同达赖喇嘛商议检选补放。五十七年议准：驻藏大臣督办藏务，应与达赖喇嘛、班禅额尔德尼平等。噶布伦以下番目及管事喇嘛分系属员，无论大小事务，俱禀明驻藏大臣核办。至札什伦布诸务，亦一体禀知驻藏大臣办理，毋得仍令戴琫、堪布（原为藏传佛教中主持授戒者之称号，相当于汉传佛教寺院中的方丈）代办，以致滋生弊端。并令驻藏大臣于巡边之便，稽查管束，以除积弊。从上述记载中我们可以了解到，清朝驻藏大臣设立的原因、时间，以及职权、轮换制度的演变过程，为我们全面了解清代驻藏大臣提供了最基本的资料，也澄清了以往研究中有关驻藏大臣设立年代上的种种说法。

三、对西藏封爵的记述

封西藏王公贵族以各种爵位，并给予相应的政治、经济待遇，是清朝在西藏施政的重要举措之一。乾隆朝《大清会典》中记载了四个爵位。乾隆朝内府抄本《理藩院则例》中记载了十一个爵位。嘉庆朝《大清会典》中记载了七个爵位，《大清会典事例》中记载了四个爵位。光绪朝《大清会典》《大清会典事例》中记载了两个爵位。历朝《大清会典》中所载西藏封爵，最多时达到九个爵位，最少时也有两个爵位。涉及的人有康济鼐、阿尔布巴、隆布奈、颇罗鼐、达赖喇嘛之父索诺穆达尔扎、颇罗鼐长子珠尔玛特车卜登、颇罗鼐弟诺颜和绍齐、颇罗鼐次子珠尔默特那穆札勒、喀锡鼐色布登喇什长子噶锡巴纳木扎勒色布腾、喀锡鼐色布登喇什次子班第达等人。为什么上述诸书记载的爵位数目不同呢？这是因为，在历史发展过程中，西藏封爵情况发生了变化，有的被削爵了，有的没有沿袭下来。比如固山贝子康济鼐，雍正五年六月十八日遇害。固山贝子阿尔布巴、辅国公隆布奈，都在雍正六年八月被处死。

四、对金瓶掣签的记述

金瓶掣签是清朝为加强对藏传佛教管理而采取的一项重要措施，也是清朝对西藏施政的重要举措。嘉庆朝《大清会典》《大清会典事例》，光绪朝《大清会典》《大清会典事例》中都有记载，主要内容有：凡喇嘛有行者，能以神识转生于世，曰呼毕勒罕，皆入名于本巴金瓶而掣定焉。呼图克图转生，向由达赖喇嘛所属之拉穆吹忠作法，降神其体，指出呼毕勒罕所在，访求迎归供养。乾隆五十七年，平定廓尔喀后，整饬藏务，特颁本巴金瓶一于布达拉大昭，凡达赖喇嘛、班禅额尔德尼、哲布尊丹巴呼图克图及西藏、蒙古各处已出数辈之呼图克图大喇嘛圆寂后，将报出之呼毕勒罕数人名字生辰，缮签入本巴金瓶内，令喇嘛等唪经，驻藏大臣监看，掣出一人以为呼毕勒罕。复设本巴金瓶一于雍和宫，其内外札萨克等所奉之呼图克图，如力不能赴藏识认者，即令盟长拟定报院，缮签入雍和宫本巴金瓶内，令掌印札萨克达喇嘛等唪经，理藩院大臣监掣。其王公札萨克等子弟指为呼毕勒罕，及呼毕勒罕复出于达赖喇嘛、班禅额尔德尼本族者，概行禁止。惟青海察汉诺门罕拟呼毕勒罕时，无论系察汉诺门罕亲族，有为沙毕那尔（喇嘛属民）等帖服者，准其一体入签掣定。其寻常喇嘛，不准寻呼毕勒罕，亦不准在民人幼孩内寻找。由上可见，嘉庆朝、光绪朝《大清会典》《大清会典事例》中，详细记述了金瓶掣签产生的原因，在现实生活中如何实行，在什么情况下可以免除掣签，以及金瓶掣签所产生的作用，反映了金瓶掣签在清朝对西藏施政中的重要性。

五、从《大清会典》看清朝对西藏施政的特点

  《大清会典》在记述清朝对西藏施政举措的时候，表现了清朝对西藏施政的特点。一是清朝对西藏施政的全面性和持久性。清朝对西藏的施政举措包括政治、经济、军事、文化、宗教等各个方面。有些施政举措的记述，从清初一直延续到清末。例如，清朝对西藏的封爵，一直记述到道光二十七年（1847）；对西藏喇嘛赏给名号，一直记述到光绪九年（1883）；对西藏官制，到道光十六年还有记述；对西藏喇嘛的贡物，也记述到同治十三年（1874）；对唐古特学（清代专设教习藏文的学堂）的记述，则到道光十九年；有关西藏的禁令，记述到道光二十八年。正是这些全面性、持久性举措的记述，反映了清朝对西藏的主权，说明了西藏是中国领土不可分割的一部分。二是清朝对西藏施政的阶段性。从《大清会典》的记述中可以看出，清朝对西藏的施政具有明显的初期、中期、晚期的阶段性特点。在初期阶段，主要是顺治朝和康熙朝中前期，通过册封宗教界和政界的领袖人物，间接统治西藏。这些册封，既包括五世达赖喇嘛、五世班禅额尔德尼，也包括顾实汗、拉藏汗等。在中期阶段，包括康熙朝晚期和雍正、乾隆、嘉庆年间，清朝对西藏进行直接统治，各方面的施政措施日渐具体化，西藏也进入长时间的稳定发展阶段。正是在这一阶段，清朝设立了驻藏大臣，制定了金瓶掣签制度，西藏王公贵族的封爵人数最多，《大清会典》的有关记述也最为完备。1840年第一次鸦片战争后，外国势力侵入西藏，西藏社会的内外形势发生了变化，清朝对西藏的统治有所弱化，对西藏的施政进入晚期阶段。在这一阶段，《大清会典》除了对西藏封爵、禁令、官制、喇嘛名号和贡品有所记述外，其他施政措施记述的不多。

三是清朝对西藏施政的不平衡性。这主要表现在政治、经济、军事、文化、宗教等各方面措施的力度上。在政治、军事、宗教等方面的措施上，清朝统治西藏的力度比较强，因此《大清会典》的记述也比较翔实。在经济、文化等方面的措施上，清朝统治西藏的力度不够，因此《大清会典》的记述也比较薄弱。从根本上来说，这和清朝对西藏的经济、文化政策有关。清朝对西藏和内地的经济文化交流，实际上采取的是封禁政策。西藏的喇嘛非奉旨不许私来内地；有私遣人往西藏贸易的，要照定例治罪。正是因为这种封禁政策，严重影响了清朝在经济、文化领域对西藏的施政，也使得《大清会典》在经济、文化方面对西藏施政的记述，除了唐古特学和乾隆末年对西藏进行租赋和钱币改革外，其他经济和文化的措施几乎没有记述。

作者简介

赵云田，1943 年生于北京。中国社会科学院近代史所研究员。主要著作有《清代蒙古政教制度》《中国边疆民族管理机构沿革史》《大清帝国的得与失——乾隆出巡记》等，主编《中国文化通史·清前期卷》《中国社会通史·清前期卷》《北疆通史》等。

十三世达赖在北京黄寺的活动与
清末西藏的边疆危机

郑永华　　史文锐

黄寺位于安定门外，是北京著名的藏传佛教寺庙之一。顺治年间和乾隆时期，五世达赖与六世班禅入京朝觐，均驻锡于此。清末十三世达赖入京觐见，也驻于这座著名的喇嘛庙。与前两位西藏政教领袖来京朝觐不同，十三世达赖"入觐"发生在西藏遭遇深刻边疆危机的特殊背景下，因而带上了与前不同的时代色彩。

一

十三世达赖喇嘛，光绪二年（1876）出生于拉萨东南达布的朗顿地方，经驻藏大臣松溎奏请确认为转世灵童。四年，由八世班禅剃发授戒，取法名阿旺罗桑土登嘉措鸠差旺觉却勒南巴甲哇巴桑布，简称土登嘉措。二十一年，十三世达赖入主布达拉宫，掌管全藏政教，开始直接面对英印不断增长的侵略压力。西藏与英国的殖民地印度接壤，英国对西藏的觊觎由来已久，19世纪末又借《中英会议藏印条约》和《藏印续约》签订的机会，进一步加大入侵西藏步伐。从二十五年开始，英印总督寇松一连三次致函达赖，企图进行拉拢诱惑，然均遭到断然拒绝。面对八国联军侵华后沙皇俄国也显示出渗透西藏的勃勃野心，接连碰壁的英印政府决定武装进犯。二十九年，英国派兵占领后藏要地岗巴宗，随后又侵入亚东、帕里一线。三十年，英军在江孜受到藏军的有力阻击，但由于驻藏大臣有泰等人昏庸误国，西藏军民进行的第二次抗英战争终遭失败。六月，英军渡过曲水，逼近拉萨。情急之中，十三世达赖在未知会驻藏大臣的情况下，即带少数随从匆匆北上，翻越唐古拉山，开始了在青海、外蒙等地的游荡生活。

得知十三世达赖出走，清廷听信驻藏大臣有泰的参劾，"暂行革去"达赖喇嘛名号，但对其离藏的行踪十分关切。听说其一行中有俄籍喇嘛德尔智不断向达赖鼓吹"联俄抗英"之后，清廷更加警惕，电示西宁办事大臣和库伦办事大臣，"无论达赖行抵何处，务即迎护内地，妥为款留，勿任北去"（《军机处录副奏折》）。光绪三十年九月，清廷获知达赖即将抵达外蒙，马上谕令库伦办事大臣德麟，"迅即派员迎护到库（伦），优加安抚，以示朝廷德意"（《清德宗实录》）。随后又降旨西宁办事大臣延祉携带礼物，前往库伦"迎护"。达赖获悉清廷谕令，未再北行。后经商定，达赖先以"讲经拜寺"的名义回到青海塔尔寺暂住，然后再由清廷派人护送返藏。清廷随即降旨，恢复其"达赖喇嘛"名号。但因修改中英《拉萨条约》的谈判正在进行，达赖返藏计划遭到英国反对。为缓解矛盾，杜绝英、俄等国对西藏的觊觎，同时彰显中央对西藏政教领袖的重视和关怀，清廷决定召达赖喇嘛"入觐"。十三世达赖危急时刻的出逃求援，由此转化为赴京"朝觐"之旅。

光绪三十三年十一月，十三世达赖自青海东行。整个"入觐"行程共分两步。第一步，自青海塔尔寺前赴五台山"朝佛"，一方面暂住休养，也为进京预做准备。第二步，再由五台山经直隶入京觐见。三十四年二月，达赖到达五台山暂住半年，八月末赴京，经保定转乘火车北上。清廷十分重视达赖的"入觐"，命沿途西宁、兰州、五台山、直隶各地官民备加照护（《电报档》）。为接待达赖，内务府又会同理藩部，对其行将驻锡的黄寺进行全面勘查，修葺添盖住房200多间。这是继乾隆年间六世班禅来京之后，黄寺又一次大规模的修缮。

光绪三十四年九月初四日，离藏四年的十三世达赖一行，终于安全抵达北京。清廷给予了高度礼遇。达赖甫下火车，即受到以军机大臣那桐为首的理藩部堂官、内务府大臣、步军统领、顺天府尹，以及青海东科尔呼图克图、在京的扎萨克喇嘛等大队人马的热情欢迎，随后由巡警队护送至黄寺驻锡。黄寺大门口聚集近千名僧人、百姓列队迎接，陆军部又指派营队驻扎寺内，以为守护。达赖抵京当天，清廷给予骏马4匹、白银1万两、绸缎48匹的厚赏，所带随员也各有赏赐。九月二十日早晨，慈禧太后和光绪帝在颐和园仁寿殿正式接见达赖。达赖呈献了黄色哈达、卓麻佛、长寿佛等贡品40多种，以表达他对中央政府的敬意。接见时，慈禧太后温言询问其行止，光绪帝还起立相迎，并在御座一侧添设矮床，赐坐。十月初六日，光绪帝又在中南海紫光阁设宴招待达赖。应邀参加者除随同达赖喇嘛的大小堪布之外，还有青海东科尔呼图克图、扎萨克喇嘛、堪布喇嘛以及驻京的蒙古王公、贝勒、贝子、台吉等多人。席间气氛欢快，达赖乘机向皇帝详细面陈西藏事宜，希望清廷帮助抵抗外国侵犯，"保全西藏"。其时恰逢慈禧太后"万寿"生日，达赖又请求呈进礼品，以表祝福。十月初九日，达赖前往勤政殿呈进万寿贡品，"颂吉祥祝词"。初十"万寿正日"，达赖率领徒众多人，在紫禁城景福门外"另班行礼"。慈禧太后对达赖的祝寿之举十分高兴，赞其"备抒悃忱，殊堪嘉尚"，加封为"诚顺赞化西天大善自在佛"，并决定以后"按年赏给廪饩银一万两，由四川藩库分季支发"（《清德宗实录》）。随后光绪帝和慈禧太后相继驾崩，达赖带领堪布喇嘛进内廷叩谒梓宫，诵经超度。宣统帝溥仪继位，达赖亦呈请朝贺，率众祈颂。这两项佛事活动，都得到清廷的肯定与赏赐。

除参加朝廷陛见、举办各种佛事活动外，十三世达赖还在黄寺接待了在京各国使节、政要的造访。据当日《内厅侦察达赖报告》，从达赖到京不久的九月初六日起，至十一月二十六日他离京返藏前夕，先后有美国、法国、日本、奥国、俄国、丹麦、荷兰、德国、瑞典、葡萄牙、英国、比利时、意大利等 13 个国家的公使、参赞前往黄寺拜谒。以商人、记者、学者名义来访的各色外国人员，也在黄寺门前川流不息（索文清《1908 年第十三世达赖喇嘛晋京朝觐考》）。京北近郊这座著名的藏传佛教寺庙，一时转化为北京重要的外交舞台，从侧面体现了清末西藏面临的深刻边疆危机。

二

英、俄是对中国西藏觊觎已久的两大外国势力。英国早在光绪十四年（1888）就发动第一次侵藏战争，凭借《中英会议藏印条约》吞并锡金，以武力打开了西藏的门户。在此前后，俄国也积极寻找机会渗入藏地。从光绪二十五年起，英国开始警惕俄国在西藏的行动，双方竞争渐趋激烈。光绪三十二年秋，俄、英两国在彼得堡签署协定，宣布维持西藏现状，妄图否定中国在西藏的主权，干涉中国内政。同时又各怀鬼胎，都想通过上层路线抢先控制西藏，于是抵京的达赖就成为双方争夺的重点。据《内厅侦察达赖报告》记载，光绪三十四年九月二十二日，"俄国公使廓索维慈、国罗百福、翻译阿柯索福、学生、俄兵等十三员，及丹国公使阿列裴均来寺谒见达赖，各递哈达一方"，双方交谈约一个小时，达赖赠以藏枣、果品等物。虽然达赖在京期间廓索维慈前往黄寺仅此一次，但俄国早就利用俄籍间谍德尔智，以宗教名义从内部影响、拉拢达赖。此前达赖到达库伦、五台山时，俄国已专派新任驻华公使廓索维慈、内务大臣黄斯前往拜见，馈赠厚礼。达赖入住黄寺后，德尔智更以随行之便，频繁出入俄国使馆，与廓索维慈里应外合，极力争取达赖投靠俄国。英国因为有进犯拉萨逼走达赖的"前嫌"，此时更着意笼络。英国先派熟悉中国情况的庄思敦（即庄士敦）前往拜见，"诱使达赖及其亲随改变对英态度"。随后再安排公使朱尔典正式会面。九月二十四日，朱尔典遣人至黄寺"送致照料大臣信一件"。二十六日，参赞梅尔思带翻译来寺，商定相关事项。二十七日，朱尔典带同使馆参赞等12人，"来寺谒见达赖"。十月二十九日，英国又安排时任西藏事务官的欧克纳（即鄂康诺）陪同锡金王储，赴黄寺"谒见达赖"。十一月初二日，锡金王储再次"来寺谒见达赖"，逗留近四个小时。虽然双方密谈的内容不得而知，但显然当围绕英国、印度、锡金、西藏的时势而言，并以印藏关系为核心。十一月十一日，英国记者莫理循亦专程"来寺谒见达赖"，表达敬意，"递哈达一方"。通过这些努力，达赖对英国的态度大变，并要英公使向女王表示，深望今后印、藏两方"永保和平友好"云云。

日、美等国也多次派人前往黄寺，对达赖表现出特殊兴趣。日本商人寺本婉雅为最早前往黄寺的外国人，在九月初六日亦即达赖入住黄寺的第三天，就来寺"拜谢堪布"。寺本婉雅在五台山就已谒见过谢堪布，"近又著喇嘛服装或西式服装，来寺谒见谢堪布"，因而引起清廷坐探的注意。如果说寺本婉雅本为僧人，此前在拉萨与达赖多次见面，其中或尚有私谊因素，此后日本代理公使、公使、武官等屡次前往黄寺，则无疑表达了日本政府对于西藏事务的高度关注。九月十九日，日本代理公使阿布守太郎、翻译高尾亨前往黄寺，"拜见达赖"。二十八日，"日本提督青木宣纯、武官松井石根来寺拜见达赖"。十月十八日，"有日本川岛浪速来谒达赖"。十一月二十二日，"日本公使伊集院彦吉，同武官、随员小田德五郎等六员，来寺谒见达赖"，交谈约一小时。二十五日下午，"日本翻译官西田等来谒达赖"，至五时余方离去，在黄寺逗留达三小时之久。其频繁程度，已堪与英国相比。美国也不甘落后。九月初九日，美国公使柔克义"遣华人韩姓给谢堪布与罗桑旦增送来梨、枣、黄油、奶子等物"，初致问候。十三日，柔克义带领翻译丁家立、参赞一员、武官四员至黄寺拜谒达赖，"并送与达赖银碗、酒等物"。十月初九日，柔克义再次前赴黄寺，"拜荣义堪布，未晤"。十一月二十四日，柔克义先"遣华人赠送达赖瓷瓶、毡子等物"，随带参赞丁家立到黄寺"来谒达赖"，交谈约一小时。二十六日下午，生于德国的美国东方学家劳费尔"来谒达赖，并送藏经、哈达等物"。他与达赖等人交流近四个小时，成为在黄寺逗留最久的外国学者。凡此等等，足见日、美等国对于达赖与西藏问题的关注。

清朝末年，由于部分朝廷官员对英国入侵的不断妥协，西藏政教上层与驻藏大臣的关系逐渐恶化，清廷中央在西藏的权威也日趋衰颓。在此背景下发生的十三世达赖"入觐"之事，也就有了非同寻常的时代意义。有学者认为，尽管清廷在觐见礼节和上奏权利上未能满足十三世达赖提出的要求，"但他最后还是顾全大局，遵守定制，维护了中央政府的权威，表现了他当时具有的爱国护教的内向力"。不过"入觐"期间达赖在黄寺进行的大量外事活动，也表明"为了确保其在西藏的统治地位，他正在设法对外寻找出路。西藏面临的政治形势，自此愈趋复杂"。达赖来京之后，英、俄、日、美等列强的公使，竞相前往其驻锡的城北黄寺拜谒、致意。达赖也多次派遣堪布，赴美国、英国、日本、德国、俄国、法国、荷兰、奥国、葡萄牙等国使馆拜访或谒辞，送去长寿佛、哈达、藏香等礼品，其旨亦在于寻求列强的理解与支持。离京前，达赖甚至将 20 余箱物品，秘密运往俄国使馆储存。这在很大程度上，也为民国以来西藏问题的历史演变埋下了伏笔。

作者简介

郑永华，1968 年生，湖南邵阳人，北京市社会科学院历史所研究员，著有《清代秘密教门治理》《姚广孝史事研究》等。

史文锐，1969 年生，山西阳泉人，中共北京市朝阳区委党校副教授，发表党史、党建以及北京历史文化方面的论文多篇。

李永芳谍事考

杨益茂

李永芳是明朝第一位降清（后金）的边将。他的投降不仅使后金兵不血刃占领了抚顺，对明战争得以首战告捷；其后他又在后金国家建设，特别是对明谍战中发挥了重要作用。

一、曾受努尔哈齐特别优待和重用

后金天命三年（明万历四十六年，1618年），李永芳作为明朝抚顺所游击投降后金，随即被任命为三等副将，统辖收降的抚顺及东州、马跟单二城降民千户，仍如明制设大小官管理。

先是，努尔哈齐在事先给李永芳的劝降信中，称其"素多才智，识时务"，叮嘱李永芳："尔乃博学聪明之人也。我已擢拔多人，以女妻之，结为亲家。况且对尔，岂有不超升尔原职，不与我一等大臣等并列豢养之理乎。"李永芳投诚后，努尔哈齐对于抚顺城归降人员及李永芳又予以特别关照。《满文老档》记载："俾自抚顺城来降之千户，未分其父子、兄弟，未离其夫妇。因战事而失散之兄弟、父子、夫妇、亲戚、家奴及一应器物，尽查还之。"此外，再给以马、牛、奴仆、衣服、被褥、粮食等。又给牛一千头，以供食用。每户分给大母猪二口、犬四条、鸭五只、鸡十只，以供饲养，并给与器皿等一应物件。仍依明制，设大小官员，著交其原主游击李永芳管辖。努尔哈齐还将自己儿子阿巴泰之长女妻之，使李永芳成为"额驸"。

其后，努尔哈齐进军辽西诸城，李永芳则成为先导，重点在协助努尔哈齐说服、策反明军将领和搜集情报并参与重要战役的谋划。

明朝失掉抚顺后，集重兵围剿后金，企图一举歼灭之。据明人傅国《辽广实录》记载，当时明拟以12万大军分四路围剿后金。然而，四路大军远者相距七百里，近者也有二三百里，又皆先数月已暴露行期。当时努尔哈齐辖地幅员不过三百里，还不如明朝一个大县，双方力量对比悬殊。李永芳遂向努尔哈齐建言："任他几路来，我只一路去。"努尔哈齐采纳了李永芳的建议，各个击破，以少胜多，在萨尔浒打了漂亮的歼灭战，改变了双方在辽东的军事态势。

李永芳对于后金国的建设，也多有建树。诸如，他先后受命驻守边境，到镇江（今丹东附近）招降汉人，举荐"贤人"。天命六年四月，他按照努尔哈齐命令"将明国所定诸项章典，俱缮文陈奏"；另将明辽东地方驻军、城堡、百姓情况及木匠、画匠匠役数目，具文奏报。不久，李永芳又与阿敦等"往沿边各堡，置官教民，设台放哨"。显然努尔哈齐对李永芳是颇为放手使用的。特别是在后金典章制度这样事关政权建设走向的重大战略问题上，让李永芳积极参与，显示了努尔哈齐对他的重用。

二、以情报和策反协助努尔哈齐打下辽西诸城

萨尔浒之战后，后金与明王朝不仅战场上兵戎相见，在隐蔽战线的争斗也日趋复杂、尖锐。双方为获取情报、策反官员投入大量人力、物力。期间，李永芳曾以极大的精力协助努尔哈齐从

事情报工作和对明将领的策反，取得了明显成效。

（一）策反明王朝将领及社会上层

策反是谍战的重要手段。谁策反成功，谁就能轻易占领城池，收编军队，并获取大量军事及生活物资。努尔哈齐在这方面颇为老道，尽可能招降明朝将领，为其所用。仅据《清史稿》记载，就曾先后在开原收降千总金玉和及王一屏、戴集贤、白奇策等；在广宁，成功策反孙德功、收降守备石廷柱、千总石天柱及石国柱兄弟等。其中，有的就是李永芳的杰作。

李永芳曾是明朝游击，对明军驻辽宁将领颇为熟悉。他多方利用旧关系，设法联系、沟通乃至游说、劝降、策反，不仅直接了解明军状况，以利于战争角逐；更通过制造矛盾、瓦解对方，得到战场上得不到的东西，使大局向有利于后金方面转化。现举若干实例。

天命六年三月，后金大举进军沈阳。《辽广实录》记载，李永芳此前与沈阳守将贺世贤早有联系，因贺世贤常吃空饷，受到前后经略熊廷弼、袁应泰怀疑，派人查其账目。贺世贤怕查出问题，急忙与李永芳联系，请后金来攻。三月"初六日，经略忽遣段同知展、陈同知朝辅往沈阳核贺世贤兵饷"，"授意按籍阅之"。贺世贤见二人真的按籍点阅，"益心望阳为檄兵各成，不能卒至；款两同知别馆。谬为恭敬而数密请李永芳引虏亟入。曰'救我、救我'。警烽急而核兵之役不讲自罢矣。连三日三请，而李永芳果以虏大入矣"。沈阳遂为后金所占。

以上关系贺世贤的记载，目前尚无定论。但《辽广实录》的作者傅国，当时作为明朝户部负责辽东饷项的官员，身当一线，为人较为质朴，所记不可轻易否认。也就是说，贺世贤在被查勘时，为避免丑事暴露，不惜引敌自救。李永芳遂得以乘机禀告努尔哈齐率军攻陷沈阳。

占领沈阳不久，明军大举增援，双方激战于浑河两岸。李永芳又事先收买明军炮手，使其得以用沈阳城内大炮转而轰击明朝援军。《山中闻见录》记载："李永芳购炮手千金，以沈城大炮击川兵。"后金军乘机掩杀，致使明军大败。

其后，后金兵锋直指辽阳。李永芳又事先买通城内巨族为内应。据《钞本明实录·明熹宗实录》记载，后金攻辽阳城"又尽锐环攻，发炮与城中炮声相续。火药发，川兵多死。薄暮，丽谯火，贼已从小西门入，夷帜纷植矣。满城扰乱，守者皆鼠伏檐壁下，而民家多启扉张炬若有待，妇女亦盛饰迎门。或言辽阳巨族多通李永芳为内应；或言降夷教之也"。此外，当时明朝监军高出也指出："辽沈相继陷没，以皆有内应也。辽人巨族通李永芳者百余家，约期举事"，即李永芳与辽阳巨族早有联系，经秘密沟通，成为后金攻陷辽阳的内应。

然而，策反是双方的事情。如果被策反方不认可，不可能成功。《山中闻见录》记载，天命三年七月，努尔哈齐率军攻清河，李永芳奉命到其城下，劝守将邹储贤降，但遭到断然拒绝。其后，李永芳在辽阳，受命策反被俘的辽东巡按御史张铨，被斥回。在广宁附近的西平堡策反副总兵罗一贵，也遭到拒绝。这也说明劝降、策反的难度。

李永芳策反的得意之作，是使明朝参将孙德功主动投诚并献出广宁。广宁为辽西重镇。明王朝丢掉广宁，清军就可长驱直入，叩打关门，逼近北京。为此，明廷任命熊廷弼为经略，王化贞为巡抚，集中兵力力保广宁，并企图一举歼灭努尔哈齐军事集团。然而，明廷气吞如虎的如意算盘却在努尔哈齐的精心谋划下发生了戏剧性变化。天命七年正月，当努尔哈齐挥军西进，直指广宁时，已探知明军经、抚不和，并派李永芳策反王化贞的心腹战将——中军游击孙德功。

其先,王化贞也想利用谍战,多次派人策反李永芳,企图使其为内应,以实现内外夹击。李永芳假意逢迎,"执其人并书以闻,上嘉奖,赐敕免死三次"。李永芳遂加紧策反,取得成功,《山中闻见录》称"孙得(德)功阴通永芳"。

二十二日,被王化贞委以守城重任的孙德功率先在城内制造混乱、散布金军即将入城消息,"欲生缚巡抚以为功,讹言敌已薄城,迎降者免死",吓得王化贞只身先逃。孙德功遂封府库、火药,把守城门,控制广宁,以待金军入城。对于如此轻易得到辽西重镇广宁,连努尔哈齐自己都颇感意外。由此可见,李永芳在广宁之战中的策反,导演了谍战史上极为精彩的一幕。

(二)对明情报颇费心机

情报是谍战的重心和精华。谁能及时获取对方真实的情报,谁就能掌握斗争的主动权,使自己立于不败之地。否则,则会陷于被动乃至失败。后金自努尔哈齐对明宣战以来,情报就成为其制胜的重要武器。李永芳及其属下的谍报队伍,则成为后金从事情报工作的一支有生力量。

李永芳依据努尔哈齐的要求,积极为后金政权建立情报队伍。他广泛利用各种社会和家庭关系,从事策反和情报工作。他多方布置眼线,有的派往城堡,有的在交易市场,有的到海陆交通要道,甚至直接派人到北京长期居住搜集情报。当时这些间谍均为秘密派遣,档案资料很难有明确记载,如果不被对方破获,将很难发现。正因为如此,笔者只在万历晚期和天启年间的实录以及明代官员的文字中,得以发现一些后金间谍被破获的记述。其中,以李永芳派遣和控制的记载为多。如据《钞本明实录》万历四十七年(1619)七月癸未记载,经略杨镐题奏:"沿途捉获奸细四名，有供李开芳自开原差侦铁沈若干兵者；有供奴酋造船甚多，将运载钩梯由河路攻城者。"

《钞本明实录》中明确记载与李永芳有关的这类材料很多，足以说明李永芳在为后金政权派遣间谍、搜集情报方面的工作和成就。该书中还有一起记载较为明晰的有关李永芳向明都城北京派遣间谍的内容，颇能看出当时的一些具体情形。

《钞本明实录》天启六年（1626）三月甲辰记载："北镇抚司许显纯具奸细武长春狱词：长春系李永芳之婿，又娶永芳中军赵一鹤女为妾。万历四十六年以催饷为名潜住京城。后辽阳失陷私回山海至觉华岛地方，遇契友今在奴酋下作都堂李玉山。玉山携带永芳银七百两，令长春在京探听，若有机会密将信息送到山东平度州陈一敬家，我与尔传去。长春又私进京冒顶故伯武以扬武举履历，要推守备，投周应元引见走部季应诚、李廷桂、李廷栋、薛应魁，指兵部说情，讲定谢礼一千四百两，见付四百五十两，貂皮、彩缎共作五十九两。后兵部果推守备。本下给与劄付。有不知名人知李（疑为'武'）长春冒官，挈讹诈银。季应诚等闻知，将前劄缴回兵部。迄长春又买娼妇李凤儿在杨美竹斜街马家房潜住，不觉对凤儿说出前情。长春因少盘费将李凤儿质与水户薛应魁家，当银八十两。薛应魁又将凤儿卖与乐妇梁氏家，得银一百五十两。长春出关。天启六年正月，奴贼攻围宁远，长春在宁远城内潜住，因袁兵道关防甚严，逃出进京，被东厂缉获。"

从这份供词来看，可以说明李永芳在向明王朝辖区派遣间谍方面是颇为尽心的。第一，他派遣的是自己的女婿，基本信得过、靠得住；第二，曾专门为间谍活动提供资金；第三，有专门的传递情报的渠道；第四，还试图将谍报人员打入明王朝政府；第五，武长春从万历四十六年到北京一直到天启六年被破获，长达九年之久。由此可见，他的派遣是成功的。尽管通过武长春获取情报的情况我们今天已难于知晓，但是其作用不容低估。

同时，这一案件之所以被明王朝破获，也具有一定的典型意义。武长春的暴露原因一是因为宁远防谍谨严；二是因为向情妇泄密说出实情。

明王朝对在北京抓到间谍武长春，极为兴奋。明廷当时将其作为一件大事处置。认为在天子脚下，能破获如此案件，是"上赖宗社之神灵，下藉厂臣之忠智"，十分庆幸。天启皇帝专门下旨：将武长春"凌迟处死，首级号令各边"；又将与之勾结卖官的兵部官员全部处决。与此同时，缉获该案的锦衣卫东厂则受到重奖，特别是对当时主政的魏忠贤，称其"预发不轨之深谋，大挫积年之强虏，捷音虽报于边塞（当时，袁崇焕刚刚取得宁远大捷），胜算实出于庙堂"，特封魏忠贤的侄子"太子太保、左都督魏良卿为肃宁伯"，可谓不次超擢。

但是，所有这些李永芳对明情报的事迹，《清史稿》及《清史列传》中均没有记载。同时，尽管李永芳小心翼翼服务于后金政权，并不时向努尔哈齐贡献方物，但仍有不愉快、被痛斥、被羞辱乃至一度被革职的事件发生。由此可见，努尔哈齐对李永芳既放手使用，也存在戒心，怀疑他的忠诚。天命八年七月之后，李永芳在后金政治舞台上不再受到重用，直至皇太极执政才再次出山。这一切，反映了当时双方谍战的尖锐、复杂和诡异，也补充了李永芳历史上的若干史事。

作者简介

杨益茂，1948 年生，天津人。中国人民大学历史学院教授，主要研究晚清史、台湾史及方志学。合著《中国近代史料学稿》《中国方志学纲要》《台湾——历史与现状》等。

于成龙的平常与不平常

习　骅

1681 年（康熙二十年）某天上午，康熙帝在紫禁城接见直隶巡抚于成龙时，拉着他的手说：你是今时清官第一！

算起来，于成龙可能是受康熙帝表扬最多、评价最高的官员。由于他的推崇，三百多年来，于成龙逐渐家喻户晓。如今电视剧等文学艺术作品的渲染，令于成龙的形象更加丰满，一些同志在感叹之余，又觉得他完美得高不可攀。

事实并非如此。

一、于成龙本是平常人

于成龙是芸芸众生中的一员，与我们有许多相似之处，有些硬件条件可能还不如我们。

落榜复读生，智商平平。于成龙是明代巡抚于坦后人，但家道早已中落。虽然志向高远，偏偏考试不行，二十多年过不了科举关。1639 年（明崇祯十二年），23 岁的青年于成龙在太原参加乡试，结果与举人擦肩而过，只中了个副榜贡生，就是落榜生中基础比较好的，可以免费到国子监复读。

不久明亡清兴，一耽搁又是几年。清朝恢复科举之后，于成龙又考了几次，仍然考不上。终其一生，他的最高学历还是落榜复读生。后来当了大官，在一些重要场合，礼仪规定必须写明职务级别和学历，这项规定对他来说无异于羞辱。局势稳定后，官场中人普遍高学历，低学历低人一等，当事人当然自卑。

而"前朝"这个标记对于于成龙来说，是更加沉重的历史包袱。封建士大夫思想意识偏激，认为高尚的知识分子应该以身殉前朝，至少应该老老实实在家种地。在后朝做官属于大节有亏，同女人改嫁一样丢人。可以想象，于成龙承受了多大的心灵煎熬。

入职晚，工作岗位奇差。于成龙最终能进入官场，得益于政府的一项特殊政策。清初百废待兴，科举取士根本赶不上需要，朝廷决定直接从社会上挖人才。于成龙喜从天降，居然被选中。

但这块馅饼并不好吃，他的工作岗位是广西罗城县令。罗城刚刚归化不久，自古瘴疬荒蛮，而且距内地好几千公里。长期战乱导致县城只剩下 6 户人家，无民生可言，无基础设施，民风冥顽凶悍，犯罪分子明火执仗，根本不适合居住。朝廷此前派去过两个县令，一个被人杀了，一直无法破案，另一位干了没几天，为了保命，扔下大印跑了。这一年于成龙已经 45 岁，干还是不干？

犯过错误，受到断崖式处理。于成龙不是神，至少有两次犯错误的记录，而且处分都很重。一次是在武昌知府任上，他负责为部队架桥。这个山西人对水乡不熟悉，工程质量不过关，军队还没使用，桥就被洪水冲垮了，结果受到了开除留用的严重处分。

另一次发生在两江总督任上。这个职位是于成龙事业的巅峰，但他因为年纪大、疾病缠身，疏忽了对身边工作人员的管束。助理田万侯打着他的旗号为非作歹，造成了极坏的政治影响。康熙帝没有因为器重于成龙就手下留情，严肃追究了他的责任，于成龙被连降五级，实实在在的断崖式处理。

曾经动摇过，也有自己的小算盘。于成龙不是输入固定程序自动运行的机器人，面对压力也会恐惧软弱。初到罗城，两间四处透风的破茅草房便是办公室加宿舍，几块土疙瘩垒成办公桌，夜里害怕坏人进来，不敢睡觉，饿肚子更是平常。花钱招聘过两拨工勤人员，有的被凶徒打死，有的吓成了神经病，余下的不是病死，就是不辞而别，县太爷连正常生活都难。

于成龙后悔了：这鬼地方简直是人间地狱，我脑子有病啊，我自找的！快扛不住的时候，他强烈要求调动。假如大家都不安心在艰苦地区工作，不等于国家版图缩小了吗？所以上司没有理会。

虽然说了落后话，但活儿确实干得漂亮，于是朝廷重用他为四川合州知州。于成龙如释重负地告诉好朋友：罗城的城隍庙真灵啊，我去求过平安，现在真的活着离开啦！

也有小毛病、小爱好。于成龙可能是清代绰号最多的高干，比如于青菜、于糠粥、于半鸭、于青天等等。实际上也有不那么正面的绰号，比如酒徒。他的确喜欢喝点小酒，但凡条件许可，每天必喝。尽管没有耽误事的记载，但作为地方一把手，被围观拍砖是逃不掉的。

二、于成龙的非凡成就

就是这样一个寻常人，康熙帝器重他，官场尊敬他，历史学家认可他，百姓怀念他。如此超越时空、各方评价高度一致的封建官僚，在历史上极其少见。

于成龙为什么如此成功呢？

主观上，与人民紧紧相拥。于成龙书读得很多，加上祖先的影响。儒家倡导的"民本"思想、"为生民立命"的价值取向，是他人生的基本信念。"兴，百姓苦；亡，百姓苦"，明末的腐败和明末清初的战乱，让他对人民的苦难抱有深深同情，坚定了他的使命感。正因为如此，当有人劝他别去罗城找死，暗示他副榜贡生前途有限，不值得拼命，他一抒胸臆，解释了别人的疑问：科举制发明之前就没人做大事吗？我去罗城不求富贵温饱，只求"天理良心"，老百姓活得好一点。

他卖掉房产凑齐路费，毅然赴任。"与民相爱如家人父子"，宁愿吃糠咽菜，也不拿他们一个子儿。深入虎穴卧底，与土匪称兄道弟，然后从重从快活埋了匪首。所到之处，无不迅速恢复秩序，人民安居乐业。——正所谓"问渠那得清如许，为有源头活水来"。

康熙帝称他是"天下廉吏第一"，至今人们还把他同"清官"等同，其实这是不全面的。于成龙不但清廉自爱，而且大有作为、善于作为，施政目标始终是保土安民，代表和维护了最大多数人的利益，人民性清晰。因此，于成龙的"得票率"自然高于曾国藩、左宗棠。

1661年（顺治十八年）康熙帝登基。在这一年，老书生于成龙当上了罗城县令。"察吏安民"四个字正是康熙帝亲政后的执政理念，直指时弊，顺应民心，符合时代要求，契合于成龙这类有抱负的知识分子的人生追求。康熙帝围绕安民从严治吏，多次说"朕事事以百姓为念"。对这样的君主，于成龙没有理由不忠诚。而他的忠诚不是说在口头上、写在文件里，而是体现在保土安民的实际行动上，甚至愿意付出生命。

他的忠诚还表现在胸怀坦荡，不揣摩上意，只要对社稷苍生有益的事就大胆去做。在两江总督任上，于成龙请求皇帝破格提拔与自己同名同姓的爱将、同样廉洁有为的小于成龙。康熙帝力排众议加以支持，最终小于成龙也成为名臣，贡献多多。假如没有志向的一致和心灵的默契，这样的故事不可能发生。

于成龙去世后，康熙帝还向人打听他的事迹，并且感慨说："居官如成龙，能有几耶？"其实，经过一个甲子的努力，康熙朝的清官能吏队伍蔚为壮观，除了两个于成龙，还有张伯行、范承勋、格尔古德、赵申乔、彭鹏等等，名单很长很长。没有这样一个名单，就没有康乾盛世；没有康熙帝这样志向高远的卓越政治家，就没有这份名单，两者互为因果。

作者简介

习骅，北京大学法学博士。现任中央纪委驻审计署纪检组副组长。撰有历史随笔《大清"裸官"庆亲王的作风问题》《雍正如何让官吏为国家做事》《皇帝的伙食费到底多少？》《雍正铁腕治吏的启示》《官员都在坐等出事："癸酉之变"与嘉庆帝的反思》等，出版《中国历史的教训》一书。

清朝"盛世"的两位"强项"官员

杨东梁

康熙、乾隆之际，在清代号称"盛世"，但在"盛世"的金字招牌下，也掩盖着许多黑幕，官场腐败，贪赃枉法的事屡有所闻。可贵的是，面对邪恶势力、不法之徒，也有人敢于挺身而出，伸张正义，且不畏权贵，有"强项"之誉。

所谓"强项"，是指做人、做官铁骨铮铮，刚正不阿，不对强权让步，不向恶势力低头。东汉开国皇帝刘秀时，就有一位名叫董宣的官员被称为"强项令"而名垂青史。其时，刘秀的姐姐湖阳公主府上的一个奴仆，竟仰仗公主权势，在都城洛阳白昼无故杀人。时任洛阳令的董宣当面斥责公主窝藏罪犯，并按"杀人抵命"的法则将凶手击杀。为此得罪了公主，但董宣坚持原则，不肯向公主叩头"谢过"。当被人强按头颅时，他仍两手据地，决不低头，故此被刘秀称为"强项令"。清朝也有两位堪与董宣比肩的"强项"官员，他们就是历仕康熙、雍正、乾隆三朝的名臣甘汝来和谢济世。

一

甘汝来（1684—1739），字耕道，又字逊斋，江西奉新人。

30 岁中进士，授直隶涞水知县。涞水是个贫困小县，当时全县人口只有一万两千多人。经过清初的三次"圈地"，当地百姓几乎没有自己的耕地，且苛捐杂税多于牛毛，生活濒临绝境。而"旗民"（八旗民众）却仗势欺人，无故"易佃增租"，任意盘剥。康熙五十八年（1719）冬，侍卫毕里克（"侍卫"是皇帝的"随侍宿卫"，统领称"领侍卫内大臣"，官阶正一品。"侍卫"共分四等，官阶分别为正三品、正四品、正五品以及五、六品）至涞水"驯鹰"，他以皇帝亲随的身份横行霸道，不但强占民房，而且纵使家丁殴人至死。百姓们纷纷到县衙告状，毕里克竟目无法纪，率人哄闹公堂。知县甘汝来不畏权贵，下令拘禁毕里克，并将肇事家丁下狱。又行文直隶总督，等候处置。但侍卫处（负责皇帝警卫的机构）得报后，抢先申诉，袒护毕里克，拘捕甘汝来，将其投入刑部大狱。翌年冬天，吏、兵、刑三部会同提审，准备将甘汝来革职，而毕里克仅拟罚俸了事。康熙帝了解事件真相后，将毕里克革职，甘汝来则免罪复官。从此，甘汝来爱民廉直之誉广为传播，声名鹊起。

康熙六十年冬，甘汝来调补直隶新安知县。新安东南有白洋淀，是皇帝行围猎鸟之所。每当皇帝巡猎时，当地百姓必须供应柴炭和船只，而主管部门往往借此勒索更多财物。对此，甘汝来不讲情面，坚决回绝道："若刻剥小民以取悦上官，余死不为也！"（《宦迹纪略》）上司面对这样一位刚直不阿的县令，也无可奈何，只得告诫部下，办事尽量避开这位"强项令"。

雍正元年（1723），甘汝来升吏部文选司主事（正六品，相当于今天处长），虽然品级不高，但他不逢迎上官，严格照章办事，颇获好评。任事仅九个月，就升任广西太平知府（从四品）。在赴任前陛见皇帝时，获赐雍正帝手书的一帧"福"字，甘汝来诚惶诚恐地表示："臣外吏小臣，今日得睹皇上宸翰（皇帝的手书），又蒙赏赐，此千载奇逢也！"雍正帝听罢大笑道："你怎么说是'小臣'？凡做官只论好歹，不论大小。你若做得好，即日就是大臣了。"（《宦迹纪略》）

由于得到皇帝赏识，甘汝来以后在官场上可谓一帆风顺，仅过了两年就由知府擢升广西左江道（正四品）。不到半年，再升广西按察使（正三品）。雍正四年五月，擢广西巡抚（从二品），成为掌管一省大权的封疆大吏。短短三年间，居然连升七级，真可谓官运亨通。乾隆帝弘历即位后，甘汝来做到了从一品的兵部尚书、吏部尚书，并加太子少保衔（一种荣誉加衔）。乾隆四年七月，甘汝来在衙署办公时，突发急病去世，年仅55岁。英年早逝，实为可惜！

甘汝来猝死后，大学士（正一品）讷亲因负责管理吏部事务，与汝来同衙办公，立即亲自送丧至其府第。进入宅门后见堂上有位老妇人正在缝缝补补，以为是家中仆役，立即说："你赶快禀告夫人，相公已病逝于衙署。"老妇人闻听后痛哭失声，讷亲这才知道她就是甘汝来夫人，遂关心地询问身后事。在谈到家中遗产时，夫人拿出八两存银说："此志书馆（甘汝来时兼任《世宗实录》副总裁）月课俸也。俸本十六金，相公俭，计日以用，此所余半月费也。"（昭梿《啸亭杂录》）一位一品大员去世后，家里居然只剩下八两白银的"余财"，这不能不让人惊诧！亲眼目睹这一幕的讷亲为此流下了伤心的眼泪。

二

谢济世（1689—1755），字石霖，号梅庄，广西全州人。自幼为人倔强，十六七岁时应"童试"（科举制的最初考试），因不肯跪地向学政呈卷，被逐出考场。但他并不泄气，继续努力，二十岁中乡试第一名（解元），二十四岁中进士。雍正四年冬任都察院浙江道监察御史。谢济世不畏权势，竟敢弹劾雍正帝的宠臣河南巡抚田文镜，并列出十大罪状，称其"行同鬼蜮，性似豺狼"，"恶贯既盈，怨声齐沸"（《劾田文镜疏》）。雍正帝大怒，将谢济世夺官下狱，同时还严究幕后"指使者"，谢济世凛然回复道："文镜之恶，中外皆知。济世读孔孟书，粗识大义，不忍视奸人罔上，故冒死以闻。必欲究指使者，乃独有孔子、孟子耳！"（《梅庄杂著》）最后被革职，发往军前效力。

　　谢济世对当时奉为圭臬、盛极一时的程朱理学是不满的，而程朱理学的核心就是维护封建统治秩序的"三纲五常"。排斥程朱理学，无异是犯了为官立世之大忌，故此，已被发往军前的谢济世几遭杀身之祸。

　　直到乾隆帝即位，谢济世才被招回北京，任江南道监察御史。但他仍不改桀骜不驯的性格，竟大胆向皇帝进呈自己非议程朱理学的著作《大学注》《中庸疏》，被乾隆帝斥为"谬妄无稽"而发还。乾隆二年（1737）三月，谢济世再上疏，批评乾隆帝用人不慎，朝令夕改，受到严厉斥责。三年，谢济世被授为湖南粮储道，仍继续刊刻与程朱相牴牾的著作，最后被收缴所注经书154本，刊板237块。谢济世的所作所为，俨然又是一位"强项"官员。

　　乾隆七年冬，谢济世在湖南任上得知衡阳、善化两县知县多收税粮，以致民怨沸腾。他装扮成纳粮乡民，亲往调查。得知实情后，立即拘捕涉案的衡阳知县家丁、胥役，交长沙府审办，并参奏善化知县樊德贴。而这两位县令恰恰是湖南巡抚许容的心腹。许容遂派人向谢济世说情，欲加包庇。面对顶头上司的施压，谢济世不为所动，仍坚持原议。许容大怒，立即假捏罪名，伪造罪证，参劾谢济世"踰闲荡检，负恩溺职"，谢济世终被革职。这一冤案激起了湖南士民的愤怒，他们到处鸣冤，最终真相大白，冤案得以昭雪，谢济世改补为湖南驿盐长宝道。

谢济世屡蹶屡起，但终因自己的"强项"风格而为当世所不容，最后在56岁的壮年时被"勒令休致回籍"。

在封建专制的时代，某些有正义感的官员不顾后果，不计代价，敢于伸张正义，为民请命，其精神是可嘉的。但不管他们如何不畏权贵表现出"强项"精神，在封建专制的体制下，终究不能冲破牢笼，也看不到前途。

"通儒"焦循及《焦循全集》之整理

王俊义

焦循是清乾嘉时期有"通儒"之称的杰出学者、思想家，亦是当时扬州学派的主要代表人物。其学识渊博，著述宏大，富有思想，成就昭著，但由于各种原因，其著述于生前刊刻不多，大部分以稿本、抄本存世。其死后虽有刻本流传，但未经严格审校，既有讹误，又驳杂不一，此前尚无一部全面系统的个人全集，给深入研究焦循及清代学术造成很大不便。令人欣喜的是，《焦循全集》（以下简称《全集》）被列入《国家清史编纂委员会·文献丛刊》，经扬州大学刘建臻教授等专家精审精校，几乎囊括了焦循的全部著述，以崭新的面目问世。全书规模恢宏，印制精良，洋洋十八巨册，字数多达六百余万言，无疑是迄今最为全面系统的焦循全集。它的整理出版，具有重大的学术研究价值和意义。

焦循的学术成就和特色

焦循生于乾隆二十八年（1763），卒于嘉庆二十五年（1820），字理堂，一字里堂，晚号理堂老人，清代扬州府甘泉县人。出生于世代治《易》的书香门第，其曾祖、祖父和父亲等，皆以研究易学名世。焦循深受家庭的熏陶和影响，从幼年起就对儒家经学有浓厚兴趣，尤酷爱易学，且聪慧异常，深受长辈喜爱器重。早年，当江苏学政刘墉视学扬州时，即被取为生员且属意于经学。旋入安定书院，至嘉庆六年，考取为举人，而后参与会试则名落孙山。从此绝意仕进，不复科考。为了生计，一边坐馆授徒，一边进行著述。其与当时倡导学术的封疆大吏阮元关系密切，乃阮元之族姐夫，二人"少同游，长同学"，当阮元身为大吏后，又屡邀焦循为幕宾，相互切磋学术，也使循交游日广，学问大进，其许多著作都是在幕府中完成的。晚年或奉母家居，或托病不出，筑建雕菰楼，于湖光山色中专心著述，足不出城者十余年，终于撰写了等身的著作，为后世留下大量丰厚宝贵的思想文化财富。

焦循的学术思想特色，主要表现有如下几点：

其一，称赞焦循为"通儒"，几乎为古今学界之共识。嘉庆二十五年，当焦循病逝后对之"哀之切，知之深"的阮元，曾写有《通儒扬州焦君传》说："君学乃精深博大，远迈于元（阮元自指）矣。今君虽殂，而学不朽……综其学术之大指，而为之传，且名之为通儒。"同样，以研究清代学术著称的梁启超在论及清代汉学流派时曾说："汉学派中也可分为两个支派，一曰吴派，二曰皖派……此外，还有扬州一派，领袖人物是焦里堂（循），汪容甫（中），他们的研究范围比较广博。""广博"者，亦即通也。当代国学大师张舜徽先生在论述乾嘉各个学派及其特色时则更为明确地说："余考论清代学术，以吴学最专，徽学最精，扬州之学最通，扬州诸儒承二派以起，由专精汇为通学。"张先生还从不同角度分析了扬州诸儒所谓"通"的具体含义，如打通学科门类，"治学范围不仅限于经学""能突破传注的重围"等，在具体分析这些含义时，往往以焦循在这方面的事例作论证。足见，肯定焦循是"通儒"，可谓古今学界之共识。

其二，从传统的学术四部分类看，其著述涉及经、史、子、集四部，治学范围极其广泛。当乾嘉汉学最为盛行时，逐渐暴露出治学范围愈益狭窄的弊端，正如江藩在其《汉学师承记》中指出的："自惠（栋）、戴（震）之学盛行于世，天下学者但治古经，略涉三史，三史以下，茫然不知。"然而，焦循不仅长于经史，而且有大量诗、文、词、赋，又有天文历算之作。其于"经"部，既有最擅长的《易学三书》，还有对儒家主要经典《诗》《书》《三礼》《春秋》《论语》《孟子》的疏考、通释之作；于"史"既有《北湖小志》《邗记》等专著，还参与编纂《扬州府志》；于"子"则有《学算五书》及《吴氏本草》；于"集"部则有《雕菰楼集》《里堂诗词集》《仲轩词》等。兼通"四部"的焦循，确乃"于学无所不通"之通儒。

其三，义理、考据、辞章兼备，尤重思想义理。中国传统学术强调义理、考据、辞章兼备，但具体到每位学者个人而言，却常常偏重于某一方面，特别是那些汉学末流则只重考据，而看轻义理。作为通儒的焦循则强调三者兼备，并特别强调通核，重视义理。他曾在《辩学》一文中介绍著书立说的五种方法，有"通核、据守、校雠、摭拾、丛缀"，并认为"五者兼之则相济，学者或具其一而外其余，余患其见之不广也"。他很赞赏戴震的学术思想，当时学界有人贬低戴震，对其在《孟子字义疏证》中阐发的思想多有指责，焦循却专门写了《申戴》一文为之申辩，肯定"东原生平所著述，惟《孟子字义疏证》三卷，《原善》三卷最为精当"，"夫东原世所共仰之通人也，而其所自得者，惟《孟子字义疏证》、《原善》"。焦循在赞同吸收戴震思想的基础上，在性善论、理欲辨等方面，又有发展和创新。他认为人性善，食色之性是人的合理属性，虽圣为尧、舜，仍都有欲望并不失为圣人。他的许多义理思想，都渗透在《易学三书》《孟子正义》等书中。另外，他在多篇论文，如《性善解》《攻乎异端》《说定》《说权》，以及在与友人的论学书札中，都阐发了朴素辩证法，其许多深刻的思想在当时就被赞誉为"石破天惊"。

应该说在汉学考据盛行、思想义理相对沉寂的乾嘉时期，焦循能特立独行地成为一个思想家，尤为难能可贵。对此，钱穆先生很是推崇。他说："里堂论学极多精卓之见，彼盖富具思想、文艺之天才，而溺于时代考据潮流，遂未能尽展其长者。然即就其思想上之成就言之，亦至深湛，可与东原（戴震）、实斋（章学诚）鼎足矣。"（《中国近三百年学术史》）钱氏此言，当为至论。

焦循著述刊刻出版与流传散佚的状况

焦循作为一代著述宏富、思想独特的杰出学者和思想家，其著作理应认真整理刊刻出版，以便研究弘扬。然而，在其生前与身后，直至新编《全集》问世前，却存在着不尽如人意的状况，既有刊刻本，还有大量稿本、抄本，也有少量点校印刷本，甚至或有误托和伪造的现象。同时，由于流落各处，收藏管理分散混乱，有的著作已经亡佚。具体情况是：

其一，有刊刻本传世。焦循生前对著作刊刻的不多，但由于他和倡导学术的阮元关系密切，阮元在各地任学政和督抚过程中，无不热爱文化而举办精舍学堂，刊刻图书，编纂刊印了不少丛书，如在广州成立学海堂，刊印《皇清经解》，其中便吸收了焦循的多部经学著作。另外，焦循的生前友好、后学与热心学术文化的地方绅士，还搜集焦循的著述，编纂刊刻了《焦氏丛书》《焦氏遗书》等。如今，收录于《全集》中之《易学三书》《尚书补疏》《毛诗补疏》《北湖小志》等，大都以这些丛书的刻本为底本，尽管这些刻本的校勘尚有不少讹误，但对焦循著述的流传仍功不可没。

其二，有不少稿本、抄本存世。由于焦循一生治学刻苦勤奋，严肃认真，其许多著作，都曾历经数年、数十年，反复修改抄录，才最后定稿。如其代表作《易学三书》就历经三十多年，不断修改补充删削。其《孟子正义》一书，则是先从编写《孟子正义长编》入手，在广为搜集材料的基础上，方开始撰写，写出成稿，再予抄写。一本一本誊录，直到其去世前半个多月，亦未抄写完毕，死后才由其子焦廷琥抄写完稿。如此类似的情况还多有。因而，焦循的著作大都是以稿本、抄本存世。后来有些存世的稿本被纳入各种丛书，有些著作仍以稿本、抄本形式，辗转流传。也有刻本、稿本、抄本并存的局面。其中稿本与抄本讹误尤多，或有错字、漏字，或有重复颠倒，有的则字迹潦草难辨，这就势必为整理增加了难度。

其三，有少量经整理标校的印刷本。由于焦循的某些著作，乃论述某些专门领域的专著，如收入《全集》的《剧说》，是为数不多的论述戏剧的专门著作，颇为古今读者关注，有很高的研究参考价值，便由中国戏剧研究院纳入《中国古典戏曲论著集成》，于1959年印刷出版。还有本《全集》的整理者刘建臻教授，长期致力于焦循研究，曾整理标校有《焦循诗文集》于2009年由广陵书社出版，颇受好评。可惜这样的标校整理者并不多见。

其四，还有托名与伪造之书及亡佚的情况。焦循去世后，声望影响越来越大，日久年长后，便出现了托名之书，如《毛诗要义》《辑古算经细草》，并非焦循之著作，却被托名刊刻。更有甚者，还有纯属伪造的图书，如《仲轩易义解诂》《里堂书品》

《砖塔名铭题跋》等，冒焦循之名出版，欺骗读者。另外，焦循著作的有些稿本、抄本在辗转流传中散失亡佚，有些在文献中有明确记载的属于焦循的著作，如《三礼物名释》《扬州笃行录》《地球图说补》《孙子算经注》《里堂说医》等，都久已佚失。

从上述信息看，焦循的著作呈现的突出特点是数量多，内容涉及面极广，既有人文领域的经史考证，又有自然科学范围的天文、历法、医学之作。而且，这些著作既有刻本，又有稿本、抄本，还有托名造伪之书。在这种状况下，欲编纂其全集，其难度难免使人望而生畏。令人钦佩的是刘建臻教授等不畏艰难，勇于攀登，抱定守护和传承民族优秀传统思想文化的担当精神，终于不辱使命，首次成功地整理编纂出《焦循全集》，以崭新的面目出版问世。不愧是学术史与出版界的一大盛事和重大贡献。

《焦循全集》整理中的创新及其价值

其一，首先要指出的是《全集》的主持者刘建臻教授是理想的人选。他治学刻苦勤奋，参与了扬州学派的系列研究，并选择了"硬骨头"焦循为研究对象，经过孜孜不懈的努力钻研，除发表多篇论文外，还先后撰写出版了《清代扬州学派经学研究》《焦循著述新证》《焦循学术论略》，以及曾获全国古籍优秀图书一等奖的《焦循诗文集》。而且在 2005 年就完成了《焦氏易学三书》的点校，其对焦循研究积累丰厚，成果丰硕，又有整理古籍的丰富经验，已明显形成专长和优势。

其二，《全集》制定有严谨、科学的体制和周密统一的"凡例"，既符合文献整理的一般规范，又有符合焦循著述特点的开拓创新。由于焦循的著作种类多，涉及范围广，且体裁多样，因将全书在总体上分为甲、乙两编。甲编收录焦循自己的专著，并按传统的四部分类，依序编排了经、史、子、集四部的著作；乙编收录焦循编辑摘录的著述，如《里堂道听录》《扬州足征录》等。在甲、乙两编之外，还设有《附录》，收录了虽非焦循自著，但内容则录自焦循之著作，且早已单独成书传世之书，为便于读者了解和阅读，故附录于甲、乙两编之后。这样的划分和编排，就使得焦循内容多、范围广、形式多样的著作条理分明，眉目清晰，轻重有别，容纳于《全集》，实为创新之举。

《凡例》规定，甲编、乙编和附录所收录的五十九部著述，每部都有《题解》。如《易通释》之《题解》说："在焦循所有著述中，是费时最多，用力亦最深，可谓贯穿其学术生涯之始终。这些均见诸卷首的《叙目》中，……就是说从乾隆'丙申'，即1776年问题的提出，到嘉庆'癸酉'即1813年撰成《易通释》二十卷，前后历时三十七年。"最后，《题解》又介绍《易通释》的刻本有三种：道光六年（1826）《焦氏丛书》本；道光九年广东学海堂《皇清经解》本；光绪二年（1876）衡阳魏氏《焦氏遗书》本。本次整理以《焦氏丛书》本为底本，校之以《焦氏遗书》本。这些《题解》使读者对每部著作的成书过程、版本源流和整理所据之底本及参校本，能一目了然。

为使全书体例统一，避免重复，减少讹误，在《凡例》中还有诸多细致的规定。诸如对各部书的内容均据底本次序进行整理，遇有和底本次序有异者，出标记以说明；对于原著中引用他人著作的引文有省略者，则按常规，不使用省略号与标记；由于焦循的著作在内容上常有重叠，如有些诗作，既收入《里堂诗集》，又收入《雕菰集》，为避免重复，对这类诗篇在《全集》中则只录篇目；由于焦循的著作无论是刻本，还是稿本与抄本，在长期辗转流传中，都有讹、脱、衍的文字，整理审校中都在不改底本文字的原则下，用校记予以说明。对于原著底本中出现的避讳字、异体字的处理，在《凡例》中亦有统一规定。因这些规定在《全集》整理过程中贯彻始终，致使《全集》体例一致、眉目清晰、简洁明快，并最大限度地减少讹误，既保证了质量，也方便了读者。

还需要指出的是，《全集》虽最大限度地收录了焦循的各类著作，却不刻意追求形式上的"大而全"。正如《全集》前言中所叙，五十九部之外的焦循著作，在此次整理时并未收录于《全集》。不予收录的原因分别是：或为初稿与残稿，如《毛诗名物释》，实为《毛诗草木鸟兽虫鱼释》的初稿；或为未见之书，如《里堂随笔》《佳春堂诗选》等书，虽明确登录馆藏某处，却寻觅不到；或是经过严密考证而证实的托伪之书，如《毛诗要义》《里堂书品》等；或为亡佚之书，兹不一一列举。对这些书不予收录，既避免重复和造成讹误，也有待来日发现确属焦循的著作再予补充。同时，也印证了整理者实事求是、严谨踏实、一丝不苟的学风。

毋庸讳言，《焦循全集》的整理，难免还有这样那样的不足。这里，我想从另一个视角提出一个似可斟酌商榷的问题。《全集》作为一项文献古籍整理项目，当然首先应立足于文献学本身，遵循文献整理的基本规范，着眼于著作选录、目录和内容分类编辑，以及版本比较、文字校勘等方面。但是如能视野更加开阔，将学者的著作置于特定时代背景下，将文献学与社会史、学术史、思想史结合起来，深入挖掘学者著作中的内在思想，则会使文献整理推向更高的层次。特别是像焦循这样的学者，其不仅是知识渊博的学者，而且是具有许多独到思想的杰出思想家，在编纂其《全集》过程中，理应给予足够的重视，当然，《全集》作为一项文献古籍整理项目，不可能长篇大论地分析论述焦循的思想，但是在《全集》的《前言》中则应有简明的论述，同时，在相关的《题解》中也应画龙点睛地点到，就此而论，窃以为《全集》的整理尚有可深入提高之处。还想指出的是，本书对焦循思想主旨的概括，也值得推敲。在全书的《前言》中，提出"从《易学三书》到《孟子正义》，焦循构建起以'迁善改过'为主旨的学术体系"，从而"在经学、史学、文学和数学诸领域取得了巨大的学术成就"。我想将焦循丰富多彩的学术思想及其学术主旨，仅仅归结为"迁善改过"是否有些过于简单了呢？对此，学术界可进一步商榷讨论。

总体而言，《焦循全集》的整理，尽管还存在一些不足与可商榷之处，但瑕不掩瑜，仍不失为是一部成功的、高质量的古籍整理著作。《全集》的整理出版，必将有力推动清代学术思想史，特别是焦循学术思想史的研究。今后，随着时代的前进、学术思想文化研究的发展与提高，或是焦循的著作有新的发现，如再欲修订和编写《焦循全集》，都必然会以现在出版的《全集》为基础，因为其是反映一个时代学术水平与研究成果的标志，因而它也必将永远载入史册。

作者简介

王俊义，1937 年生，河南封丘人。中国人民大学清史研究所原所长、教授，中国社会科学出版社原总编辑。长期从事清代学术思想文化的教学与研究，主要著作有《清代学术与文化》（合著）、《清代学术与文化史论》（合著）、《清代学术研讨录》、《俊义文存》，并主编有《传统文化与现代化》《炎黄文化与民族精神》《中国近代思想家文库》等十余部。

嘉庆年间"和尚太守"王树勋的宦海浮沉

廖吉广　周勇军

官员的选拔与任命关系民生吏治和官场生态。嘉庆年间发生的王树勋蒙捐官职一案，牵连到多名高官，内而尚书、侍郎，外而总督、巡抚，在当时曾引起朝野震动。透过王树勋的宦海浮沉，可以从一个侧面对清中叶的吏治和官场生态加以了解和认识。

一、从读书应考到出家为僧

王树勋生于乾隆十九年（1754）左右，其父王纶曾任山东莒州同知、京师南城副指挥等职。王树勋自幼随父在莒州、京城等地读书，后来借助父亲生前的人脉关系，得以冒大兴县籍考取童生。由于时运不济，王树勋屡次应考未中，便在地藏庵出家，拜僧人妙悟为师。当时妙悟之师达文为广惠寺方丈，邀请王树勋到广惠寺住持，王树勋迎来了他人生的第一个转折。

王树勋跟师祖达文学讲佛法，由于喜读佛学典籍，兼有科举的基础，因此能够将儒、释、道三教义理融合，比达文讲得更圆通。当时的翰林院检讨庞士冠、庶吉士谭光祥、内阁侍读学士蒋予蒲、员外郎金光悌、举人章宗源等官绅常到寺里游玩，因见王树勋讲究佛法圆通，时往听讲并熟识。在他们的宣扬下，不久王树勋的名声便在京师传开。

王树勋以佛法讲述为纽带，与京中各色人物多有交往，讲法授徒是其交往的重要方式。庞士冠、谭光祥、章宗源均在广惠寺内受戒，皈依三宝，向王树勋礼拜，称其为师父；蒋予蒲、金光悌二人虽未皈依礼拜，但受其"杀、盗、淫、妄、酒"五字戒。

随着交际圈的不断扩大，王树勋在选择交往对象时也变得更为功利。通过这些途径，他在京师逐渐形成了自己的社会交际网络。乾隆五十九年，王树勋等人因"占人坟茔作庙基，或权子母取重利"（瞿兑之《人物风俗制度丛谈》）的不法情事泄露，被步军统领衙门缉拿审讯。凭借社交积累的人脉关系，王树勋得到司员吉伦等人的祖护，并没有受到应有的处罚，仅仅是被杖责、勒令返回原籍而已。

二、从充任幕宾到捐纳职官

自被递解回扬州原籍到嘉庆元年（1796），王树勋一直在家蓄养发辫，未曾抛头露面；他的再次转运，多赖在广西担任知府的本家王文治从中推荐。王文治与官员伊江阿相处甚好，俱善念佛。嘉庆元年春间，时任刑部右侍郎的伊江阿出差路过扬州，王文治因王树勋熟悉佛典，便趁机把他推荐给了伊江阿。伊江阿外放山东巡抚后，王文治便推荐王树勋给伊江阿做了幕僚。与伊江阿相识并出任其幕僚，成为王树勋人生的重要转折点。

王树勋在山东巡抚署内常与伊江阿讲论佛法，并帮助处理每日的公文稿案，然后交伊江阿定夺。不过，他在山东官场的所作所为远不止此。王树勋在山东负责帮办河工事宜，对相关工程及人事任命很有话语权；甚至还闹出在河工上施法、徒伤人命的荒唐事。此事在当时传遍南北官场,闹得尽人皆知,时人张惠言在其《书山东河工事》一文中有详细记载。

虽然在山东官场很是恣意跋扈,但是充当幕僚终究于仕宦正途无益,王树勋从前曾冒大兴籍捐过监生,也是想在官场求个出身功名。恰逢黄河在山东曹县决口,朝廷亟需银两、人员兴筑坝工,王树勋便拿出自己积攒的银子托人到京捐了州同职衔。后来他又与伊江阿商量办理投效事宜,恰逢清廷为镇压白莲教筹集军费而新开川楚事例,新的捐纳事例比出银办理报效要实惠,伊江阿便筹划为王树勋报捐。除伊江阿外,平时与王树勋共事的两江总督李奉翰、东河总督司马驹和署理济南知府陈廷杰等人,看在伊江阿的分上也各出银数百两。

嘉庆四年,在伊江阿等人的资助和运作下,王树勋通过虚报年龄、隐瞒出身经历成功报捐通判;而身为山东巡抚的伊江阿则遭遇仕途上的重大挫折,被革职拿问,并追究在山东浮收漕粮以及佞佛、宽盗等罪责。王树勋随后和伊江阿一同回到京城;伊江阿旋即被贬为塔尔巴哈台领队大臣,远赴新疆任职,王树勋把他送到兰州才返回。

三、从军前投效到升任知府

因已经报捐通判职衔,王树勋在兰州与伊江阿分别后,便前往陕西军营投效,负责协同办理围剿白莲教事宜。陕甘总督松筠喜好谈论佛法,王树勋遂投其所好,受到格外赏识,这也成为他人生中的第三次戏剧性转折。

嘉庆四年,随着太上皇乾隆帝的驾崩,嘉庆帝开始改变以往对白莲教一味镇压的政策,转而采取较为温和的平乱办法。身负戡乱重任的松筠积极贯彻招抚政策,王树勋亦参与其中,并因此而立功。时任湖北巡抚张映汉在给清廷的奏报中提到，王树勋曾携带札谕、着道装招抚顾朝先等，并"带同情愿投诚之贼匪等投出就抚"。不过也有记载认为，成功招抚并非王树勋的功劳，当时的实际情况是"会有某寨距险以守，闻松（筠）率大军至，将就降，树勋乘间往说使受抚，引为己功，松（筠）遂奖以官"（黄濬《花随人圣庵摭忆》）。这些说法之间多少有些不同，也从侧面反映出外界认知的不确定性以及王树勋身份的复杂性。不论招抚事宜是难是易，在当时的情况下，能够被委以招降这个特殊的任务，已足可见王树勋的本事；而此次成功招降也成为他建功、升迁的起点。

嘉庆五年，经松筠奏请，王树勋被带至湖北军营效力。到湖北后不久，王树勋便补放了德安府通判的实缺，并于嘉庆七年再次升补为荆州府同知。此后除因母丧回籍丁忧外，王树勋一直在湖北任职。嘉庆十七年，襄阳知府杨曰鲲在任病故，知府之职空缺为王树勋的高升创造了条件。在湖北巡抚张映汉、布政使素纳的保举下，捐纳出身的王树勋成功升补襄阳知府并送部引见。至此，身处宦海十余载的王树勋迎来了他人生的巅峰。

四、御史弹劾与王树勋仕途的终结

嘉庆十九年九月，湖广总督马慧裕和湖北巡抚张映汉联名奏请将襄阳知府一缺由原来的冲繁中缺改为冲繁难兼三要缺，并以王树勋"治繁理剧之区不甚相宜"为由，请求将他留在湖北补授他职或送部引见铨选，而另择合适人选出任襄阳知府之职。针对马慧裕和张映汉的奏报，吏部随即以"襄阳系腹地中缺，并无今昔情形不同之处"（《嘉庆二十年五月初二日掌江西道监察御史石承藻为襄阳府知府王树勋以僧人还俗捐官请严查议处事奏折》），将二人关于改襄阳知府一缺为要缺的奏请驳回，但同时同意把王树勋调离原岗。王树勋的仕途从此开始发生转向。

新的任命经邸报发出后，尚在京师的王树勋便遭到掌江西道监察御史石承藻的弹劾。石承藻在奏折中指出，王树勋无论是出家为僧、结交缙绅，还是还俗捐官、违例升迁，这些都是广为人知的事实；他在不法事实清楚的情况下仍然仕途得意左右逢源，实属骇异。种种情况表明，王树勋的背后有着更大的势力支撑和权力荫庇。石承藻将矛头指向了湖广总督马慧裕和湖北巡抚张映汉，并对他们数月之前奏请将襄阳知府一缺由原来的冲繁中缺改为冲繁难兼三要缺的真实动机表示怀疑。吏部"襄阳系腹地中缺，并无今昔情形不同之处"的评语证实，襄阳的情况在王树勋管理期间并未发生大的变化。而且彼时官员试用制度已经成熟，新任官员能否胜任新职至迟在一年之内便有分晓；马慧裕和张映汉在王树勋担任襄阳知府两年后才提出更换人员，实在有悖常理。

石承藻的怀疑不是没有道理。鉴于此次弹劾牵连督抚大员，影响甚广，他在证据搜集方面也是下足了功夫。就在弹劾的前一天，他还专程到王树勋曾经出家的广惠寺细访，并从住持僧超凡那里了解到王树勋以前出家为僧的详细情形。接到石承藻的弹劾，嘉庆帝随即下旨将王树勋解任，并交刑部严审。经刑部议定并报嘉庆帝批准，王树勋被枷号两个月发遣黑龙江充当苦差，他的仕途也就此终结。

五、王树勋案发后的连带责任追究

伴随着相关案情的审理，对涉案有关人员的责任追究在嘉庆帝的严厉督促下次第展开。首当其冲的是湖广总督马慧裕和湖北巡抚张映汉。马慧裕、张映汉身为督抚大员，本应对辖区内官员身份的真实性负责，而将曾经被杖责返籍、勒令还俗的王树勋荐升知府实属失职。在嘉庆帝看来，王树勋的所作所为没有中央和地方要员的支持协助很难办到，他能够以还俗僧人捐官升任知府而不被举发，更是令人匪夷所思。

除申斥马慧裕、张映汉外，嘉庆帝还责令管理刑部事务的大学士董诰通过王树勋招供的线索来追究其他涉案失职人员的责任。原任刑部尚书金光悌、刑部侍郎宋镕、两江总督百龄、仓场侍郎蒋予蒲、广东督粮道陈廷杰等要员皆因与王树勋往来而受到追究，被责令据实奏报与王树勋交往的来龙去脉，以及未能如实举发捐官情弊的原因。

马慧裕和张映汉在奏折中承认风闻王树勋披剃为僧的事实，同时也陈述了因为不知传言是否属实而未将其举发弹劾的顾虑。至于百龄、蒋予蒲、陈廷杰等人，一方面交代与王树勋交往的经历，以示"不敢稍涉隐饰"之意；另一方面则强调既不知王树勋即系在京犯案递籍还俗之僧明心，又不知王树勋如何得官的缘由，竭力洗脱自己。

面对这些奏报，熟知内情的嘉庆帝自然不满意；但是鉴于王树勋蒙捐官职一事时间较为久远，而且有很多急务还要依靠督抚等要员尽快办理，因此也就不再继续深究涉案人员的责任。经吏部审理并报嘉庆帝裁定，当事人如伊江阿、金光悌等均已病故，不再追究；举人章宗源、生员赏镛等人被斥革惩办；而王树勋冒捐监生、通判之出结各官及历次保举之湖北历任各上司，则由吏部查取职名进行倒查；仓场侍郎蒋予蒲、刑部侍郎宋镕等被交部议处；湖广总督马慧裕、湖北巡抚张映汉身为督抚大员，本应照属员劣迹昭著不行揭报例议处，被嘉庆帝从宽降三级留任；而两江总督百龄因事隔十余年，王树勋容止改换，不能辨识也属情有可原，被免予追责。经过暴风骤雨般的查办后，官场又恢复了往日的平静。

六、王树勋案与清中叶的官场生态

简单总结王树勋的经历可以发现，他的生平转机都与"佛"有关。从屡试不顺到出家为僧迅速成名，从讲论佛法结识山东巡抚伊江阿到出任幕僚、报捐通判，再从军前投效备受赏识到累迁至襄阳知府，王树勋人生当中这三次关键性转折可谓是"佛缘一线牵"。

在御史石承藻的极力弹劾下，王树勋以往的种种不法行径，特别是以还俗僧人的身份捐纳职官的旧案被彻底翻出，并最终受到惩罚。此案在当时引起了社会的广泛关注，诗人舒位曾作《和尚太守谣》专门记述此事。

王树勋传奇闹剧出现背后的深层次原因，是官场生态的整体恶化以及整个官僚系统监督管理的弱化。官员选任本有标准可循，然而凭借与官场大僚的深厚交情，王树勋顺利实现了由民到官的身份转换；在私人的社会交际网络面前，既有的制度规定俨然成为摆设。而负有监督职责的各级官员，面对问题非但不予核查，反而听任放纵、文过饰非，种种情形着实暴露出他们法纪观念之淡薄。王树勋宦海浮沉的经历表明，利用在身份甄别和监管体系方面的漏洞，清中叶的人际社交网络已经对官方的正常行政造成严重侵蚀；而这种违纪悖法行为的得逞，将因循苟且的官场生态展现得淋漓尽致。

作者简介

廖吉广，1989 年生，山东滕州人。中国人民大学历史学硕士。现为山东人民出版社编辑。发表《雍乾之际的在任守制与政策调整》等论文。

周勇军，1988 年生，浙江淳安人。中国人民大学清史研究所博士研究生。发表《道光朝〈海昌备志〉纂修始末探析》等论文。

康梁交恶溯源

齐春风

梁启超是康有为的得意门生、得力助手，他襄助其师发动中国资产阶级第一次改良运动——戊戌变法，从此二人的命运紧紧联系在一起。就是这一对共患难的师徒，在日后的合作中，分歧越来越大，后来竟分别站到了对立的阵营。探究二人的交恶根源，对了解清末民初跌宕起伏的政治风潮给寻求救国道路的人们所造成的冲击有所帮助。

一、学术门户的分立

1890 年（光绪十六年），梁启超初次拜会康有为，"先生乃以大海潮音，作狮子吼。……自辰入见，及戌始退。冷水浇背，当头一棒"，一下子被康有为的学识所慑服，下决心追随康有为。

1895 年后，梁启超撰写了大量脍炙人口的救亡图变文章，"启超之学，实无一字不出于南海"，在思想上与康有为亦步亦趋。维新运动失败后，康梁相继出逃日本。在日本期间，梁启超如饥似渴地阅读日文书刊，思想发生了大转变，对康有为的学术观点越来越不能接受。

首先，对于康有为一贯提倡的尊孔保教论，他由模糊的怀疑转为明确的反对。康有为把孔子学说拔高到宗教的地位，梁启超则认为孔子学说不是宗教。孔子学说讲求伦理道德，治国安邦，是一种积极进取的学说，是入世，而不是出世。孔子本人也不是宗教家，对灵魂、鬼神采取一种怀疑乃至敬而远之的态度。梁启超进一步认为，把孔子学说无限上纲，会对现实生活产生深远的危害，最主要的是束缚国民思想。他认为保教之说是拿近世的新学新理来缘附孔子，这是爱孔子，而不是爱真理。

其次，对于康有为一向坚持的托古改制，梁启超也渐渐视为陈词滥调。托古改制学说是康有为在戊戌变法时期着力宣扬的理论，也是他呼吁君主立宪的理论基础，梁启超早年对这一学说曾津津乐道。到日本后，梁启超抛弃了这种站不住脚的论断，"启超自三十岁以后，绝口不谈伪经，亦不甚谈改制，而其师康有为大倡设孔教会，定国教祀天配孔诸议，国中附和不乏，启超不谓然，屡起而驳之"（《清代学术概论》）。

第三，对于康有为自视甚高的《大同书》，梁启超也不以为然。梁启超认为所谓乌托邦式的"大同"，实际上是西方的世界主义，是一种理想，可施于未来，而中国的现状岌岌可危，讲大同于事无补，不如提倡讲现实的国家主义。梁启超晚年曾说："中国思想之痼疾，确在'好依傍'与'名实混淆'。若援佛入儒也，若好造伪书也，皆原本于此等精神。以清儒论，颜元几于墨矣，而必自谓出孔子；戴震全属西洋思想，而必自谓出孔子；康有为之大同，空前创获，而必自谓出孔子。及至孔子之改制，何为必托古？诸子何为皆托古？则亦依傍混淆也已。此病根不拔，则思想终无独立自由之望，启超盖于此三致意焉。然持论既屡与其师不合，康、梁学派遂分。"

从康有为和梁启超两人的性格和治学精神来看，两人学术思想的分家是必然的。首先，康有为为人固执，他的学术体系成形较早，以后不愿有所改易，"有为常言：'吾学三十已成，此后不复有进，亦不必有进'"。而梁启超则不然，他善于学习，易于接受新思想，学问突飞猛进的梁启超与墨守成规的康有为之间的差异，随着时间的推移越来越明显。其次，梁启超长期跟随康有为，对康有为为人为学的短处洞若观火。梁启超在批评其师的缺点时曾说："有为以好博好异之故，往往不惜抹煞证据或曲解证据，以犯科学家之大忌。"梁启超到日本后新学得科学主义，大有青出于蓝之势，对他老师的武断越来越不能容忍了。最后，梁启超反对治学"好依傍"与"名实相混"，而康氏学说似乎二者均占。二人学术上的分歧越来越大，最终造成康梁学派的分家。

二、政治信仰的乖异

梁启超在戊戌变法前后，秉承其师衣钵，在保持君主政体不变的大前提下，着力宣扬变革。到日本后，他接受了大量西方先进思想，促成了他学术思想的转变，并带动了他政见的改变。他创立新民说，大力提倡自由主义，认为自由是天下的公理、人生的要具。而康有为却对自由二字深恶痛绝。梁启超认为兴民权是启迪民智、祛除奴隶性的必要手段。康有为认为当日之急务在于开民智，但与此同时又不能提倡兴民权，否则会天下大乱。

二人最大的政见不同还在于救国之路是革命还是改良上。康有为始终抱着他的公羊三世说不放，认为历史必须沿着据乱、升平向太平世演进，相应的政体只能是君主专制、君主立宪和民主共和，不可"躐（liè）等"（不按次序）。而梁启超则思想日益激进。1899 年，康有为去美洲后，梁启超与孙中山的关系日益密切，倾向革命，酝酿两派联合。此事被康有为拆散后，梁启超专心发动自立军勤王起义。起义失败后，受好友唐才常被杀的刺激，梁启超又倾向革命。同时，梁启超阅读了资产阶级思想家的大量著作，思想激进，卢梭的《民约论》对他影响尤大，认为是最适合治疗中国之病的良药。他抛开了维新变法理论，转而主张"破坏主义"、革命排满等激进思想。在给康有为的信中，明确提出应该搞"民族革命"。康有为又惊又怒，在公开的场合，他著文荒谬地把印度亡国的原因归结到各省的自立上。在私下里，他给梁启超写了数以万字的信函，一方面痛诋梁启超，一方面继续兜售他的革命恐怖论。梁启超表面上屈从于康有为的压力，实际上仍坚持自己的主张，"惟言革事，则至今未改也。……问诸本心，能大改乎？"

在与康有为争论不休之际，梁启超去美洲游历了一次。不想这次游历起到了康有为不能起到的作用，从美洲回来后，梁启超的思想言论竟来了一个180度的大转弯，悄悄地收起了革命排满的主张，反对起原来大力提倡的"破坏主义"，声称与共和永诀。梁启超立场的这一退缩，究其原因，他在本质上仍属于资产阶级改良派，对革命暴力还有一种排斥感。在改良主张走投无路的情势下，他有一些激烈主张。一旦脱离了主战场，头脑冷静下来，他的改良主张便占了上风。于是，他从革命主张的门槛又滑回温和改良的阵营了。其立场的这一改变，使得他与老师又站在同一面旗帜下，而不致于过早地分手了。

梁启超立场的退却，使师生度过了到海外后最大一场政见不同引发的危机。而梁启超与以孙中山为首的革命党人渐行渐远，革命党和保皇党深沟巨壑，严重对立。1904至1905年，梁启超作为改良派的喉舌，与康有为一起，与革命派展开论战。师徒二人师唱徒和，是他们到海外后"配合"得最默契的时光。但时势不饶人，不论他们二人如何巧言善辩，保皇派在论战中明显处于下风，最后不得不主动偃旗息鼓。

梁启超与康有为的政见"统一"，只是改良主张的统一，他们对改良的途径有着不同的选择。康有为认为改良必须在保持君主政体的前提下进行，最终成为不可救药的复辟论者。梁启超对清廷则没有那么忠心耿耿，在辛亥革命的既成事实面前，他很快表示了赞成共和的意思。至此，师生政见上的殊途也成定局。

三、国事参与的冲突

1906 年，清政府宣布要"预备立宪"，这一骗局鼓舞了流亡海外的改良派，梁启超组织政闻社，拟回国参政，而清政府查封了政闻社在国内的组织。1908 年，光绪帝和慈禧太后先后死去，载沣摄政，把袁世凯开缺回籍。1909 年春，梁启超拟将戊戌政变的罪责归于袁世凯一人，以开脱慈禧太后，此举意在与清廷和解。

康有为在辛亥革命胜利后进退失据，他先主张"不废旧朝"，继而哀叹清王朝气数已尽，后来又提出了"虚君共和"说，他像发现新大陆似的捡出了孔子后裔，说素王就是素帝，是最好的虚君。康有为颠三倒四的做法，令梁启超十分难堪，他致书康有为，说康师举措乖张，不能令人心悦诚服，愿师还讲学之旧，相与弦诵。但康有为并没有按他学生的指引行事。袁世凯东山再起后，积极地拉拢康有为和梁启超，康有为以"十不忍"回绝了他。

在改良派中，康有为已失去了昔日一言九鼎的地位。许多人对康有为的保皇说教早已不耐烦，力劝梁启超摆脱康有为的束缚："南佛（指康有为）之政见，偏僻迂谬，不切时势，万无附从之理。……政见本随时势而变迁，不足为病也。如佛决不以为然，出其专制之力来相阻格，则各树一帜，各行其是，万不可再屈以求合。"（《辛亥革命在上海史料选辑》）他们选择了联合袁世凯的道路。

在梁袁接近时，康有为仍坚持以往的保皇论，共同为拯救垂死的清王朝努力。梁启超则表示不再倡言"虚君共和"，并希望康有为改变态度，拥护共和，"藉连鸡之势，或享失马之福"，否则师生要"趋舍异路，怆恨何言"？康有为不为所动，决定了师生分立门户的形势。

1913 年，梁启超任司法总长，康有为极力反对，而梁启超仍我行我素。但袁世凯要恢复帝制，梁启超坚决反对。他苦劝袁世凯不要成为千夫所指的罪人："诚愿我大总统以一身开中国将来新英雄之纪元，不愿我大总统以一身作中国过去旧奸雄之结局。"并拒绝 20 万元的收买，发表《异哉所谓国体问题者》，公开抨击袁氏。随后南下广西，与蔡锷发动护国战争。康有为也积极投身于倒袁斗争中，"康有为、梁启超、潘若海等在沪集议，咸以为倒袁必须举兵，不举兵，即无以倒袁"，师生二人又走到了一起。

此次师生相投是如此短暂，不久他们便直接对抗了。梁启超南下广西前，康有为仍然"大声疾呼以主张其平昔之复辟论也，且谓吾辈若不相从，后此恐成敌国"。梁启超认为其师的言论会对他的政治活动造成不利影响，当康有为公开主张复辟时，梁启超严词驳斥了他的老师："吾既惊其颜之厚，而转不测其居心之何等也。"师生至此公开、正面地决裂了。

护国战争鏖战方酣，康有为等人的复辟活动也在紧锣密鼓地进行着。1917 年，张勋复辟，康有为当上了伪弼德院副院长。梁启超则来到了段祺瑞的幕府，充当反复辟军的军师，师生走到了对立面。7 月 1 日，梁启超发出《反对复辟电》，"此次首造谋逆之人，非贪黩无厌之武夫，即大言不惭之书生"，把矛头直指张勋和康有为。复辟失败后，康有为对梁启超恨之入骨，写诗咒骂其为食父母的恶兽，师徒关系断绝。

四、组织事务的龃龉

在长期的政治生涯中，康有为与梁启超在纷繁的日常工作中，难免产生一些摩擦。流亡海外后，康有为创立了保皇会。后来康有为赴加拿大活动，留在日本的梁启超与孙中山过从甚密，拟与革命党人联合，他特拟《上南海先生书》，第一次劝老师隐退，"息影林泉，自娱晚景"，康有为闻讯大怒，令梁启超前往檀香山办理保皇事务。梁启超为顾全师生情谊，遵命前往，但康梁的关系从此一直不睦。

1900 年，唐才常自立军起义失败后，梁启超前往香港向康有为汇报，康有为把起义失败之责全推到他身上，竟对他"击之以椅"，直打得梁启超跪在地上连连告饶才罢休。康有为专制家长式的粗暴作风对二人的关系起了恶劣的作用。汤觉顿、杨度等人劝梁启超另立门户，而梁启超不愿因具体事务与康有为决裂，师生二人处于貌合神离的境况。

1903 年前后，康有为与梁启超因保皇会内部事务又掀起了轩然大波，梁启超不得不就经费和人事问题详加解释，表示"悔改"，这段公案才得以了结。

1904 年，康有为情急之下欲借助暗杀手段达到目的，梁启超对此原则上是赞成的，但对康有为用金钱收买杀手的做法却很不以为然，认为既浪费大量金钱，又因所用之人不可靠，收效甚微。

此后的几年，康梁之间表面上是平和的。1905 年梁启超筹组政闻社时，向康有为多有请教，康有为则"虚名遥领"。师生间有了一段难得的好时光，在 1910 年内，康有为给梁启超的信最多。

辛亥革命打破了师生间的这份宁静，梁启超希望在新的政治形势下有所作为。1912 年 4、5 月份之间，他第二次请康有为退隐，遭到麦孟华的激烈反对，此事遂寝。梁启超此举有避各方对保皇党攻击的用意，客观上却造成更大的裂痕，师徒至此已分道而行。

综观康梁的交恶，可以看出，是一个多层次的过程。他们在具体事务上的龃龉与整个交往相始终，但不足以使他们各奔东西。学术思想的分野，在到日本不久便泾渭分明，但他们还维持着表面的团结。而政见最终的迥异，及其相关联的国事参与的不同抉择，才是他们异趋的根本原因。但是，二人的决裂是政治上的决裂，梁启超对康有为的师生情却从未泯灭，始终以师礼事之。

五、师生情谊的维系

在日本初期的争论并未减低梁启超对康有为的崇敬之情。1901 年，他以深情的笔调作了《南海康先生传》，称颂康有为是先时人物。1911 年，康有为来到日本，住在梁启超的寓所。正值他 55 岁生日，"梁启超等十余人连日为寿"。1913 年，康有为的母亲去世，梁启超特致函吊唁。1915 年，长期追随康有为的麦孟华去世，梁启超闻讯后致书康有为，劝他节哀摄己。1917 年因复辟事，师生问询暂告中断。1923 年，康有为游历至天津，梁启超闻讯后三次致信康有为，师生两度会晤，打破了互不往来的僵局。

1927 年 3 月 8 日是康有为的七十寿辰，梁启超专程从天津奔赴上海，亲撰《南海先生七十寿言》，情文并茂，传诵一时。又集汉贤成语撰写一联，此联在众多寿联中被认为是最上乘之作。

康有为过完七十寿辰后不足一月，病逝于青岛。梁启超闻讯后立即电汇数百元为其师成殓。4 月 17 日，康门弟子在北京先哲祠为康有为设灵公祭，梁启超宣读了《公祭康南海先生文》。这篇悼文，情深意切，哀婉动人。循人之常情，梁启超在祭文中也有为逝者讳的笔调，置其他细末于不顾，唯独婉转地提到了丁巳复辟："复辟之役，世多以此为师诟病，虽我小子，亦不敢曲从而漫应。"而这恰好点明了师生间最大分歧之所在。

作者简介

齐春风，1970 年生，辽宁北票人。南京师范大学社会发展学院教授，该校抗日战争研究中心主任。主要研究方向为中国近代经济史、中日关系史。著有《中日经济战中的走私活动（1937—1945）》等。

梁启超的书艺与彩笺

夏晓虹

梁启超是政治家，也是学者，但首先是个文人。这是我翻阅两大册梁启勋收藏的其兄手札时留下的最深刻印象。

一、习书留影

就书法艺术而言，梁启超或许不如其师康有为之自成一家、声名早树，但每一纸写出，无论长文，还是短札，皆美观疏朗，布局考究，形完气足。

梁启超在书艺上确曾用功甚深。1910 年 4 月 9 日致函徐佛苏时即提到，除"每日平均作文五千言内外"，"其日间一定之功课"中，尚包括了"临帖一点钟"，并且是从 1909 年 8 月中旬以来从未间断（《与佛苏吾兄书》）。这对于自称"吾学病爱博""尤病在无恒"（《题艺蘅馆日记第一编》）的梁启超来说，实属难得。即使 1916 年 7 月，因时事纷扰、心绪不宁，梁氏著述亦废，却"惟学书较前益勤，日常尽二十纸"，并借此"稍足收敛此心"（1916 年 7 月 14 日《示思顺书》）。

如此勤习苦练，加以梁启超的天资颖悟，其书法进步迅速也可想而知。1902 年，黄遵宪曾称赞梁氏："公书高秀渊雅，吾所最爱,《人境庐诗》有一序,公所自书,平生所宝墨妙,以此为最。"(1902 年 11 月 30 日《与饮冰室主人书》)但其所谓《人境庐诗序》,实为 1898 年 1 月梁启超在长沙时务学堂执教时,题写在黄遵宪诗稿上的跋语,其时梁之书法尚未大成。而 1909 年,梁氏书艺显然已发生巨大变化,以致亲密如二弟启勋,亦竟错认其字为出自康有为另一弟子麦孟华之手。在 9 月 8 日、10 月 21 日给梁启勋的信中,兄长梁启超于是不无得意地再三辩白:

> 来片有"孟哥代笔书"一语,可谓奇极。孟哥并不在日本,何从为兄代笔?且兄致弟之书,亦何至请人耶?兄三月以来,颇效曾文正,每日必学书二纸,宜弟之不复能认吾墨迹也。

> 弟两月前有一片来,云"孺博代笔之书已到",云云,真可发笑。我寄弟一书,乃起稿后寄往上海,叫孟哥写好,再寄来付邮耶?吾近日每日必临右军二百字,已非吴下阿蒙矣。弟见我近函,又谓何人代笔耶?

而这正是梁启超数月以来,日日"临帖一点钟"的奇效。并且,其所临之帖也可落实为王羲之书迹。从写于 1910 年阴历正、二月间的《双涛阁日记》,即可见其每日功课几乎都有"临《圣教序》"一叶或半叶,并且,此前先已摹写七遍。因而,1925 年春,梁启超作《旧拓怀仁圣教序》跋,提及此拓本"与吾相随既十余年,前后临摹且百过",实可征信。

法帖之外,梁启超于碑学亦下过苦功。用力最勤的是张迁、张猛龙、张表各碑,且都有专门的题跋。如 1911 年,梁对临写张猛龙碑兴致正高。10 月 6 日中秋夜,为其启行赴奉天前夜,梁氏本以为自此归国,故特意为尚居留日本读书的大女儿思顺(字令娴)写下一卷《自临张猛龙碑》墨迹,且题跋云:

居日本十四年，呐呐无俚。庚戌、辛亥间，颇复驰情柔翰，遍临群碑，所作殆成一囊。今兹乌头报白，竟言归矣。世务方殷，度不复有闲情暇日以从事雕虫之技，辄拔万冗，写成兹卷。其末四纸，则溯行前一夕醉后作也。娴儿其永宝之。宣统三年辛亥九月望，饮冰记于日本须磨浦双涛园。

流亡十三年，一朝返国，其兴奋的心情亦须假借醉墨淋漓方足以抒尽，学书在其日常生活中的功用正非同寻常。而梁启超评张猛龙碑"堂哉皇哉，一代轨范已"，称赞其"最方严""龙跳虎卧"（《魏元苌振兴温泉颂》《魏司马景和妻孟夫人志》），也与流亡中东山待起的梁启超心境相合。

从写给梁启勋的信札中亦可看到，梁启超练字每有心得，往往急于同二弟分享。1916 至 1917 年居父丧期间，梁沉醉于《淳化阁帖》，函致启勋，称："比写《阁帖》，如有所得。弟视此笺何如？"1924 年 3 月 14 日亦写告其弟："近来拼命写隶书，成绩盈篚。弟若不要，被人劫尽矣。"同年年底，梁启超送"篆隶各一小幅"给启勋，言及："近颇感非用力于篆，则隶不能工。三日来，日必课篆矣。"1925 年 2 月 5 日信中又兴高采烈地预告："日来写《张表》，专取其与楷书接近。一月之后，请弟拭目观我楷书之突飞也。"1927 年 6 月 15 日复告其弟，开始习练《六体千字文》，"顷已发奋学章草矣"。梁启超对研习书法兴致之高，且由隶而篆而楷而章草之学书历程，于此清晰可见。

二、世界八杰笺

更引人兴味的是，梁启超的书法及各时期所学书体，又常及时见诸其所用信笺。其中透露的梁氏心情与思考，同样值得关注。

1905 年 4 月 25 日与梁启勋函（见下图一），梁启超选用的彩笺相当特别。此笺图像及文字呈橘红色。画中人物上髭如针，身穿双排扣礼服，手提"文明棍"，器宇轩昂。其姓名分别以中文与德文书写在右侧与下方，乃赫赫有名的普鲁士铁血宰相俾斯麦。画赞云：

公法不恃恃铁血，双瞳如炬心如雪。

胸中甲兵不可说，叱咤全欧风云裂。

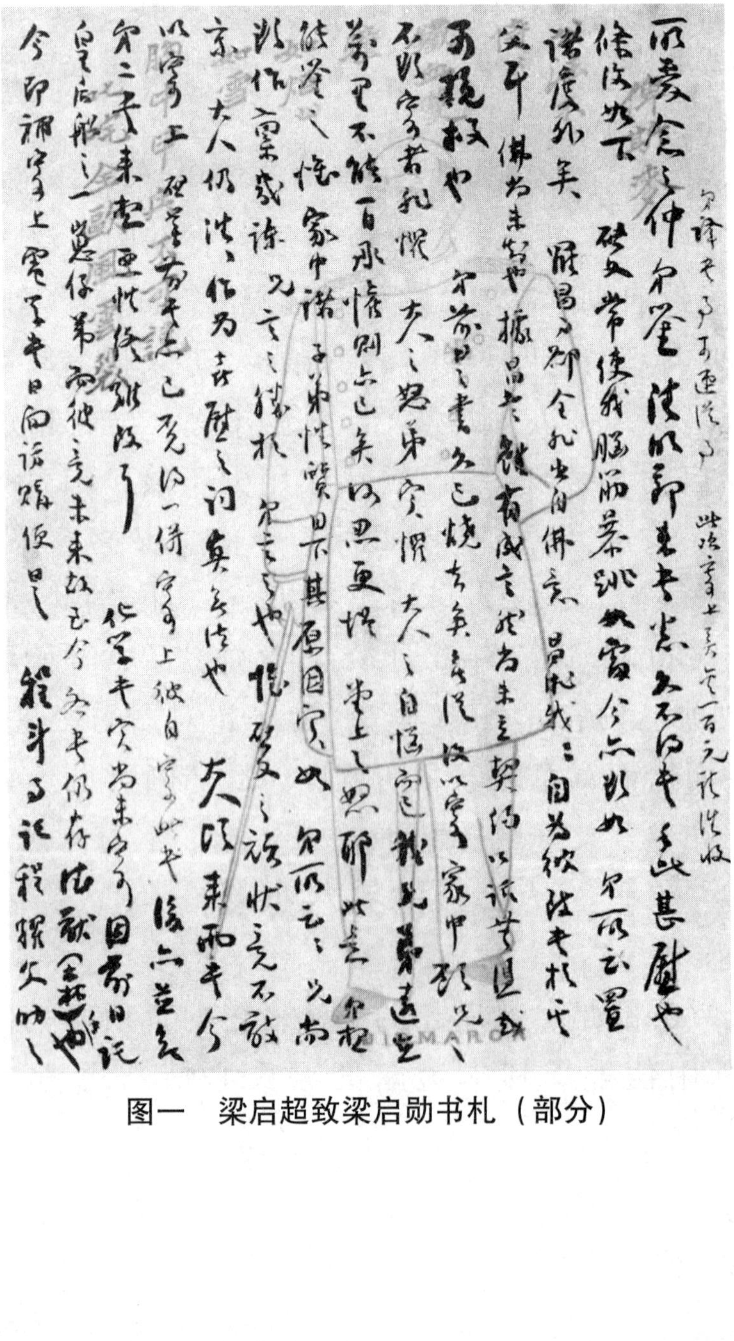

图一　梁启超致梁启勋书札（部分）

而此笺乃是 1903 年由梁启超主持的《新民丛报》社专门印制，全套共八种。由该刊第二十六号所载《（新制）世界八杰笺》广告可获知详情：

> 读史者，读英雄传者，观其言论行事，未尝不想望其风采，欲买丝以绣之，铸金以事之。此崇拜英雄之热心，实使人自进其人格之一法门也。吾中国寻常函牍喜用雅笺，盖文学美术高尚之风习使然也。然通行笺纸写风景、描花鸟，或集古句、集碑文，虽各有寄托，然皆非关大体。本社欲利用此高尚风习，徐导起国民崇拜英雄之思想，特搜集近世最著名豪杰，每国一人，写其遗像，并请饮冰室主人各系以画像赞，制为《世界八杰笺》。海内志士雅人，想有同好，故印数万纸，以公于世。

"八杰"国别与姓名如下：西班牙哥仑布（一译哥伦布）、英吉利克林威尔、俄罗斯大彼得、德意志俾斯麦、美利坚华盛顿、意大利加富尔、法兰西拿破仑、日本西乡隆盛。

实际上，此"世界八杰"事迹均曾出入于梁启超笔下。1896年梁启超撰写《变法通议》时，即屡屡称引"自大彼得游历诸国，学习工艺，归而变政"（《论不变法之害》），俄国因此强盛，以论证中国实行维新变法的必要性。而 1899 年底，梁启超出游夏威夷，临行前一日，尚特意到东京上野公园的西乡隆盛铜像前致敬，并在船中所作《壮别二十六首》中，专列"别西乡隆盛铜像一首"。此外，《壮别》组诗之"别东京留学诸友及门人三首"，亦称赞华盛顿与拿破仑为"孕育今世纪"的功臣。至于海外"汗漫游"的相似经历，则令梁氏对发现美洲新大陆的哥仑布追慕不已。1900 年，《饮冰室自由书》在《清议报》开设专栏，很快即刊出《英雄与时势》一则。梁启超既指认当今"乃举天下翘首企足喁喁焉望英雄之时也"，故呼唤如加富尔、俾斯麦、华盛顿之英雄出世，所谓："二三豪俊为时出，整顿乾坤济时了。我同志，我少年，其可自菲薄乎？"而此中之加富尔，即为其《意大利建国三杰传》中最得梁氏心仪的人物。巧合的是，恰在"世界八杰笺"广告刊发的前一期，梁作《新英国巨人克林威尔传》亦开始在《新民丛报》连载。文中所引克林威尔呵斥画工之言："画我当画如我者！"先已于梁著《李鸿章》与《南海康先生传》揭出，悬为其传记写作的至高境界。具此英雄救世情怀，"世界八杰笺"自然会成为梁启超与维新志士通信的恰当载体。台湾影印的《梁启超知交手札》中，至少可以见到其万木草堂同学孔昭焱、弟子何天柱以及同志侯延爽采用这套笺纸中的七种。因其少见，姑录其中可辨识之画像赞数则，以见一斑：

克林威尔　使英国宪法鞏固为万邦式者谁乎？使英国国旗遍辉大地者谁乎？画中人是也。

华盛顿　国多难，为飞将；功已成，为老农。是真圣贤，是真英雄。

加富尔　读罗马衰亡史，宁知复有斯人；读中国现世史，恫哉竟无斯人！

拿破仑　帝者魁桀，民权精神，震天撼地，千古一人。

而且，诸人在使用这套信笺时不乏混用者，如何天柱1908年1月17日致麦孟华函，总共三纸，依次为俾斯麦、拿破仑与西乡隆盛画像。这样的情况在梁启超书札中却很少看到，可见其对美感的在意与讲究。

三、自制笺索隐

"世界八杰笺"虽非梁启超自制，却因每张均有其书写的赞语，故可视为梁氏专用笺出现的预演。

　　而能够显露梁启超政治怀抱的自用笺，值得注意的有"新民建言"一种。梁启勋的珍藏中，1909 年梁启超为其代拟的一则"梁次苏履历"即以此书写。1898 年 9 月戊戌政变发生后，梁启超流亡日本，先办《清议报》，1902 年 2 月又续编《新民丛报》。梁在该刊发表了系列政论文《新民说》，因此自号"中国之新民"与"新民子"。《新民说》以改造国民性为主旨，强调兼采中外，即"淬厉其所本有而新之"，"采补其所本无而新之"（《释新民之义》），当时影响极广。胡适日后忆述："我们在那个时代读这样的文字，没有一个人不受他的震荡感动的。"〔《四十自述（三）·在上海》〕而以其新笔名题笺，且为"建言"而非随意发言，恰可印证新民思想确是流亡日本时期梁启超言论的中心。

　　关切国事之外，梁启超对友朋也爱护惦念，情义深厚。《饮冰室诗话》开篇即说："我生爱朋友，又爱文学。"故其自制笺中，与"新民建言"显露的政治家身份相对应，尚有"新会梁子达诚奉书"的淡红色隶书八行笺，专用于朋友间的通信。范例可见 1910 年 11 月 9 日与台湾林献堂函，此为梁氏初次投书，故采用此笺十分得体。此外，一款题为"饮冰集史晨碑"所成之文亦很可观："相思无既，临书依依，惟若时自卫不备。"其间充满了对亲朋的眷恋、珍爱之情，相信林献堂收读梁启超 1911 年 10 月 11 日以此笺所作书札时，心中必定感觉十分温暖。

　　根据上文所述，1909 至 1910 年，正是梁启超临帖摹碑最为勤奋的时期。检索详细记述此段生活的《双涛阁日记》，可见从 1910 年正月初二（2 月 11 日）起，梁氏每日功课在临《圣教序》外，尚有摹孔宙碑第六遍结束，写龙藏寺碑一遍多。而两个月内，摹写时日最多的则为张迁碑，正月十一（2 月 20 日）开笔，至二月二十七日（4 月 6 日）已是"第五通卒业"。因梁启超自我反省:"唐以前诸碑帖,其结体皆雄伟,有龙跳虎卧之概。吾书溺俗已久,结体直无一与古人合,故愈弄姿而愈增其丑。今后惟当于此,痛下苦功。"(正月十二日日记)故于此数通唐前碑帖反复揣摹。

而此节书事反映在信纸上,则是所用彩笺一时称盛,品种繁多。以集碑文而言,仅据许俊雅编注《梁启超与林献堂往来书札》,最简短者如"辞达",乃是"饮冰集谯敏碑"而成,取义于孔子所谓"辞达而已矣"(《论语·卫灵公》),与梁氏1897年拟定的《湖南时务学堂学约》所言"觉世之文,则辞达而已矣"的思路相符,故作便笺题词非常合适。而单独截取首二字,又可表示以辞达意,用于信封亦很妥当。除前引"集史晨碑"文一种外,梁启超另备有"沧江集孔宙碑"之"路修文俭,所陈不既"笺。"沧江"乃梁启超1910年2月主编《国风报》时开始使用的别号,淡红、淡绿两种笺纸显得相当雅致。1910年写给林献堂的长诗《奉赠献堂逸民先生兼简贤从幼春》及随后的一札,便采用了此纸。

诸碑之中,梁启超此时最钟情者实为东汉张迁碑,并且历久不衰。1925年仍临写一通,题跋中赞"其书势雄深浑穆,如有魔力强吾侪终身钻仰",故"生平临摹垂百过"(《自临张迁碑》)。以此,1910至1912年致林献堂函中,集自该碑文的笺纸样式竟出现了四种,即:"饮冰集张公方碑"之"远道相思,所白不既,惟万万为国善摄","饮冰集张迁碑字/写陶句自制笺"之"君其爱体素"(见文末图二),此笺有集字与款识红、绿颜色互调两式,以及分别题署为"沧江集张迁碑字"与"饮冰集张公方碑"之"别来思君,惟日为岁"。最后一种言简意赅,所传达的"一日不见,如隔三秋"的深切思念,很能见出梁启超的性情与言说方式,故被一再复制(其中"饮冰集张公方碑"另有双钩摹写一种）。甚至回国最初几年写给女儿梁思顺的信中，亦以此款纸居多。第一种笺样则与"集史晨碑"文字匹配，应为有意成双之作，尽管行格设计一为明线、一为暗线。不过，史晨碑集字所抒之情尚属单纯的思亲念友，此笺却已将为国自珍的大义带入，亲情友爱之外，又添上了志士情怀。而梁氏本人的心事在"写陶句"中也得到了曲折透露。表面看来，"君其爱体素"似与"自卫""善摄"语意相近，然而细按陶渊明《答庞参军》诗，接下一句乃是"来会在何年"。回思梁启超流亡海外十余年的艰辛，此藏尾句在感慨与友人相见不易的同时，未尝不包含了制笺之日梁氏对返归故国的殷切期盼。

反倒是 1912 年 10 月归国之后，情形正如其早先所逆料，"不复有闲情暇日以从事雕虫之技"，梁启超从政、讲学，日益忙碌。初时尚有新添样式，如见于江靖编注《梁启超致江庸书札》中的两款笺纸：一为"任公集琅琊刻石残字制揃（jiān，笺识；录记）"之"书不尽言"，一为"集张伯敦碑"之"任公封事"。后者常用来书写公事，却多半是以朋友身份进言，恰合梁氏此时进出官场的身份，尤具妙义。而公函专用、纸铺所造笺纸也已穿插其间，如 1913 至 1914 年与江庸书，即杂有"币制局用笺"与天津文美斋制"兰亭笺"数种。至 1920 年欧游归来，梁氏自备者已只剩下形制不一的"饮冰室用笺"与"饮冰室尺牍"。在绵绵不绝写给长女思顺、长子思成的信中（见《梁启超未刊书信手迹》），这种归于平淡、简易的信笺最多见。此外，一些友朋赠笺亦为梁启超喜用，如 1925 年 6 月抄赠胡适的白话词所选之姚华砖墨馆摹砖笺，以及 1926 年 12 月 3 日致江庸函所采商务印书馆印制之涵芬楼花笺（当为张元济赠送），皆属此类。

不过，即使到晚年，甚至 1928 年 10 月 8 日梁启超写与二弟启勋的最后一信，自诉因痔疮发作兼以感冒发热，身体衰弱，

"仍艰于坐"，全篇布局却照样错落有致，且一字不改。而此种风格，在其目前可见遗留世间的最晚一通手札中仍保持不变——10月17日"爹爹"给"思永"的两页信函，字体依然端庄秀逸，书写依然整洁漂亮。因此，即使不考虑内容，梁启超的书信亦具有独立完足的观赏价值。

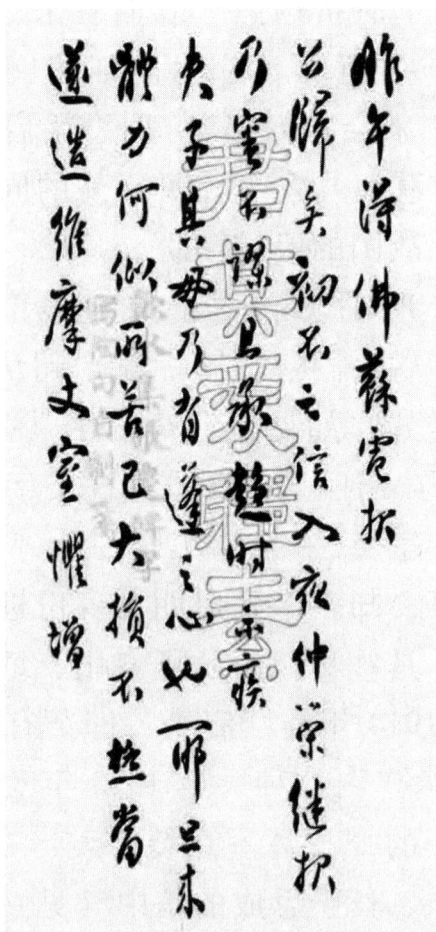

图二　梁启超南行前致汤觉顿书札（部分）

作者简介

夏晓虹，女，安徽和县人，1953年生于北京。北京大学中文系教授、博士生导师。主要研究领域为近代中国的文学思潮、女性生活与社会文化。出版专著有《诗骚传统与文学改良》《觉世与传世——梁启超的文学道路》《诗界十记》等。

从进士到博士：陈焕章与《孔门理财学》

韩 华

晚清以后，以儒家文化为主的中国传统文化渐渐式微，就在中国知识人和整个精英群体表现出偏离儒家的倾向时，陈焕章作为一名中国留美学生，在大洋彼岸用英文撰写了 60 万字的著作《孔门理财学》（*The Economic Principles of Confucius and His School*，译本已收入商务印书馆"中华现代学术名著丛书"），向西方系统介绍了儒家经济思想及中国历史上的经济实践活动。

一、从进士到博士：中西最高学位的获得者

陈焕章（1880—1933），字重远，广东肇庆鼎湖区（原高要县）砚洲乡人。11 岁参加童生县试，稍后参加府试，相继考中。12 岁参加广东学政主持的院试，被录取，入高要县学，成为秀才。1903 年（光绪二十九年），陈焕章中举人，次年他参加清末最后一次会试、殿试，中进士，朝考点内阁中书，入进士馆。

1905 年，陈焕章奉派成为留美学员，在库克学院学习英语后，1907 年考入哥伦比亚大学；1911 年（宣统三年），陈焕章获哥伦比亚大学博士学位，他先后获得中西双重"最高学位"，从清朝进士到美国博士，一人在中西两种教育体系中都取得了最高

学位，历史上再无第二人。次年陈焕章回国，在其师康有为的授意下，在上海创办以"倡明孔教、救济社会"为宗旨的孔教会，由他担任主任干事，总揽会务。1913 年，陈焕章、夏曾佑、梁启超等代表孔教会上书参众两院，请于民国宪法中明文规定孔教为国教，发起国教运动。陈焕章曾先后办《孔教会杂志》《经世报》，宣扬孔教。1923 年，他与香港孔圣会人士联名发起建立孔教大学及孔教总会堂，1930 年在香港设孔教学院，任院长，1933 年病逝。

陈焕章生当中国社会新旧转型时代，其旧学与新学的造诣均极为深厚。陈氏学贯中西的学养背景，是他完成《孔门理财学》的重要前提，也是这本鸿篇巨著能在西方产生影响、成为中国古代思想"走出去"的必备条件。

戊戌变法前，陈焕章拜师康有为，在万木草堂受业。他深受其师孔教思想的影响，"倡明孔教"成为其一贯追求的理想；作为民初思想家，陈焕章推崇其师的孔教思想，在陈氏的著述中，如登载于《孔教会杂志》《经世报》上的论说、讲演、书信公函等大量文献，以及其主要著作《孔门理财学》《孔教论》等，无不有所体现。

康有为曾写道："孔子为创教之圣，立人伦，创井田，发三统，明文质，道尧舜，演阴阳，精微深博，无所不包。"（《答朱蓉生先生书》）他不仅确定了孔子的教主地位，还提出"开教会、定教律"，以孔子所作六经为"圣经"，以儒家的"忠爱仁恕"为信条，以尊孔之典为宗教仪式。陈焕章的博士论文《孔门理财学》开篇详述孔子为创教之教主，"孔子创建的新宗教——孔教，不仅属于野蛮未开化的原始初民，也属于文明教化的民众"，最后陈氏得出结论，孔教是世界上最优秀的宗教，儒学派能够使中国现代化，孔子的"大同世"将来临。陈焕章建构起民初发起孔教会及组织国教运动的孔教思想体系，直接受益于康有为的教诲，而陈焕章不仅以造诣极深的中国传统学问与西方科学方法紧密结合，还将中国古代思想置于现代学术体系内，成功地得到激活，这与陈焕章受教于中国近代重要的政治家、思想家与教育家，学贯中西、放眼世界的康有为有着密切的联系。

1907 年，陈焕章考入哥伦比亚大学，学习政治经济学。哥伦比亚大学是世界知名学府，陈焕章系统学习西方经济学，并运用西方经济学框架阐释儒家经济思想，这样的西学功底无疑也得益于克拉克、夏德、塞利格曼、施格等各位教授的引领与教导。陈焕章不仅熟知英文经济学文献，精通中国经典文献，也掌握了西方经济学研究方法，能够分析、整合中国传统经典中的经济思想文献，还能以英文专业地进行论述，正因为如此，《孔门理财学》承载着深厚的东西文明学养，在中西大师思想的交汇点上，它不仅贯穿、发展了康有为的孔教思想，也采用西方经济学家克拉克论交易与生产的关系、塞利格曼的《租税各论》等经济学观点，诠释儒家经济学思想，对中国古代经济思想与实践进行具体的论证。

二、《孔门理财学》：中国经济学走向世界的始步

1911 年，《孔门理财学》作为"哥伦比亚大学历史、经济和公共法律研究"丛书之一，同时在纽约和伦敦出版，又相继在 1930、1973、1974、2002 与 2003 年在英美多家出版社重印，这是中国人"在西方刊行的各种经济学科论著中的最早的一部名著"（经济学家胡寄窗语），也可能是近代以来中国经济学家的所有经济学学术著作中出英文版最多的，在中西交通中占据着独特的位置，在英语世界获得诸多肯定，西方学者获得了以中国为基础的

经济理论的强有力的陈述，看到了在中国古代经济思想中存在着现代经济分析的先行因素（经济学家摩根·维尔兹语）。《孔门理财学》的作用还在于"不仅对其母国有所贡献，即对所在国亦会产生一定的影响"（钱存训《美国对亚洲研究的启蒙》）。

陈焕章在自序中说："本书讨论了孔子本人及历代孔门主要弟子的理财之道，出于比较之目的，也对管子、老子、墨子、商鞅及许行等其他诸子的理财论进行了介绍。"因此，陈焕章虽然尊孔，但《孔门理财学》的取材却并不狭隘，全书梳理了大量的古典文献，在其附录里，罗列了引用文献 55 种，首先是《诗经》《尚书》《礼记》《周易》《春秋》五经；其次是孔子、儒家及诸子，同时大量引述中国理财制度。此外，也有康有为的《新学伪经考》《孔子改制考》，还有理雅各等翻译的四书五经，以及德裔东方学家马克斯·缪勒主编的《东方圣书》等。

在论文结构上，陈焕章采用了西方经济学写作框架，将儒家丰富、深刻的经济学思考，以及经世济民的经济思想进行系统梳理，并以专门的学科形态表现出来。通过陈焕章的努力，《孔门理财学》成为儒学与经济有机结合的典案，也成为"中国经济学走向世界的百年始步"（经济史学者叶坦语）。

《孔门理财学》之所以在中西交通中占据独特且重要的位置，并影响西方学界，这与陈焕章以西方经济学的研究方法、叙述方法对儒家经济思想进行全面诠释分不开。他不仅使中西思想进行了高质量的碰撞、交流，也贯通了中西学术，创造性地使传统经济思想向现代学科体系转换。

三、《孔门理财学》对西方的影响

《孔门理财学》向世界全面展示了中国古代思想的巨大魅力；

展示了作为文明古国的中国几千年来形成的儒家经济思想；还展示了中国历史上成功的经济实践活动。正因为如此，哥伦比亚大学出资出版了这部60万字的博士论文，这在当时并不多见。《孔门理财学》面世以来，西方学者从中读到了有关中国古代经济思想的精彩内容，他们从不同角度对这本书进行了评价。

《孔门理财学》出版之初，即获得哥伦比亚大学教授夏德、施格的高度评价；1912年，经济学家凯恩斯曾在《经济学杂志》上撰写评论，认为该书"基本内容一部分属于中国经济史，一部分是世代相传的诗篇和格言，其所涉话题只与最广义理解的'经济'有关。其章节标题虽为'生产要素'、'分配'、'公共财政'等，但装入这一牵强框架的是大量讨人喜欢的教诲性内容。"

陈焕章努力在经济学概念、学理等方面寻找贯通中西学术的交汇点，在此基础上，他又系统梳理中国历史上的经济实践活动、中国人的理财经验、圣人先贤的经济思想等，使得《孔门理财学》在浩如烟海的西方政治经济学文献中占据了一个独特的位置。威斯康星大学社会学家、政治经济学博士罗斯在《美国经济评论》上发表书评，认为陈焕章打通了中西经济传统，为西方的政治经济学接上了孔子以来的中国伦理学和社会学资源，使中西经济学得以相互补充。

最能说明《孔门理财学》书中总结的中国古代经济思想影响西方的例子，当属美国农业部长华莱士采用了中国的常平仓制度。学者钱存训在《美国对亚洲研究的启蒙》一文中说："我们这一代人所亲身经历，完全经由学术途径传播的最有利而重要的实例，就是美国采用了中国古代的所谓的'平粜'制度，那就是丰收的年头由政府向农民收购米谷储藏，到歉收时期便以平价抛售给平民。这项中国古代的经济理论，最早是由哥伦比亚大学的陈焕章在其1911年的博士论文中加以讨论。1918年，华莱士

（Henry Wallace）先生主编一份周报，这篇研究论文正巧落在他手里，自此他对这一项中国古代制度极为赞赏。当华莱士1933年出任农业部长时，这个中国的理想终于为美国所采纳。"

《孔门理财学》是中国古代经济思想"走出去"的一个成功范例，它留给我们深远的历史与现实借鉴意义：

第一，陈焕章在当时的历史背景下，坚信儒家经济思想对中国、对世界都是宝贵的财富，孔子等中国先贤都是人类文明的奠基者，中国悠久的传统与西方思想家一样具有世界性普遍意义，这种坚定的文化自信，蕴含在《孔门理财学》的精彩叙述中。

第二，陈焕章与他的《孔门理财学》证明了我们祖先的思想是超前于时代的，正如摩根·维尔兹在关于该书的导读中指出，从此书"我们不仅能获得以中国为基础的经济理论的强有力的陈述，而且指出中国经济在未来可能如何进步的富有吸引力的暗示"。经济学家熊彼得在《经济分析史》中强调《孔门理财学》重要性的同时，也指出在中国古代经济思想中存在着现代经济分析的先行因素。

第三，陈焕章与《孔门理财学》证明了中国古代经济思想在西方并不存在局限性。经济学思想是经济学的根本，不论经济学方法有什么变化，都没有在根本上改变经济学的思想。在这样的背景下，开展将古代经济思想的概念、论证、知识体系与现代学术相容的学术转译工作，这是中国思想"走出去"的又一重要方面。

最后，还有一点值得提出，《孔门理财学》书中对中西大师们的思想都有阐述，比如：孔子、孟子、荀子、墨子、亚当·斯密、孟德斯鸠、纳索·威廉·西尼尔、马尔萨斯等，陈焕章进行的是平等的中西思想交流。还有，评论《孔门理财学》的西方大师们：夏德、施格、塞利格曼、熊彼特、凯恩斯、摩根·维尔兹、马克斯·韦伯等，他们也是基于平等的比较与学习的态度，进行中西思想交流，这也是我们今天实现中国思想"走出去"应该学习的态度。

作者简介

韩华，女，1966 年生，四川隆昌人。国家图书馆研究馆员，四川大学历史学博士，中国人民大学清史研究所博士后。出版专著《民初孔教会与国教运动研究》，译著《孔门理财学》《当代儒家政治哲学——进步儒学发凡》等六部。发表论文 30 余篇。

后 记

清史纂修工作自 2002 年启动以来，一大批新的科研成果相继产生。为发挥清史纂修在资政襄政等方面的作用，我们从 2006 年 7 月开始编发内部资料《清史参考》（周刊），择要刊登在清史纂修和研究工作中形成的部分科研成果。其内容包括典章源流、名人史事、资料考证、学术争鸣等，力求如实反映清代的政治、经济、文化、社会等各方面情况，为有关部门和领导同志提供参考。

2008 年，我们将已刊发的《清史参考》结集出版，取"以史为鉴"之意，定名为《清史镜鉴》。之后每年一编，先后出版了《清史镜鉴》的前十辑。现将 2017 年的《清史参考》合刊为《清史镜鉴》第十一辑。我们将所收文章进行了分类，对文中的生僻字词酌加注释，并重新校订了原文。

《清史参考》编发十一年来，得到了许多读者的关心指点，也得到各地清史专家的大力支持，值此《清史镜鉴》第十一辑出版之际，谨表示衷心的感谢！

国家清史编纂委员会

文化部清史纂修与研究中心

2018 年 1 月